시민사회와
정치담론

이우정

백산출판사

책머리에

여러 해 동안 정치학을 강의해 오면서 아쉬움을 느끼는 때가 종종 있었다. 많은 강좌들이 거시이론이나 미시이론에 치중하여 진행되다 보니 학생들이 습득한 이론들을 현실사회에 적용하여 해석하는 데 어려움이 있다는 것을 발견하고, 이를 보완할 수 있는 방법을 모색하던 중 교양과목을 개편할 기회를 얻게 되었다. 시민사회와 생활정치라는 이름 아래 우리의 현실 앞에 제기되어 온 중간 층위의 담론들을 주제로 엮어 강의안으로 사용하게 되었다. 그러던 중에 수강생들로부터 교재가 있으면 도움이 되겠다는 요청을 물리치기 어려웠고 나도 강의안을 정리해 두고 싶은 생각이 들어 이 책을 준비하게 되었다. 이것이 특별히 연구서라기보다는 강의 교재로서 이 책을 집필하게 된 배경이랄 수 있겠다.

이 책이 다루는 주제들은 주제 상호간에 어떤 인과 내지는 상관관계가 반드시 있는 것은 아니다. 다만 우리에게 익숙하고 사회정치적으로 현안의 근원을 이루고 있는 문제들이라서 많은 이들의 공통관심사가 될 수 있을 것이라 싶어 임의로 선정하여 묶었을 뿐이다. 그리고 평소에 참여민주주의에 기대어린 관심을 갖고 있었기 때문에 그 기반을 시민사회에 두고 이 쟁점들을 주로 정치적 관점에서 가급적 객관적으로 정리하고자 하였다. 강의 교재라는 일차적 용도를 염두에 두다 보니 내 자신의 주관적 견해보다는 각 분야별로 선행연구자들의 균형감 있는 생각들을 바탕으로 서술하였음을 밝혀 둔다.

이 책이 다루게 될 주제들은 우선 시민사회와 현대정치를 비롯하여 여성문제를 다루고 이어서 환경과 정치문제, 스포츠와 정치, 끝으로 인터넷 문화 등이다. 장별 구성은 대체로 강의에 도움이 될 수 있도록 해당 주제의 배경, 이론적 구성, 전개과정 그리고 과제와 해결책 또는 전망 등으로 맞추게 될 것이다. 경우에 따라서는 기존 이론에 대한 논평도 하게 될 것이다.

인간 역사의 흐름은 항시 시대적 대의에 의하여 결정된다. 대의는 시대의 필요를 반영하는 것이다. 시민사회의 등장은 그것을 필요로 하는 축적된 갈망이 전제된다. 이러한 갈망이 대의를 이루어 시민사회 등장의 배경을 이루는 것이라 볼 수 있다. 대의민주체제의 한계를 극복해야 할 시민사회는 더 이상 선택의 대상이 아니다. 이런 입장에서 시민사회의 거버넌스를 구성하는 요소들 간의 상호관계와 우리나라의 시민운동의 과정을 파악해 본다. 시민사회는 아직 넘어야 할 산이 많지만 반드시 이 시대의 민주주의가 걸어가야 할 여정이요 희망이다.

제2장 성과 정치에서는 페미니즘의 인식배경과 성역할 구조, 여성의 정치참여와 여성운동을 차례로 조명해 볼 것이다. 가부장적 권위주의 문화는 여성을 반쪽 인간으로 만들어 왔다.

교육수준이 높아짐에 따라서 여성의 사회진출이 보편화되면서 여성들의 사회정치적 요구가 증대되었고, 사회정치적인 문제 중심에 여성이 놓이게 된다. 성의 정치화는 바람직하지만 성의 정치화를 통하여 여성문제의 즉각적 해결책을 구하기보다는 가능한 개선책을 모색하면서 목표에 도달하는 것이 쉬운 길로 보인다. 복잡한 사회구조가 도처에서 발목을 잡을 것이기 때문이다.

제3장에서는 환경과 정치문제를 다루게 된다. 기후변화를 중심으로 지구재앙의 징후들이 산업사회 후기의 인류에게 심각한 고통을 가져다 줄 것은 분명해 보인다. 그러면서도 지구 안의 거주자들은 지구생명의 위기현상에 대하여 경각심을 갖지 못하고 있는 것이 큰 문제이다. 본 장에서는 지구 온난화 문제 외에도 화학혁명 이후 지구 전체가 생태계의 훼손과 독성물질의 상용으로 인한 중독위험, 그리고 자본과 과학기술이 엮어가는 사회구조 안에서 이

런 현상들이 왜 개선되기 어려운가 등의 문제점들을 살펴보면서 그 대안을 모색해 본다. 아울러 환경문제에 대한 근본대안의 하나로 거론되는 생태담론에 관하여 논의쟁점을 찾아본다.

제4장은 스포츠와 정치는 어떤 관계가 있는가를 주제별로 논의하고자 한다. 현대사회에서 스포츠가 차지하는 비중은 매우 크다. 이른바 메가 스포츠는 첨단화한 미디어기술과 거대 자본을 만나면서 스포츠마케팅이라는 새로운 상업주의의 장을 열어가고 있다. 이런 변화와 함께 스포츠는 가공할 만한 동원능력으로 인하여 정치권력이 원하는 방향으로 쉽게 대중동원의 길을 터주는 역할을 할 수 있고, 더 나아가서는 카리스마적인 리더십과 손을 잡고 공격적인 민족주의로 변신하여 국제적인 우호관계를 해치기도 한다. 뿐만 아니라 국제정치적인 면에서도 이런 특성을 이용하여 외교나 전략의 수단으로 이용되기도 한다. 스포츠의 긍정적 요소는 살리고 부정적인 요소는 억지해 나간다면 문화공동체 형성에 기여할 수 있는 자원으로 더욱 발전할 수 있을 것으로 보인다. 본 장에서는 스포츠의 변천과정에 이어 스포츠 이론을 정리해보고 스포츠의 정치화를 모색하여 스포츠에 대한 문제의식을 갖고 스포츠가 나아가야 할 길을 찾고자 한다.

끝으로, 제5장에서는 시민사회와 인터넷이라는 주제를 다루게 된다. 사이버 세계라고 명명되어 온 인터넷의 발명은 인류사회를 혁명적으로 바꾸어 놓았다. 인터넷은 우리에게 무한한 정보의 세계를 열어주었으나 인터넷의 환경은 못지않은 부정적인 일탈행위와 범죄행위로 위협당하고 있다. 이렇듯 인터넷 통제의 문제는 새로운 쟁점이 되고 있는데, 나아가서 지적 재산권 문제에까지 살펴보고자 한다. 인터넷은 미디어와 통신기술과 연계되어 유비쿼터스의 세계를 열어갈 것이다. 이런 관점에서 앞으로 현대문명의 변화 양태는 인터넷과 불가분의 관련 속에서 이루어질 것으로 본다. 무한한 소프트웨어의 시장성과 밝은 전망으로 미루어 볼 때 지적 재산권 문제 또한 중요한 쟁점영역이 될 것으로 기대된다.

이상의 주제들은 긴 역사의 산물이면서 동시에 앞으로도 해결되어야 할 많은 문제들을 안고 있는 것들이다. 이러한 요소들은 앞으로 우리 사회의 문화구조의 중심으로 자리 잡게 될 것이며 하나같이 의미 있는 정치적 맥락으로 연결되어 있는 현안들을 만들어낼 것이다. 이 문제들을 정치체계와 관련하여 어떻게 포용하고 해결해 나갈 것이냐에 우리의 정치적 전망이 걸려 있다. 이런 담론은 개인의 정치적 소양으로서의 가치뿐 아니라 시민사회의 활기찬 공론장을 통하여 역동적으로 논의되어야 할 담론군이라고 생각된다.

그동안 원고 집필에 여러 모로 도움을 주고 워드 작업에도 힘써 준 아내에게 감사의 뜻을 표하고 싶다. 어려운 때인데도 부족한 작품을 기꺼이 출판해 주신 백산출판사의 진욱상 사장님께 깊이 감사드리며, 바쁘신 중에도 애써 좋은 책을 만들어주신 김종욱 편집이사님께도 아울러 감사를 드린다.

이 우 정

차 례

제3장 환경과 정치

제5장 시민사회와 인터넷

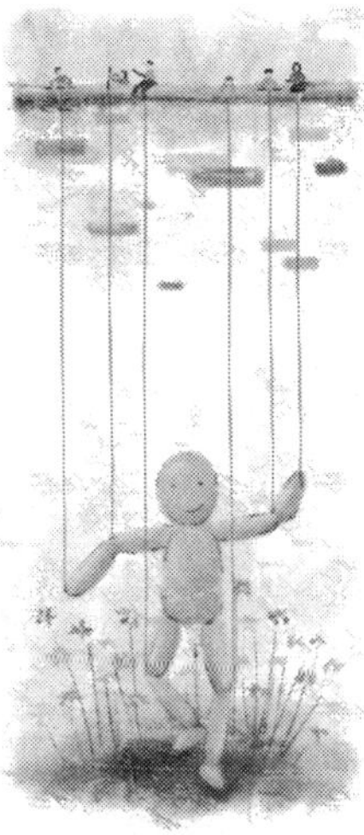

시민사회와 현대정치

1

I 시민사회의 역사적 배경

1. 통치권위의 중심이동

인간은 세상을 살아가는 존재다. 우리는 어떻게 살 것인가에 대한 관심은 많으면서도 세상을 움직이는 힘의 근원이 무엇인가에 대하여는 그다지 생각하지 않는다. 세상을 인간중심으로 볼 때 인간사회라 하며 인간사회를 움직이는 동력은 권위에서 나온다. 개인이든 국가사회이든 행위의 원동력이 권위라는 말이다. 권위의 본질은 같아도 그 형태는 역사적 환경에 따라서 변화된다. 사회를 움직이는 모든 지배관계는 복종을 수반하고, 지배적 권위가 성원들의 복종을 확보하기 위해서 필요한 요소가 정당성이다. 버지스(J. W. Burgess)는 인간들은 두 가지 근거에서 복종의 책임이 있고 말한다.[1] 하나는 법이 만들어진 근거의 정당성으로 입법권의 근거로 작용하는 것이며 그것은 신의 지명을 받든, 헌법적 권리이든, 아니면 지배자와 피지배자 간의 계약적 합의이든 그 중 하나가 되어야 한다는 것이다. 다른 하나는 내용 자체의 합리성, 즉 우리가 지지하는 가치체계에 그 법이 얼마나 기여하느냐 하는 본질의 문제이다.

권위의 크기는 그 권위가 통치의 수단으로 정하는 법의 서열과도 같은 것이다. 달리 말하면 사람의 법은 신의 법을 능가할 수 없으며 이것이 전통사회의 권위 인식이다. 한편 카리스마적 지배체제의 권위는 신으로부터 타고난 리더십에 주어지는 것이므로 그의 권위 또한 전통적 권위와는 구분되는 것이다. 그러나 인간과 인간 사이의 계약 체결에서 연유된 권위일 경우 이는 계약이 지켜지는 한 복종을 담보할 수 있으나 계약이 만료되거나 권위 보유자가 계약을 위반할 경우 그 정당성은 소멸되는 것으로 이해된다.

---

1) R. M. MacIver, *The Web of Government*(New York: The Free Press, 1965), p. 57.

이와 같이 정치권위는 그것이 어떤 근거에서 발생된 것이냐에 따라 그 권위의 크기와 구속력이 달라지며 권위의 중심이 어디에 있느냐에 따라서 체제의 성격이 달라지는 특성이 있다.

인류의 역사를 보면 통치권위의 중심이 가장 높은 곳으로부터, 즉 신적 위치로부터 시작하여 점차 아래로, 즉 시민계급에게로 내려오고 있다는 것을 말해 준다.

1) 신정(神政)체제

고대에서 중세에 이르는 신권(천왕)중심사회에서는 승려가 신권의 대행자로서 인간지배의 실질적 권위를 행사하는 경향이 강하였다. 신정체제는 지배권위의 유형이 전통적 지배권위이거나 카리스마적 권위 유형으로 나타난다. 전통적 가치가 무조건 세습되는 것은 아니다. 오랜 기간을 통하여 씨족적 계율로 지켜져 오던 가치가 신화과정을 통하여 내면화됨으로써 대대로 사회형태가 바뀌어도 그 본질은 존속되는 것이다.

초기 사회의 모형이었던 씨족사회의 경우 족장은 두 가지 역할을 담당했는데 하나는 가족과 친족 안에서의 가부장 역할이었고, 다른 하나는 수렵이나 전쟁마당에서 카리스마적 지도자이면서 동시에 마법사이며 비를 내리게 하는 기우도사이며 병마를 쫓아내는 주술사 역할을 담당하였다. 그는 때로는 사제로, 또는 의사로, 신과 인간 간의 중재자로서의 카리스마를 수행해야 하는 것이다. 공동체의 구성원들은 그의 카리스마가 만들어내는 경이로운 능력을 절대적으로 믿고 추종하는 데서 카리스마체제가 견고하게 유지되는 것이다. 그러므로 권력의 카리스마는 지속적으로 개발되어야 하며 그렇지 못할 경우 그의 권위는 도전받게 되어 있다. 권위의 세습이 정당화되는 것도 혈통에 따른 카리스마의 세습을 믿기 때문이다. 이러한 권위가 유지되기 위해서 지도자는 그 권위를 정당화해야 하고 카리스마적 리더십은 이를 가능케 하는 근거가 되는 것이다.

정당성(legitimacy)은 지배체제에 권위를 부여하고 정책결정, 우선순위 선정 및 자원배분에 관한 체제의 결정을 정당화해 준다. 이와 관련하여 하버마스는 정당성 이데올로기가 정치체제를 안정시키는 선결요인이라고 한다. 그와 달리 아렌트는 정당성의 이데올로기를 부정하고 대신 권위요소 가운데 도덕성을 강조하면서 서구 사회의 쇠퇴는 통치권위가 도덕의 원리에서 벗어났기 때문이라고 진단한 바 있다. 권위의 근원이 종교적이든 세속적이든 그것은 그 사회의 전통과 문학적 경험에 따라 다를 수 있다.

사학자 헤로도투스의 말대로 전통은 인간의 왕이다. 전통이 왕으로 구현되기 위해서는 신화에 의하여 신성시되어야 한다. 신화가 거부되면 전통은 깨지게 되는 것이다. 정치적 권위의 신화가 전복되는 현상을 혁명이라고 할 수 있다는 것이다.

정부의 기능과 마찬가지로 신화도 그 자체의 공식적 권위와 수호자를 개발해낸다. 왕권은 존재해도 그 정통성의 근거를 설정하고 해석하는 권위는 어디까지나 신의 대리자인 승려들의 몫이었다. 문명권에 따라서 신의 정체는 다소 다르지만 군주는 신의 화신이거나 아니면 신의 아들(天子)이어야 하는 것이어서 통치의 특성도 직접성을 띠는 것으로 나타나므로 그 권위는 초자연적인 것이 된다.

2) 왕권신수설(王權神授說)

중세에 들어와서 왕권은 인간을 통한 신의 위탁으로 다소 그 중심이 낮아지게 된다. 즉 왕권은 신이 부여한다는 이른바 왕권신수(王權神授)의 논리가 지배한다. 여기서는 신의 선택을 받은 제왕을 중심으로 귀족, 관료 및 군대가 통치권위의 기반을 이루는 전형적인 봉건체제 혹은 절대군주제를 이루게 된다. 통치의 성격도 신의 인간에 대한 간접 지배형태로 나타나게 되어 실제로는 신의 이름을 빌린 인간의 지배형식이 된다. 왕권은 비록 신으로부터 주어진, 즉 신탁된 것이지만 그는 분명히 인간으로서의 왕이기 때문에 권위는 신에게서 인간에게로 한 단계 내려온 것이다. 유럽의 경우 동로마제국에서 황제가 세속 왕권과 교회적 신권이라는 최고권을 장악하면서 인간왕의 권위는 극대화되기 시작하였다.[2)]

동양의 유교문화권에서는 자연과 조상신이 권위의 근원으로 작용해 왔다. 자연과 조상은 우주와 인간세상과의 상호의존성을 대변하는 존재로 인식되기 때문에 권위의 정당화에 중요한 결정요소가 되어 왔다. 조상에 대한 제례가 중심의례가 되는 것도 이러한 원리에서 비롯되는 것이다. 이제 권위의 중심은 일단 땅위로 내려온 것으로 보인다. 다만 인간세계 어디서나 세속적 통치자의 권위를 정당화하기 위하여 여전히 보다 높은 차원의 힘을 빌고 있다는 점은 공통되며, 이는 왕의 권위에 대한 무분별한 도전을 막고 체제를 안정화하려는 의지와도 상통하는 것이다.

3) 대의민주제(代議民主制)

사람이 신을 대리하지 않고 사람을 대표한다는 대의제가 통치양식으로 받아들여진 것은 근대 시민혁명 이후의 일이다. 이른바 민권의 역사가 시작된 것이다. 이는 지배권의 개념이 수평화된 것은 물론, 그 중심이 근대 이전에 비하여 훨씬 하향화된 것이다. 이제 통치권위의 근거를 보이지 않는 신에게서 찾지 않고 모든 권력은 인민으로부터 나온다는 신념을 통하여 민권의 시대를 열게 된다.

대의제의 중심가치인 입법권이 통치권으로부터 분리된 것은 17세기 말 영국의 '의회군주제'의 성립시기라고 할 수 있다. 당시의 의회는 입법권의 최고주체가 되고 국왕은 행정권의 수장으로 제한함으로써 국왕의 권력 전횡을 피하자는 것이었다. 귀족을 종심으로 한 의회가 국왕의 과세권에 제동을 걸어서 왕권의 쇠락을 가져오게 한 것이다. 18세기에 접어들어 의회의 권한은 하

2) 이우정, 권력승계와 정당성, 삼양사, 1997, p. 7.

나하나씩 법으로 명시되면서 국왕의 지배권은 약화되어 갔고, 과세권에 이어 예산통제권까지 의회가 장악함으로써 왕실의 실질적 권위는 극소화되었다.[3)]

왕권의 물적 기반은 재산권이었으나 재산의 축소와 함께 재산과 권위 간의 연결고리가 약화되면서 왕이 인민의 생산력을 포함하여 영토안의 모든 자원을 소유한다는 사상적 기반도 흔들리게 되었다. 1688년 영국의 권리장전은 국왕과 의회 간의 새로운 계약관계의 성립과 함께 튜더와 스튜어트 왕조의 절대주의가 막을 내리게 된다. 프랑스의 대혁명, 미국의 독립전쟁 등은 민주주의의 성립이라는 세계정치상의 대 변혁을 가져온 사건들이다.

민권(대의 민주정치)의 개념은 신 앞에서 인간은 평등하고 자유롭다는 천부 인권설에서 출발한다. 이 근대 시민사상이 한 걸음 더 나아가 자연법사상의 토대가 됨으로써 비로소 인권은 인간을 위한 인간 고유의 가치임을 정당화하여 민주주의의 기초가 되었다.

대의 민주주의 제도는 신의 대리인으로서가 아니라 인민으로부터 위임받은 인민의 대표가 통치권위를 위임받은 것이므로 그 책임도 인민에게 지는 것이며 모든 사람이 법이 정한 규정에 따라 대표가 될 수 있다는 점에서 카리스마적 권위와도 구분된다. 이 같은 합법적 권위를 보유할 수 있는 기회는 누구에게나 형평하게 주어지지만 일단 권위를 가진 자는 법을 만들 수 있는 위치가 확보되므로 일반 시민은 그들의 결정에 제도적으로 복종해야 하는 것이다.

4) 권력분립주의(權力分立主義)

여기서 그치지 않고 사상가들은 인간(개인)이 다른 인간을 계약된 조건 이상으로 강제하는 상황을 막기 위하여 자신의 대표를 선출하여 정부를 구성하되(공화제) 정부의 권력독점이나 남용을 방지하기 위한 목적에서 권력분립의

3) 위의 책, pp. 3~5.

원리를 창안하기에 이른다. 여기서 정치권력이 분산됨으로써 권위의 중심은 또 한 단계 낮아지게 되고 상대적으로 국민의 정치적 영향력은 그만큼 커질 가능성이 있다.

시민 혁명기를 전후하여 루소, 몽테스키외 등은 권력의 집중화가 가져올 민주주의의 위기를 우려하여 그 대안으로 권력을 분립하여 주요 권력 상호간에 견제를 통한 균형을 이루게 하자는 안전판을 고안해 내었다. 이것이 입법, 행정, 사법이라는 최고 통치기관의 3권분립 제도이다. 권력의 분립은 지배권력을 독점하려는 통치권의 욕망을 제어하는 데 분명한 기여를 하여 왔다. 그리고 이러한 사상은 권력의 분립 즉 힘의 형평한 배분을 통한 견제와 균형이 민주적일 뿐 아니라 행정의 능률성도 가져온다고 믿었다. 여기서 중앙정부의 권력집중으로 인한 지역사회의 소외현상을 해소하기 위하여 또 하나의 권력분립, 즉 분권화 방식을 모색한 결과 지방분권에 의한 지방자치의 시대가 열리게 된다.

5) 지방분권화(地方分權化)

중앙정부가 가지고 있는 권력이 기능적으로 분산될 경우 정부권력 간의 상호견제와 균형은 어느 정도 확보될 수 있을 것이다. 특히 복수 정당제를 통한 견제의 기능은 그 효율을 한층 더 높일 것이 확실시 된다. 그러나 이것은 어디까지나 국가 혹은 중앙정부 내에서 이루어지는 것이므로 중앙과 지역 간의 격차는 여전히 존재한다. 중앙의 권력의 무게는 지방의 종속을 가져오므로 모든 인민의 생활기반인 지방의 소외는 바로 민주주의의 결핍을 의미하는 것이다. 따라서 지역적 권력분립에 의한 지방자치의 실현은 중앙과 지역 간의 권력배분을 효과적으로 도모하면서 그 격차를 해소함과 동시에 지역별 특성에 맞는 정치를 구현할 수 있다는 논리적 근거를 갖게 한다.[4]

---

4) 사회가 복잡해지는 현실에서 지방 자치단체가 다양한 지역사회의 요구에 대하여 효율적 처

2. 제도권 정치와 사회발전의 복잡성

1) 제도권 정치의 한계

위에서 살펴본 바와 같이 통치권력은 그 중심이 역사적 조건에 따라 점차로 하향화하여 결국 인민의 수준에까지 내려와 있음을 알게 되었다. 권력의 중심이 아래로 내려온다는 것은 통치의 정통성이 초자연적 존재에서 인간세계로, 그 안에서도 특정 가계를 중심으로 한 혈통적 세습제에서 대중적 선출제로의 이동을 의미하는 것으로 시민혁명을 거지년서 인민대중의 손으로 내려왔고 드디어는 대의 민주주의의 시대가 열리기 시작한 것이다.

이와 같이 권력의 하향적 변천사가 민주주의 발전에 일정하게 기여해 온 것은 사실이지만 제도권 정치에서 인민 주권의 가치가 정치 현장에서 실제로 구현된다는 것은 쉽지만은 않은 일이다.

오늘날 대의제 민주주의라는 특성을 갖고 있는 현대 민주정치 제도는 심각한 한계에 직면함으로써 정부제도와 그 권위에 대한 시민들의 불만이 누적되어 일종의 시민 불복종 운동 형식으로 나타난다. 따라서 한계에 부딪친 근대적 대의 민주주의에 대한 대안으로 등장한 것이 시민사회이며 이는 기존의 권위 구조에 대한 비판적 참여 형태를 취하고 있다.

2) 사회발전의 복잡성

시민 개인들이 발전된 기술 자원들을 이용함으로써 풍부한 정보 접근이 가능해졌으며 이로 인하여 정부의 통제나 제약이 불가능해졌다. 거버넌스 등장의 배경을 보면 행정 기구들이 이익집단과 시민 네트워크 등과의 제휴가 불가피해졌으며 더 나아가서는 영토라는 역사적 개념이 지방이든 국가든 경제적, 인적 자원의 자유 이동과 각종 네트워크의 발달로 인하여 행정구역의 개

리능력을 갖기 어렵다는 근거에서 지방분권을 반대하는 주장도 있다. 이 문제와 관련해서는 G. C. Benson, The New Centralization(N.Y.: Rinehart and Co. 1941), pp. 9-15 참조.

념을 초월하기에 이르렀다.5)

20세기 말에 접어들면서 국가의 사회적 역할이 변화를 겪지 않을 수 없게 된다. 그 이유는 첫째로, 사회가 제기하는 다양하고 복잡한 문제들을 다 해결할 수 없게 되었으며 심지어 서구 선진국들도 재정난에 봉착하면서 대 국민 서비스 예산을 삭감할 수밖에 다른 선택이 없게 되었다. 여기서 국가와 사회가 공적 및 사적 프로젝트를 수행함에 있어 공통 관심영역이 확장되기에 이른다. 이른바 포드주의 국가와 케인즈주의 국가 체제가 발전의 한계에 부딪치면서 이른바 복지국가의 실패를 초래한 것이다. 또 하나의 변화는 EU와 같은 경제의 세계화와 초국가적인 정치 기구가 점차로 늘어나고 있는 추세이다. 결국 이러한 세계적 변화 추세에 국가가 적응하는데 실패했다는 사실이다.6)

과학기술의 발전에 힘입어 세계는 고도로 정보화되고 통합되어가고 있다. 시장의 세계적 통합화 추세도 이를 반증하는 것이다. 오늘날 정부의 수행능력만으로는 국민사회의 급증하는 요구에 부응하기 어렵다. 민간부문의 제3섹터가 협치(governance) 차원에서 파트너로 국가 관리에 참여하게 된 배경이다.

Ⅱ 시민사회의 이론적 논의

시민사회에 대한 인식의 출발은 1960년대 서구 민주사회에서 발원하여 그 후 동구와 남미를 거쳐 아시아 지역으로 확산된 사회적 민주화 운동에서 비롯되었으며 역사적, 문화적 특성에 따라서 그 개념적 함의도 다양하다.

---

5) Luc Rouban, *"Citizens and the New Governance"*, *Citizens and the New Governance : Beyond New Public Management*(Amsterdam: IOS Press, 1999), pp. 2-3.

6) Jon Pierre "Introduction : Understanding Governance", Jon Pierre, ed. Debating Governance(Oxford Univ. Press, 2000), pp. 4-5.

1. 개념적 정의

전통적으로 시민사회는 국가권력으로부터 간섭을 받지 않는 독립된 영역을 의미하는 소극적 개념이던 것이 민주화가 정치영역에서 사회·경제 영역으로 확대되면서 견제대상을 국가권력과 함께 시장을 포함시키는 적극적 개념으로 전환되었다. 이때 국가를 제1섹터로, 시장을 제2섹터로, 시민사회를 제3섹터로 분류하여 3자 간의 견제와 협력이라는 새로운 개념의 통치개념으로 정착되었다. 이를 거버넌스(governancc)라고 칭하며 종래의 정부(government)의 개념을 대치한다.7)

시민사회의 개념을 논의하기 위해서는 몇 가지 범주로 나누어 살펴보는 것이 적절하다.

1) 이념적 측면

오늘날 시민사회라는 용어는 모든 이념적 스펙트럼을 관통하는 공통의 사회적용어로 자리잡아가고 있다.

첫째, 자유민주주의 입장에서는 건강한 시민사회야말로 국가권력에 대항하는 균형자라고 전제하고 시민사회의 정당성을 국가권력의 견제와 비판에서 찾고 있다. 이에 반하여 신보수주의 진영에서는 시민사회를 시민들이 민주적 참여와 관용을 배우는 학습장으로 이해하려는 입장이다.

둘째, 시장의 자율성을 더 신뢰하는 시장 자유주의자들의 경우 복지부문의 확대를 경계하면서 시민들이 사회복지에 매달리지 않게 하기 위하여 시민사회를 사회 서비스 공급 메커니즘이라는 관점에서 받아들이고자 하는 반면, 후기 마르크스주의 좌파들은 보다 폭넓은 민주적 개혁의 시각에서 시민사회를 이해한다.

---

7) 주성수, 시민사회와 NGO 논쟁, 한양대학교출판부, 2001, p. 64 참조.

2) 지역적 측면

세계의 문화권을 포함한 지역별로 역사 발전의 단계에서 나타나는 민주화, 자유화의 요구라는 맥락에서 시민사회의 개념이 서로 다를 수도 있다. 1970년대 라틴아메리카의 경우 민주화 과정에서 시민사회가 군부의 권위주의적인 국가권력에 맞서 항거한 사회적 영역을 시민사회로 이해한다. 이러한 조류는 1980년대에 접어들면서 구 소련 동구권의 사회주의가 붕괴되는 과정에서 민주화 운동으로 이어졌다. 폴란드의 솔리다트 운동, 동독의 지식인을 중심으로 한 각종 포럼이나 주민 자치형태의 집단운동은 독일의 민족 재통일로 이행되는 중요한 동인이 되었다.

한편 이와는 다른 성격의 시민사회 운동이 나타난 것이 바로 유럽의 경우라 할 수 있을 것이다. 다른 지역과 달리 이미 대의 민주주의가 오랫동안 정착되어 온 서구권 국가에서는 정부, 기업 및 노조 등의 강력한 경제적 이익집단들 간의 제도적 결집에서 비롯된 신 조합주의적 모순이 사회 전면에 드러나면서 국민 대표제에 대한 한계 문제가 제기되어 온 상황이었다. 이에 대한 저항세력으로서의 시민사회는 주로 소규모로 분산되어 있는 사회문화적 집단들로 기존의 대의제에 대한 대안으로서의 민주형태를 모색하는 과정에서 비판적 민주주의 운동으로 결집되어 갔다.[8)]

2. 시민사회 성립의 배경

1) 시장의 실패

시민사회를 바르게 이해하기 위해서는 먼저 그것이 어떤 배경에서 형성될 수 있었는가를 먼저 이해해야 할 것이다. 일반적으로 시민사회의 핵심요인이라고 할 수 있는 제3섹터의 확대 발전이라는 논리적 근거는 시장의 실패와

8) B. Edwards and M. Foley, "Civil Society and Social Capital beyond Putnam", *The American Behavioral Scientist*, 42/1, 1998.

국가의 실패에 바탕하고 있다. 원래 자유시장 논리에 기초하는 자본주의는 안정과 균형을 유지하고 수요와 공급을 조화시키는 데 실패함으로써 수정 자본주의로의 변화가 불가피해졌고, 이로부터 케인즈 경제학이 주도하는 시기를 맞게 된다. 1920년대 후반에 전 세계를 강타한 세계 대공황이 그 사례이며, 미국 루즈벨트 대통령의 T.V.A 정책이 그 대안으로서의 사례가 될 수 있다.

부의 사회적 편중 현상으로 시장의 자연 생명력이 수요와 공급의 자유로운 조화를 통하여 "보이지 않는 손"에 의하여 스스로 해결되리라 믿어 온 시장 논리의 신화가 도전에 직면하게 된 것이다. 결과적으로 정부는 더 이상 작은 정부로 머물러 있을 수 없었고, 적극적으로 유효수요를 만들어냄으로써 복지국가 형태로 제도화하기에 이른다.

2) 국가의 실패

국가의 공공영역이 시장 기능을 대체하는 포드주의(Fordianism)와 케인즈주의(Keynesianism)는 1970년대의 1, 2차 오일쇼크로 인한 세계적 불황을 당하여 더 이상 경제와 복지의 동시 발전을 감당할 수 없다는 현실을 드러내게 된다. 결국 정부의 복지 부담이 국민 경제의 발전에 주된 저해 요인이라는 국가실패론을 받아들이게 된 것이다.

이러한 국가 실패의 요인에는 정치인을 포함한 공직자들의 이기적 성향과 비효율적인 관료주의적 횡포, 부패와 무능 그리고 나아가서는 이익집단의 국가에 대한 압력 등이 포함된다. 이 밖에도 정부의 신뢰도가 추락하는 경향도 빼놓을 수 없는 현상이다. 이런 배경에서 정부의 국민 여론에 대한 대응력에 한계가 드러나게 된다. 결과적으로 정부는 지방분권화를 확대하는 한편, 기존의 기능 가운데 상당부분을 민간 부문에 넘기는 이른바 민영화를 추진하는 추세이다.

이처럼 시장과 국가의 실패는 시장도 국가도 아닌 공공이익을 앞세우는 비영리 기관과 비정부 기구가 민주적 사회발전 전략을 수립하는 데 보다 효율적일 수 있다는 신념을 낳게 되었으며 존립의 한계에 부딪친 국가 주도의 복지제도를 포함하여 현대 국가가 당면한 모든 모순과 제약을 해소할 수 있는 새로운 대안으로 인식되게 된 것이다.

한편 제도적 측면에서 국가실패의 원인은 의회정치가 한계점에 도달했다는 데서 찾을 수 있다. 의회정치는 정당정치에서 그 활로를 찾고 있지만 제도 속에서 굳어진 오늘날의 정당의 역할을 통해서 제도 밖에 산재한 다양한 이익을 대변할 수 없다는 것이다. 정당이야말로 시대 변화에 민감하게 반응해야 함에도 불구하고 화석화한 조직행태로는 이미 그들의 존립목적을 달성하기 어렵다는 것이다.

복지국가의 한계는 국가의 재정압박과 함께 정당제도의 한계에 그 원인이 있다. 기존의 정당제도가 조합주의적 대표 형태로 변화되는 추세인 데다 정당제도의 관료화와 전문화가 심화됨에 따라 기층 구성원들의 탈정치화가 빠르게 진행되고 있으며, 또한 정당이 행정부에 예속됨으로써 국민의 요구를 반영하는 데 한계를 드러냈고, 정당이 권력 장악에 주력하다 보니 시민의 다양한 이익대표 기구라는 정체성을 잃었다는 것이다.[9)]

기존 정당의 한계를 극복하면서도 현실적인 제도정치와 융합하기 위해 가능한 대안이 서구사회에서 등장한 녹색당의 출현이다. 녹색당의 '반정당적 정당'의 성격은 에콜로지(ecology), 사회적 책임성, 풀뿌리 민주주의, 비폭력이라는 기본원칙에 잘 반영되어 있다. 이러한 원칙이 함축하는 것은 기존정당의 퇴화 요소들을 과감히 혁파하자는 것이다. 즉 반권위주의, 남녀 평등주의, 참여 민주주의가 새로운 형태의 정치변혁 운동이요, 신사회화 운동이며 시민운동의 밑그림을 품고 있다.[10)]

---

9) 복지국가의 한계에 대해서는 김호기, "신사회운동과 한국의 시민운동"; 조희연 외, NGO 가이드, 한겨레신문사, 2001, pp. 70~80 참조.

10) 위의 책, p. 76.

3) 저널리즘의 왜곡

대의 민주주의 체제에서 저널리즘의 역할이 차지하는 사회정치적 비중은 크다. 현재 저널리즘은 변화를 향한 과도기에 놓여 있다. 뉴스의 제작, 분배 및 소비에 대한 변화의 바람은 공적 영역에 있어서의 저널리즘의 성격과 역할에 대한 논의에 뜨거운 불길을 달구어 왔다.

특히 1970년대 이후 선진사회에서부터 불어 닥친 탈 규제 환경이 확산되면서 미디어산업 안에서 집중과 경쟁이 촉발되기 시작했다. 미디어 기업들이 대형 기업으로 합병되면서 연예경제(entertainment economy)의 성장기를 반나게 된다. 엔터테인먼트 산업의 성장으로 말미암아 방송, 음악, 출판, 텔레컴 회사들의 투자자들은 시장 장악을 위한 경쟁과정에서 살아남기 위하여 매머드 기업으로 키우지 않을 수 없게 압력을 받는다.

미국에서도 재징적 이유에서 네트워크 텔레비전을 중심으로 뉴스에 대한 재해석에 돌입했다. 뉴스의 편성부문과 제작부문이 그동안 분리 운영되던 것이 이제는 통합 운영체제로 전환되고 있다. 매스컴 산업체 내의 독점 강화와 소유권의 이전으로 인하여 기업 이익에 순응해야 하는 뉴스 인력에게 심각한 문제가 야기되었다. 텔레비전 네트워크에 대한 뉴스 수집을 크게 줄인 것이다. 뉴스를 축약화 하여 심층 분석을 소홀히 하고 소재를 가십화 하거나 아예 스캔들 중심으로 바꾼다. 정치관련 뉴스를 축약 보도함으로써 보도의 중립성을 지향한다고 하지만 사실은 민감한 정치문제에 개입을 회피하려는 전략이다. 문제는 객관적 보도가 수용자 대중으로 하여금 사실 판단을 애매하게 만든다는 점이다. 이는 또한 여론의 매개자로서의 언론의 기본적 책무를 기피하는 것이므로 대중은 그러한 저널리즘을 외면하게 되는 결과를 가져온다.

정치 뉴스, 특히 국무부의 뉴스 비중이 크게 줄고, 세계 각 지역을 담당하는 통신원들의 수도 감축되었다. 위기의 원인에는 광고경쟁, 뉴스 프린트 가격상승, 해외 뉴스에 대한 관심의 저조 그리고 수사 지향적 저널리즘의 경향

등이 거론된다. TV 방송의 양적 증가에도 불구하고 오히려 뉴스는 제작 과정이 통제되고 연예사업 부문의 아류에 지나지 않게 되었다.

새로운 상업주의 환경에서 저널리즘은 이제 스캔들 저널리즘이나 도색 저널리즘 수준으로 그 위상이 추락하고 있다는 비판을 면하기 어렵게 되었다. 닉슨의 워터게이트나 모니카게이트(클린턴 전 대통령 성 추문관련 사건) 등이 좋은 예가 된다. 이런 스캔들 뉴스는 공직과 권력 사회의 비리를 파헤쳐 알림으로써 공직사회 정화에 기여한 바를 과소평가할 수는 없지만 탐색의 문화는 있을지언정 목적은 없다는 것이다. 전자매체의 발전 기술을 집중하여 '들쑤시는' 기능에 역점을 두다 보니 진정한 방송 문화의 향상을 기대하기 어렵게 된다는 것이다. 정치 지도자들의 성 추문을 밝혀내고 조사하는 데 활기를 띠지만 높은 차원의 조망은 없다.

많은 정치 평론가들은 미디어 스캔들의 증가 현상을 민주주의의 위기로 확대하려는 태도를 보인다. 미디어 스캔들을 자유 민주국가들의 현상으로 보는 시각도 있으며 특히 장기 집권을 유지해 온 정당이 무너질 때도 그런 관점에서 원인을 찾고자 하는 것이다. 오늘날의 정치 구조로 볼 때 정치인 개인이나 정당의 경우 돈이 많이 들어가는 정치에 발목이 묶여 있다. 특히 선거운동 과정이나 지역구 관리 문제는 대표직의 유지를 포기하지 않는 한 돈 쓰는 구조로 되어 있기 때문이다. 빈번한 행사와 인간관계의 관리는 '돈 먹는 하마'를 다루는 것과 같다. 이러한 배경에는 최근의 정치가 개인화되는 추세와도 관련이 있다. 이는 모든 정치단위에 해당되는 것으로 정치인 개인은 물론 정부, 정당, 정파, 기관이나 이익집단에 이르기까지 정도의 차이는 있겠지만, 자칫 스캔들 정치의 덫에 걸릴 경우 그 개인이나 기관의 공적 생명이 위태롭게 되기 때문이다. 이런 이유에서 이른바 '섭외 문화(promotional culture)'가 많은 공공의 영역에 확산되고 있다는 것이다.[11)]

---

11) 섭외 문화에 관하여는 P. Heywood, "Political Corruption : Problems and Perspectives", Political Studies 45, pp. 417-435.

섭외 문화와 매스미디어는 정치인들에게 자신들을 공론화의 장으로 이끌어내는 주요 통로를 제공하며 이로 인해 그들은 약점을 노출당하게 된다. 정부나 정당은 미디어에 의해서 스스로의 정체성과 정당성에 위협받을 수 있으므로 언제나 이 분야 전문가들을 자문위원으로 위촉하여 이에 대비해야 한다.

또 하나 경계해야 할 것은 범지구적으로 팽배한 범죄경제의 만연이다. 정부기관을 비롯하여 정치인과 공직자는 스캔들을 자극하고 협박하는 범죄경제에 대비해야 한다. 특히 재정 결핍의 압박을 받는 정치인들은 특정 이익을 정책결정 과정에 반영해주는 대가로 뇌물공세를 하는 기업의 에이전트의 유혹을 받게 된다. 일단 부정 스캔들이 매스컴에서 다루어지면 그것이 타블로이드판 신문일 경우에도 그것은 사실 판단의 기회 없이 온 세상에 퍼져 나가게 된다. 저널리스트는 일단 파괴적인 정치 정보시장이 만들어지면 증거 없는 변증과 암시 기법을 동원하여 그 상품가치를 높이고 소비자인 대중의 입맛을 자극하기 마련이다.

정치인이나 공직자들이 기업인들의 뇌물수수 혐의로 조사를 받는 경우 대가성 여부가 유·무죄 판단의 기준이 된다. 대가성을 입증하는 일이 쉽지 않기 때문에 정치적 판단으로 결정되는 일이 흔하다.

이 같은 왜곡된 미디어 문화에 대응하기 위하여 정치인이나 기관 책임자들은 사후 대응전략보다 경제적이고 안전한 사전 관리전략을 구사하는 것이 효과적이다. 홍보예산과 정보비 등의 항목이 섭외 문화비의 일종이며 이것이 섭외 문화의 한 단면이라 할 수 있다.

미디어는 과거 어느 때보다 기술 면에서, 예산 면에서 그리고 정치적으로 막강한 힘의 실체가 되었으며 미디어의 세계화는 그들의 위상을 정치적 통제로부터 안전하게 해준다. 그들의 수사 형태 및 보도 관행과 정치권력으로부터의 상대적 자율성은 사회 전반의 정보와 여론의 핵심 역할을 자임하게 한다.[12)]

12) Frank Webster, *Culture and Politics in the Information Age : A New Politics?*, New York: Routledge, 2001, p. 21.

이상에서 살펴본 바와 같이 상업주의화로 인한 저널리즘 왜곡 현상은 행정과 입법과정에 대한 공공의 관여를 불러들인다. 시민사회는 이러한 정치와 커뮤니케이션의 모순이 반드시 시정되기를 원한다. 저널리즘 위기가 안고 있는 두 가지 요소는 첫째, 집중화와 그에 따른 상업주의적 압력이며, 둘째, 새로운 전자 커뮤니케이션의 급속한 발전이다. 정부와 시민사회 간의 소통의 공백을 메우고 공론장의 매체로서의 저널리즘의 실패를 회복하기 위해서 제기된 것이 공공 저널리즘 운동이다. 시민사회로부터 제기된 공공 저널리즘 운동은 공동체 전체, 보도자 및 독자 모두가 진정한 의미의 민주주의가 어떤 소통 매체에 의해 정치가 수행되느냐에 달려 있다는 데 인식을 공유하고 있다.

건강한 공동체는 건전한 언론에 좌우되며 따라서 언론의 활력과 공적 질서의 활력은 상통하는 것이어야 하는 것이다. 공공 저널리즘은 수용자들로 하여금 공론의 장에 지속적으로 참여하도록 자극하고 시민사회는 반대급부로 언론의 부가가치 증식을 위하여 항상 관심을 가져야 한다.

3. 시민사회의 구성요소

1) 사회적 자본(social capital)

현대사회는 많은 심각한 문제들을 안고 있다. 이를 해결하는 데는 상당한 비용이 소요되는데 비하여 이의 해결 수단으로서 국가가 의존해 온 공공재는 날이 갈수록 축소되고 있는 추세이다.

민주주의의 제도화 문제를 비롯하여 정체된 경제발전 문제, 교육과 국민건강 문제, 사회복지 문제, 환경 문제, 교통사고를 비롯한 각종 안전사고와 재해구조 문제, 산업화 과정에서 제기되는 인간소외 문제 등 사회변동에 따른 수많은 도전들은 정부예산을 기반으로 하는 국가 기능만으로는 감당하기 어려운 수준에 도달하였다. 이러한 비용은 사회를 구성하는 성원들이 비용 합리적 원칙에서 사고하고 행동한다면 얼마든지 그 지출을 막을 수 있는 것이다.

보다 적극적으로는 사회 구성원들 간에 서로 협력하거나 공조를 통하여 비용을 절감할 수 있다는 것이다. 따라서 이와 같이 비용을 감소해주는 요소들을 사회적 자본이라고 말하는 것이다. 퍼트냄(R. Putnam)에 의하면 사회적 자본이란 "조정된 행동을 유도함으로써 사회적 효율성을 높일 수 있는 신뢰, 규범, 네트워크와 같은 사회 조직의 특성"을 말한다.[13]

그러므로 사회발전의 근본 요소인 대중의 삶의 질, 사회제도의 실행, 정치, 경제의 발전은 시민적 유대의 전통 및 그 네트워크가 가지는 특성에 의하여 영향을 받게 되는 것이다. 지방자치 단체의 예를 들면, 개발 행정의 비효율, 무능력, 부패와 부조리 등으로 정책 실패에 따른 예산낭비를 초래하여 사회비용을 가중시키는 체제가 있는 반면, 건실한 개혁 정책을 수립하고 투자 유치와 경제개발을 추진하고 환경 및 의료 정책을 효율적으로 수행하여 주민들의 욕구를 충족시킴으로써 사회적 자본의 효과를 극대화하는 체제도 있다.

주민의 경우도 마찬가지이다. 다양한 봉사 프로그램을 운영하여 지역 공동체의 삶의 질을 개선하고 지역의 환경보호와 생태 감시 등을 위한 자발적 프로그램의 구상과 참여, 음주운전 방지 캠페인을 통한 교통사고의 예방과 보험 체계의 건실화 등을 모색해 나아감으로써 여러 분야에 걸쳐 정책의 효율성을 높이는 것은 물론, 절세와 감세의 효과도 얻어낼 수 있는 것이다. 이러한 참여지향적인 지역공동체의 전통과 생활문화는 사회자본의 형성 및 축적에 절대적인 역할을 하게 된다.

사회적 자본은 정부나 공공분야의 효율성을 높일 뿐 아니라 사회 일반의 경제를 발전시키는 원동력이 된다는 주장도 있다.[14] 사회자본이 사회적 이익을 증진시키는 방식은 여러 가지가 있겠지만 그 가운데서도 거래비용이라는 점에서 특히 두드러진 양상을 보이는 것으로 알려져 있다. 모든 계약에는 준

13) R. Putnam, *Making Democracy Work : Civic Traditions in modern Italy*(N.J.: Priceton University Press, 1993) 참조.

14) F. Fukuyama, *The Social Virtues and Creation of Prosperity*(N.Y.: Free Press, 1995) 참조.

비 과정에서부터 이행 이후 단계에 이르기까지 일정한 거래비용이 들기 마련이다. 즉 정보수집 비용, 당사자 간의 흥정 비용, 계약 작성에 소요되는 비용, 계약실천 비용, 계약을 잘 지키는가를 감시하는 비용, 또한 계약위반 시 이를 제재하는 비용 등 비용의 연속이다.[15] 건전한 사회규범과 상호 신뢰 문화가 널리 보급된 사회일수록 이러한 계약을 체결하고 준수하도록 만드는 데 들어가는 사회적 비용은 그만큼 감소될 수 있을 것이다.

사회적 자본이 풍부한 사회는 화폐의 직접적인 교환보다는 신용카드와 수표 같은 간편한 신용 수단의 이용이 보다 보편화될 수 있을 것이다. 은행 거래에서도 담보 설정이 아니라도 신용대출이 가능할 것이다. 그러므로 사회자본이 풍부한 사회에서는 각종 규제적 제도에 의존하려는 비용과 노력을 절감하여 정치와 행정의 효율성을 높일 수 있다.

이 밖에도 각종 경제사범과 공직자의 부정, 비리를 방지하는 일은 단순한 제도 개선만으로 충족될 일은 아니다. 사회윤리의 확립을 위한 지속적인 국민교육과 사회화의 실천방안의 강구, 감시망의 구축을 위한 시민연대의 활성화 등 다각적인 노력이 요망된다.

2) 참여 민주주의

오늘날 대의민주제를 떠나서는 민주정치의 현실을 논하기 어려울 만큼 이 제도는 이 시대의 보편적 가치로 받아들여지고 있다. 그러나 대의제를 채택하고 있는 현대 민주주의 위기는 국민대중이 정치로부터 소외되고 조직력과 자금력이 막강한 특수 이익을 확보하고 있는 세력들이 법과 제도 등의 국가의 기능을 좌우하는 엘리트 민주주의로 전락했다는 데 있다. 국민이 자신의 정치적 선호를 그의 대표를 통하여 정책에 반영한다는 대의민주정치 제도는 실제로 많은 문제를 안고 있다. 즉 일반 시민의 정치 참여는 선거를 통하여

15) 주성수, 『시민사회와 제3섹터』, 서울: 한양대 출판부, 1999 재인용.

정부기구나 행정부 수반을 뽑는 일에 지나지 않는다. 대의제하에서 대부분의 시민은 아리스토텔레스가 말한 '정치적 존재'가 아니다. 그는 정치라는 시장에서 소비자에 불과하며 정치인이나 정당, 사회단체 또는 언론이 주도하는 '청중 민주주의'라는 극장의 관객에 불과하다. 투표권을 행사하는 데 있어서도 사실상 기권자가 많을 경우 그 투표결과 역시 대표성을 확보하기 어려운 일이다. 특히 여러 가지 제약조건하에서 투표가 시행될 경우 투표자가 진정한 자신의 선호대로 투표를 하지 못할 수도 있으며 그 경우 합리적인 집단적 결정으로서의 정당성이 인정되기 어렵게 되는 것이다.

그러나 다원주의의 영향 아래 자발적인 사회단체들의 활동으로 대의 민주주의의 위기가 해소되면서 시민 대중이 정치 현장에 직접 참여함으로써 참여민주주의의 회생을 보게 된다. 인민에 의한 민주주의가 정상적으로 실현되기 위해서는 시민의 정치참여를 전제로 하는 시민의, 시민에 의한 정치가 전제되어야 할 것이다. 시민의 정치 참여는 시민의 자발적 참여의시도 중요하겠지만 정보의 확대가 중요하다. 오늘날 세계 각국은 민주주의의 질적 개선과 새로운 거버넌스의 성장을 위하여 정보통신의 발전을 모색하고 있다. 한국사회의 경우도 인터넷의 발달은 정치발전에 중대한 전기를 가져다주었다. 인터넷이 대중화되면서 [붉은 악마], [촛불시위], [노사모], [오마이뉴스] 등 사이버 정치의 시대가 열리기 시작했으며, 이들이 정치 변화에 미친 영향은 절대적이었다. 이러한 사이버 기능의 확산이 일정한 정치 현안에 대한 국민의 참여의지를 통한 전국적 쟁점화와 사회 통합에는 어느 정도 성공을 거둔 것도 사실이다. 그러나 헌팅턴이 경고한 것처럼 제도화되지 않은 참여는 정치적 혼란과 퇴보를 가져올 수 있다는[16] 점에도 관심을 가져야 할 것이다. 이런 문제에 대비하여 우리 사회도 국민의 참여 욕구를 제도화할 수 있는 새로운 거버넌스 모델을 조속히 개발해야 할 것이다.

16) 정치 참여의 위기문제에 관하여는 Samuel P. Huntington and Joan M. Nelson, *No Easy Choice: Political Participation in Developing Countries*(Cambridge: Harvard University Press, 1977) 참조.

정치 참여에는 세 가지 요소가 갖추어져야 한다.[17]

첫째, 정보의 공유이다. 공공분야의 의사결정에 시민이 효과적으로 참여하기 위해서는 무엇보다도 정책에 대한 정확하고 충분한 정보가 확보되어야 한다. 정보의 공개와 공유는 정책에 대한 시민의 관심과 참여를 유발함은 물론, 무책임한 정치적 행위 및 독직과 부패에 대한 시민적 감시를 통해 정책과정의 투명성을 높여 준다. 인터넷은 대중의 정치 참여를 위한 매우 효과적인 정보화의 수단이다.

둘째, 정책협의 시스템으로 이는 시민사회와 정부, 시민과 시민, 시민사회와 정치사회 간의 정책적 입장과 의견이 상호 교환되고 논의되는 공간이다. 여기에는 이메일, 전자포럼, 전자게시판, 사이버공동체, 전자청원 등 광범하게 시민참여자를 수용하는 매체들이 있다. 그러나 아무리 광범한 참여자가 있다 해도 그들의 정보에 대한 판단능력이 없다면 결국 시민 민주주의는 엘리트 민주주의에 영향을 받지 않을 수 없을 것이다.

셋째, 의사 결정에의 참여이다. 앞서 살펴본 바와 같이 대의민주제 아래서는 시민계급의 정치 참여는 극히 제약을 받게 된다. 그러나 전자 정보시대에는 정책 결정의 단계에서도 온라인 청원 등의 방식을 통하여 예상되는 정책의 폐해를 시정 요구할 수 있으며 평가도 가능하다.

한편, 민주적 참여는 시민의 참여 수준에 따라서 그 효율성이 가늠될 수 있다. 유형별로는 첫째, 고객으로서의 참여가 있는데 이는 행정서비스에 관한 온라인 여론조사나 협의과정에 참여하는 수준으로 각종 행정 서비스에 대한 소비자의 입장으로 참여하는 것을 말한다. 둘째, 협력자로서의 참여는 프랑스의 온라인 시민 배심원제 형태의 역할과 같은 정부의 정책집행을 지원하는 참여수준을 말한다. 끝으로, 결정자로서의 참여는 강남구청에서 시행된 바 있는 추경예산 배정을 위한 온라인 투표와 같이 정부의 중요한 정책결정

---

17) 김용철 · 윤성이, “E-Governance 구축의 전략적 모색 : 정책결정의 관점에서”, 한국정치학회, 『한국정치학회보』, 39집 5호, 2005, pp. 199~214 참조.

단계에서 시민의 선호를 직접 정책에 반영하는 것이다.

이처럼 참여 민주주의는 대의제의 한계를 극복하는 효과적인 대안이 될 수 있지만, 그의 성공을 보장하기 위해서는 정치문화적 수준이 상당 수준에 도달해야 하는 점 또한 고려해야 한다.

3) 커뮤니테리어니즘 : 파트너십

새로운 밀레니엄이 개막되면서 20세기의 국가지상주의는 퇴조하기 시작하고, 그 빈자리는 민간부문으로 대체된다. 지방정부의 재정적자가 누적되고 대외 무역에도 적자가 늘어나자 미국의 레이건 대통령은 민간 부문의 협조를 요청하는 정책 기조를 제시한다. 이것이 정부와 제3섹터 간의 파트너십 모델이다. 파트너십을 효과적으로 구축하기 위해서는 첫째, 전망이 밝은 민간 창의의 사례들을 발굴하고 벤치마킹함으로써 전국적인 인프라를 구축한다. 둘째, 각종 기업, 공익단체 및 종교단체 등의 인적, 물적 자원을 활용한다. 민간의 참여에 장애가 되는 여러 가지 규제조항을 제거하고 지방정부와 민간단체들이 일정한 공조체제를 구축하는 기반을 닦는다.

이처럼 각종 정부기관과 기업들, 대학, 사회복지관, 시민단체, 병·의원, 학교 등 지역사회의 다양한 기관과 단체들이 파트너가 되어 지역의 현안을 해결하는 것은 물론 지속 가능한 공동체를 만들기 위해서 지역공동체 건설을 위한 자원동원 프로그램을 작성하는 일이 포함된다.

이러한 관점에서 본다면 제3섹터를 규정하는 기본적인 성격은 첫째, 사적 조직이라는 것이다. 대부분의 시민단체들이 일정한 정관이나 회칙에 의하여 운영된다는 점에서 공식성을 띠는 것은 사실이지만 정부의 간섭을 받지 않는다는 점에서 사적인 조직으로 분류된다. 둘째, 조직운영을 위하여 기금모금 등 수익사업이 불가피하지만 영리추구를 하지 않는다는 점에서 비영리적인 조직이라고 할 수 있다. 셋째, 조직의 운영과 정책의 결정과 관련하여 외부의 간섭을 받지 않기 때문에 자치적이며 넷째, 일부 핵심 요원을 제외하고는 조직의 주요 활동이 자원봉사자의 무보수에 의존한다는 점에서 자원적 성격을 띠고 있다. 다섯째, 조직의 목적이 특정 정당이나 정치인을 지지하거나 정치적 목적을 두지 않으므로 비정치적 조직이라 할 수 있다.

제3섹터가 근본적으로 공동체의 존립과 지속적 발전을 지향하는 한 공동체 안의 다양한 조직과 일정한 파트너십을 통하여 그 활동을 전개하기 때문에 무엇보다도 공동체의 연계라는 맥락에서 이를 이해할 수 있을 것이다.

4. 정·관·민 3자 간의 관계

1) 국가 : 시민사회 관계

시민사회의 활동 공간은 국가권력과의 관련 속에서 내재한다고 볼 수 있다. 시민사회가 정치세력화 한다는 부정적 견해가 성립되는 부분이다. 문제는 시민단체가 국가권력의 공공관계에 개입한다기 보다는 국가가 정치권력의 부조리를 스스로 개혁하는 데 실패하여 시민사회를 끌어들인 것으로 보는 것이 더 설득력이 있다. 과거의 사회운동이 주로 경제 불평등에 역점을 둔 사회정치적 민주화를 위한 시민운동이었다면, 오늘날의 시민운동은 주로 정치적 불평등을 비롯한 민중의 생존권과 삶의 질적 개선문제에 더 관심이 많다. 이런 이유에서 시민운동은 필연적으로 정치권력과의 대립관계인 동시에 협력관계라는 양면성을 띠게 된다.

정부는 시민단체의 활동에 자율성을 허용하고 법적 테두리 안에서 이를 제도적으로 보장해야 한다는 과제를 안게 된다. 그러므로 정부는 시민단체들의 활동에 대하여 지시나 감독 또는 규제를 통하여 이를 통제하려는 경향을 보이게 되는 것이다. 여기서 시민단체와의 긴장과 대립관계는 피할 수 없게 되며 시민정치 과정이라는 점에서 본다면 건전한 관계 정립의 한 단면이라 할 수 있을 것이다. 이러한 맥락에서 시민단체는 각 단체가 지향하는 목표에 따라서 시민사회의 권익과 직결되는 환경, 복지, 여성, 노동, 인권 등의 영역에 대한 정부정책에 대하여 개입하고자 한다. 모든 정책형성 과정에서부터 결정 및 집행과정에 이르기까지의 필요정보의 공개와 투명성 확보를 내세워 단계마다 개입하여 일정한 영향력을 행사하며 나아가서는 의정 및 시정감시에 초점을 두면서 정부에 대한 견제, 감시, 요구 등의 압력을 가한다.

(1) 정당정치에 대한 감시

정당의 입장에서 보면 시민단체는 선거 과정에서의 중요한 지지기반이 될 수도 있다. 그러나 시민단체가 표방하는 정치이념의 스펙트럼 여하에 따라 정당들과의 관계 설정이 달라질 수 있다.

한국사회가 직면한 많은 문제 가운데 역대 정부들이 가장 기피해 온 영역이 있다면 그것은 바로 정치 개혁이다. 정치 엘리트가 자신들의 기득권을 지키기 위한 모든 제도와 관행들을 가능한 한 존속시키는 것이 그들의 이익을 최대화하는 길이라는 데는 의심의 여지가 없다. 어떤 정치인도 정치개혁이 모든 개혁 아젠다 중에 우선이라는 데는 이론이 없다. 정당들도 앞다투어 개혁을 부르짖지만 그것이 자기 정당이나 정파 또는 자신의 입지를 흔들 수 있는 문제일 경우에는 결코 타협하지 않으려 하기 때문이다.

국민의 대표로서의 기본적 자질과 도덕성이 결여된 후보들이 왜곡된 정당구조와 후보공천제도에 편승하여 쉽사리 당선되는 일을 저지할 수 있는 방법이 없는 것이 현실이다. 이들의 의회진출은 한국정치의 고질적 병폐를 개선하기보다 오히려 악화시킨다는 판단에서 시민사회에서 제기된 것이 낙천, 낙선 운동이다. 2000년 총선에서 전국에서 900개 이상의 시민단체들이 총선 연대를 결성하기에 이르렀고, 이들은 '총선후보 부적격자'의 명단을 만들어 발표했다. 구태 정치인으로 지목되는 기준에는 부정부패와 각종 비리에 연루된 전력이 있는 자, 군사 쿠데타 등 헌정질서를 파괴했거나 반인륜적 사건에 관여한 정치인, 과거 선거법을 위반한 전력이 있는 자 등이 주를 이루었다. 그러나 이런 기준에는 개인의 사상이나 정책관이 적용되어 지나친 조처라는 지적도 없지 않았다. 그 가운데는 의정활동이 부실한 정치인, 지역감정을 선동한 정치인, 인권, 교육, 여성, 환경문제 등에 개혁의지가 없는 정치인도 낙천, 낙선의 대상이 되었다.

시민단체의 이러한 행위에 대하여 정치권은 반발했고, 어떤 법적 근거에서 시민단체가 개인의 기본권인 정치참여를 제한하느냐는 항의가 빗발쳤다. 정치권의 반발은 단체 선거운동을 금지하도록 규정된 선거법 87조를 위반한 행위라는 것이다. 이런 상황에서 국민의 여론이 시민단체를 전폭적으로 지지하는 것으로 여론조사에서 나타나자 이제는 시민단체 배후에 실세 정치인이 있다는 '음모론'이 제기되었으나 이러한 모든 조처들이 공개주의 원칙에서 이루어졌다는 것이 인정되면서 결국 정치권은 선거법 재협상을 추진할 수밖에 없게 되었다.

낙천, 낙선운동은 형식적 법리의 권위보다 국민의 주권사상이 우선된다는 믿음을 갖게 했으며 6월 항쟁 이후 또 하나의 시민운동의 승리를 확인시킨 사건이라 하겠다. 1987년의 6월 항쟁이 군부 권위주의 체제에 대한 국민적 심판운동이라 한다면, 낙선운동은 대의민주제의 한계를 극복하려는 참여 민주주의 운동이라고 할 수 있을 것이다.

한 걸음 더 나아가 시민단체는 정당의 정책형성 과정에 참여하고 특정 정책을 지지한다는 점에서는 매우 효율적인 매체로서의 자리매김이 될 수 있을 것이다. 또한 정당의 여론 조성이나 정책형성 기능이 지역주의 정당구조라는 장애에 걸려 제 역할을 못하게 될 경우 그 일을 대행하기도 한다. 뿐만 아니라 전국적 또는 지역적 범위에서 정치적 쟁점화의 기능을 수행해냄으로써 대의정치의 한계를 개선하는 데 한몫을 하기도 한다. 이처럼 시민단체는 정당체제의 안팎을 넘나들면서 직·간접적인 역할을 담당한다는 측면에서 보면 일종의 준 정당으로서의 기능을 수행하는 기구라고 보아도 좋을 것이다. 그러나 공식적 정당기구는 의회활동을 통하여 정치 일선에 나서는 데 비하여 시민단체는 그 행위에 있어 정당성이 인정되는 의회기구의 적법한 조직이 아니라는 점에서는 참여에 한계가 있다. 이를 극복하기 위하여 제기되는 것이 의정감시 기능이라 할 수 있다.

(2) 의정감시 활동

정치의 대의적 형태는 근대 민주주의의 이론적 기초를 이룬다. 대의정치 제도에 있어서 권위의 정당성은 '사회적 합의'에 있다. 합의된 사회적 의제는 국가라는 권위체에 대하여 행위의 정당성을 부여하게 된다. 여기서 시장주의 철학은 보수주의 정치운동의 이론적 기초가 된다. 그러므로 시장에서 개인의 이익을 추구하는 것은 궁극적으로 사회적 목표실현에 기여한다는 것이다. 고전적 자유주의는 생명권과 재산권을 가진 이기적 개인들의 존재를 전제로 하여 국가의 기능은 이들의 자유를 보호하는 데서 그쳐야 한다는 것이다. 이러한 아담 스미스의 시장주의론은 신 보수주의자들에게 계승된다. 따라서 시장주의자들은 외부의 강제 없이 시장의 자율성에 맡겨질 때 시장은 가장 효율적이 될 수 있다는 논리이다.

그러나 시장주의자들이 말하는 완전경쟁의 시장 모델은 존재하지 않는다. 왜냐하면 첫째로 독점자나 과점자에 의하여 재화와 서비스의 공급이 왜곡되면 더 이상 시장의 가격 결정기능은 상실되기 때문이다. 또한 기업들의 경쟁적 광고행위가 소비성향을 좌우하는 현실에서 볼 때 시장의 보이지 않는 손에 의한 자원의 효율적 배분은 기대되기 어렵다는 것이다. 더 나아가서는 정부가 관리하는 공공재의 수급은 시장적 수요의 원리에 적용되기 보다는 차라리 투표권자인 대중들의 수요에 따라 정치적으로 결정된다는 것이다. 이런 현상은 대의정치가 어느 정도 정착된 사회에서 두드러진다. 이러한 시장경쟁의 불완전성, 다시 말해 시장실패의 현상은 국가개입을 끌어들인다는 것이다.[18]

또한 대의정치가 왜곡되는 정치적 후진국의 경우 대의기구인 의회가 본연

18) 시장과 국가 간의 관계에 대하여는 임혁백, 『시장, 국가, 민주주의』(서울: 나남출판, 1994) 참조.

의 대표성을 지켜 나아가기 어렵다. 각종 압력단체의 로비망에 걸려 대의기능이 희생되는 일이 비일비재하기 때문이다. 정치인들은 지역구 여론으로 대변되는 표를 의식하기도 하지만 실제로는 정치자금과 관련하여 유력한 로비스트의 압력에 더욱 민감한 반응을 보인다. 로비의 대가는 정책에 대한 이익반영의 불균형으로 나타난다.

대의정치는 또한 전문성의 부족이라는 한계성이 있다. 오늘날 많은 선진의회주의 국가들에서 이런 약점을 극복하기 위하여 의회 상임위원회의 효율적 운영을 위하여 전문인 지원 역량을 강화하고 있다. 그럼에도 불구하고 직업 관료들의 전문성은 날로 증대되고 있는 추세와는 달리 아직도 의회의 전문성 수준은 각종 정책 검증이나 새로운 정책 프로그램 검증이나 창안과 관련하여 상당한 지체 현상을 보이고 있다는 점에서 의회발전의 제약성을 드러내고 있다. 직업관료들이 같은 영역에서 장기간 근무함으로써 경험과 노하우가 확실히 축적되는 경향과는 달리 의원의 임기는 소수를 제외하고는 제약되는 것이므로 전문적 경험을 축적할 수 있는 시간상의 제약이 따르기 때문이기도 하다.

이러한 배경에서 민주정치의 표본인 대의정치가 약화되어가는 추세가 시민사회의 참여와 권익수호 운동을 불러오게 된 것이다. 즉 의회기능의 축소로 말미암아 시민사회는 자신의 권익을 지켜야 한다는 강박에서 의정감시의 기능을 정당화하게 된 것이다.

시민사회를 대표하는 시민단체들이 의정에 관심을 돌리기 전에 언론기관이나 압력단체 등이 의회활동에 대하여 비판의 기능을 수행해 왔다. 그러나 언론사는 쟁점화 할 가치가 있는 문제나 또는 자사와의 이해관계가 있는 사안에 역점을 두고 평가하는 경향이 있을 뿐 아니라 취재기자들의 분야별 전문성도 미약하기 때문에 근원적인 한계가 있다. 언론의 감시와 견제기능은 매우 제한적임을 알 수 있다. 한편 이익단체들은 자신의 이해관계에만 초점을 맞추다 보니 사회적 공익과 관련된 문제는 소홀히 될 수밖에 없는 것이다.

의정평가라고 하는 개념은 사실상 시민단체들이 대의정치의 기본 고리를 의회로 인식하고 의정 활성화에 관심을 갖기 시작한 이후부터 현실정치에서 떠오르기 시작하였다. 이를 위하여 의정평가를 위한 공정하고 객관적인 기준이 무엇이냐를 모색하고 논의의 과정을 거치면서 합의의 산물이 된 것이다.

의정감시 활동은 이에 대한 부정적 입장에도 불구하고 주권자인 국민에게 필요한 정보를 제공하는 한편, 그들의 목소리가 제대로 정책결정 과정에 반영되는가를 직접 확인하고 파악하는 가장 실용적인 수단이라 할 수 있다. 의원에 대하여는 의정활동의 표준은 무엇인가를 정형화하고 바람직한 정책 대안을 제시하여 시행하도록 자극하고 촉구하는 데 효과적인 장치가 되고 있다. 의정감시를 통하여 얻을 수 있는 효과는 무엇보다도 주권자인 국민에게는 필요한 정보를 제공하여 의회활동을 평가할 수 있는 능력을 제고하고, 의원들에게는 항시 국민이 지켜본다는 경각심을 갖고 의정활동에 매진하며 의회기능을 활성화함으로써 대의 민주정치를 발전시키는 데 기여할 수 있다.

의정감시는 대체로 다음과 같은 방식으로 이루어진다.

첫째로는 의회 방청과 모니터 활동이다. 의회의 본회의와 상임위원회의 운영과정을 방청하여 의원들의 의사진행의 내용과 태도를 일일이 측정하고 평가하여 의원 개인에 대한 평가내용을 분석, 공개함으로써 의원 간의 경쟁의식을 높이는 방법이 있다. 이 방법은 의원들의 독립성을 훼손한다는 측면에서 의원들로부터의 저항에 직면할 수 있다. 그 다음으로 의원들의 활동내역이나 의안처리 과정의 속기록을 분석함으로써 분석하는 방식이 있다.[19] 이러한 의정평가는 시민단체가 이에 참여하는 것만으로도 의회정치에 대한 생생한 체험을 얻을 수 있다는 점에서 그 효과는 크다 할 것이다.

이 밖에도 의정감시 활동에는 국정감사에 대한 모니터 활동과 입법 청원 활동 등이 있다. 비록 한국정치에 존재하는 특유한 제도이며 부정적인 정치

19) 손혁재, "한국의 정치, 정당, NGO"; 조희연 외, 『NGO 가이드』, 한겨레신문사, 2001 참조.

공세의 장이라는 비판도 없지 않지만 우리 의정사에 있어서 국정감사 제도는 행정부의 업무수행 전반의 핵심 내용을 국민이 이해할 수 있고 또 정치적 쟁점이 있는 업무내용과 그 추진 현황을 공개하는 행정공개의 효과를 발휘한다고 할 수 있다. 행정 현안에 대한 국민들의 알 권리를 가장 확실히 알게 하는 방법이라는 점에서 의회민주제의 발전을 촉진하는 가치 있는 제도인 것은 분명하다.

청원이란 국민 개인이나 집단이 자기의 권리와 이익을 정부로부터 보호받기 위하여 정부에 문서로 이를 공식 제기하는 공법상의 행위를 의미한다. 일반 청원이 주로 관련 당사자가 청원자이며 수혜자라면 입법 청원은 국민 개인이나 집단이 국민의 대표를 통하여 대의기관인 의회에 직접 청원함으로써 행정 권위주의나 관료적 행태로부터 국민의 권익을 보장한다는 취지로 수행된다는 데 차이가 있다. 물론 의회의 청원수리 결과가 법적 구속력에 어긋날 경우 사법적 절차를 거쳐야 하는 점도 있지만 대체로 의회 차원에서 청원이 이루어질 경우 해결에 큰 도움이 된다. 특히 청원의 결과는 공적 권위가 주어지므로 그만큼 문제해결에 공신력이 있다. 이는 국민여론의 공식적 수렴통로가 되며 국민의 정치참여를 활성화하고 국민의 대표기관이요 의결기구가 국민과의 직접적인 소통의 채널을 운영한다는 점에서도 의미 있는 제도라 할 것이다.

시민단체들은 그들의 전문성과 조직력을 바탕으로 개인의 역량을 초월하는 중요한 사회 현안에 대하여 입법청원을 제출하는 경우가 점점 늘고 있다.

(3) 정부와의 관계

시민사회와 정부가 갈등, 대립의 관계로 자리매김된 것은 우리나라의 시민운동이 주로 민주화 운동 과정과 맥을 같이 하면서 발전되어 왔기 때문이다. 특히 1987년 6월의 민주항쟁 이후에 많은 시민단체가 결성되기 시작하였다. 그 과정에서 시민운동은 압도적으로 정부에 대한 민중항쟁의 성격을 띠는 것이었으므로 정부와의 관계는 주로 대립적인 성격으로 나타났다. 6월 항쟁 이후 민주화가 어느 정도 이행된 시점에서 시민단체는 인권보장, 부패방지, 행정 투명성 및 정보공개 요구 등과 관련해서는 정부에 대하여 대립 지향적이었지만 반면에 청문회, 공청회, 문화 및 복지활동, 사업설명회, 재정지원 문제 등과 환경이나 여성 등의 분야에서는 성격상 정부와 대체로 협력적 관계가 유지되기 시작하였다.

과거 권위주의 정부 아래서는 새마을운동, 자유총연맹 등 관변단체에 정부가 재정지원을 제공하는 것을 관례화하였으며 김영삼 정부에 들어서는 관변단체 외에 각종 시민단체에 대해서도 정부의 프로젝트에 참여하는 것은 물론 운영비 등의 보조금을 지원받는 사례가 있었다. 이는 예산이 절대 부족한 시민단체로서는 불가피한 조처이겠으나 시민단체의 자율성이 위축되고 정체성이 훼손되는 결과를 지초하는 일이었다.

시민단체의 또 다른 위상은 정부의 대안이라는 점이다. 시민단체의 자발적 성원들이 정부가 할 수 없는 일을 자율적으로 수행할 수 있다는 것이다. 이 중에는 각종 자원봉사활동, 소외계층에 대한 지원활동 그리고 넓은 의미의 공동체 건설운동을 스스로 조직하여 수행하기도 한다. 이 경우 정부나 기업의 재정적 후원을 받을 수도 있고 독자적인 재원을 마련하여 하기도 한다. 특히 정부가 신속하게 대응하기 어려운 재해구조 등의 사회적 봉사활동에 참여함으로써 정부의 결손을 보완하는 일종의 대안적 역할을 수행하기도 한다. 오늘날 민주화 운동의 뿌리에서 나온 NGO 운동으로부터 순수한 비영리, 비정치 기구인 NPO가 분리 생성되는 경향이 있다. 이들은 국내는 물론 국외에까지 활동영역을 확대함으로써 국가 간의 우의를 돈독히 할 뿐 아니라 민간외교의 새로운 장을 넓혀가고 있다.

2) 시장 : 시민사회와의 관계

근대 이후 시장사회의 급속한 발달로 말미암아 기업의 생산을 통한 영리추구 활동은 국가의 개발정책의 비호 아래 시민사회를 위축시키는 큰 요인으로 작용해 온 것이 사실이다. 자유자본주의 경제체제에서의 기업의 생리는 이윤의 극대화이다. 이러한 자본의 팽창주의적 속성은 국가의 성장정책과 맞물리어 효율의 극대화로 나타나게 된다. 이 과정에서 정치권력과 자본이 유착됨으로써 각종 사회적 비리의 싹이 트게 되는 것이다. 정경유착과 관료사회의 부패 등의 역사는 권력의 역사만큼이나 길다. 권력과 금력 간의 유착으로 인한 비리가 자정 시스템을 통하여 해소된 예는 거의 없다. 시민사회의 각성에 의한 제도개혁이 그 원동력이 되어 모순을 극복해 온 것이 통상적인 사례들이다.

일반적으로 기업집단은 기업의 이익을 극대화하기 위해서 개발정책에 적극 참여하고 세제혜택을 통하여 이윤율을 높이고 손실은 줄이려 한다. 또한 시장경쟁에서 우위를 확보하기 위하여 대정부 로비를 전개한다. 이 과정에서 기업들은 로비자금을 비축하기 위하여 이른바 비자금을 이용하는 것이 불법적 관행으로 알려져 있다. 시민단체들은 기업의 횡포로부터 소비자를 보호하고 건전한 시장문화를 정착시키기 위하여 기업을 견제한다. 시민단체들은 친환경 개발을 주장하고 공정거래 질서를 확립하고, 안전한 소비사회를 구축하기 위하여 소비자 권익보호를 위하여 대응하게 된다. 또한 기업의 불법 로비를 방지하기 위하여 투명사회 건설을 위한 캠페인을 전개하기도 한다. 한편, 기업은 기업의 경쟁력을 높이기 위하여 구조조정, 생산시스템의 자동화를 목표로 하는 기술 집약형 모델을 선호하게 되고 노조활동을 약화시키기 위하여 노동정책의 유연화를 원한다. 이에 대하여 시민단체는 일자리의 창출, 대안 없는 구조조정의 반대와 노동인권 보장 등을 내걸고 시민사회의 안정과 권익보호를 모색하게 된다.

한편, 시민사회와 기업 간에도 견제와 대립적 성격만 있는 것은 아니다. 기업의 발전 없이 시민사회의 질적 발전을 기대되기 어렵고 그 반대의 경우도 마찬가지라는 인식을 공유하기 시작한 것이다. 따라서 시민단체의 참여방식도 다양화되기 시작한다. 우리나라와 같이 민주화 운동의 정치적 영향이 크지 않은 서구나 일본의 예는 시민단체도 비정부기구(NGO) 중심이 아니라 비영리적 성격이 강한 기구(NPO)라는 특성이 있다. 그러므로 공동체 발전을 위한 자원봉사단체들이 많다. 참여분야와 방식도 더욱 다양해지고 있는데 복지, 환경, 문화, 교육 등의 분야에서 정부와 기업 그리고 일반 사회단체와의 파트너십을 내걸고 서로 간에 긴밀한 네트워킹을 모색하고 있다. 우리나라도 최근에 와서는 투쟁성은 많이 퇴색되고 대안 중심 참여나 절충형 내지는 조정자형의 단체들이 정부의 각종 행정과정에서 보완적 역할을 담당하는 형태로 변화하는 추세를 보이고 있다. 이러한 상황변화로 말미암아 시민사회의 특성도 상당한 변화를 겪어가고 있는 것이 사실이다.

5. 시민사회의 특성

1) 정치적 측면

시민사회는 20세기 후반에 있어 정치투쟁과 정치변혁의 핵심공간을 차지해 왔다. 19세기 이후 서구 민주주의의 전형인 대의 민주정치가 엘리트주의화 하면서 대중 민주주의는 한계에 봉착하기에 이른다. 이러한 대의 민주주의의 위기 속에서 자발적 사회단체들을 중심으로 참여 민주주의가 회생되어 정치공간의 중심으로 자리 잡기 시작한다.

이 과정에서 지도층을 중심으로 자성의 움직임이 일기 시작하면서 이른바 지도층의 도덕성(noblesse oblige)이 사회 일각에서 새로운 반향을 일으키기에 이른다. 이것이 사회 전반의 자원봉사와 나눔의 정신을 일깨우는 계기가 되고, 이러한 사회적 기풍은 재정 부담을 가중시켜 온 복지국가론이 유럽 전역에서 퇴색되면서 신자유주의 내지는 신보수주의적 대안을 주장하는 목소리가 높아지기 시작했고, 이는 작은 정부로의 구조조정(slim화)과 때를 맞춰 힘을 얻게 된다.

정치적 측면에서 시민사회는 정부가 작아지고 탈 권위주의화로 진행되며 시민사회는 유연화된 국가와 시장과 함께 거버넌스 체제를 구축한다.

2) 사회경제적 측면

경제의 양적 성장에 이어 개인의 소득수준이 향상됨에 따라 새로운 사회적 욕구와 가치가 다양화되는 상황에서 사람들은 여가를 어떻게 선용할 것인가에 더 많은 관심을 갖기 시작한다. 여기서 사회적으로 의미 있는 일을 추구하려는 욕구가 하나의 경향으로 자리잡아 감으로써 사회경제 영역이 시장주의 일변도에서 사회적 서비스로의 다변화로 전환되는 현상이 나타나기 시작한다. 그 결과로 상담, 간호, 재활 등의 휴먼 서비스 제공에 대한 사회적 공급이 증대되기 시작한다. 또한 공공 서비스가 획일적이고 개인의 선호를 무시하는 특성 때문에 사회경제 단체들에게 대폭 위양되기 시작한다. 이른바 사회적 민영화 현상을 반영하는 것이다.

사회경제적 측면에서 한국사회가 안고 있는 심각한 문제의 하나는 지역 간 개발 인프라의 불균형으로 인한 소득의 구조적 격차이다. 민주적 원칙이나 국민적 합의를 도외시한 권력의 독선적 개발계획에 의하여 장기간 개발정책을 시행하다 보니 개발 이후의 사회적 모순에 대한 철학이 부재한 탓이다.

역대 권위주의 정부가 주도한 수출산업 위주의 무분별한 투자정책도 불균형의 주요인 가운데 하나이다. 수출이 늘어나고 외환시장은 활황을 누려도 일자리는 늘어나지 않아 서민 대중이나 저소득층의 삶의 질은 더욱 열악해지고 있다. 특히 청년들의 일자리가 부족하여 미래세대의 미래가 어둡다는 것은 사회불안을 가중시키는 요인이 된다. 대기업과 금융기관들의 불투명한 기업운영 문제로 인하여 시장왜곡 현상이 심각함에도 불구하고 경제회복이라는 명분으로 정부가 재벌기업의 횡포를 비호하는 조처가 빈발하고 있다. 이에 시민사회가 연대하여 재벌 총수의 경영권을 둘러싼 불법행위와 비리를 폭로하여 사회적 경각심을 불러일으킨 사건들도 자주 발생하고 있다.

이 밖에도 삶의 공동체에 대한 인식이 새로워지면서 풀뿌리 마을 보존운동을 비롯하여 교육, 특히 사교육 문제, 환경과 생태계 보존, 양성평등 문제 더 나아가서 지구적으로는 제3세계 국가들에 대한 원조 및 반전 반핵운동 등 평화운동으로 확대되기에 이른다.

요컨대 사회경제 부문에 있어 시민운동의 특성은 비영리성, 유연성과 창의성, 자원봉사라는 추세에 힘입어 정부기관이나 공공부문의 역할을 점차로 대체해 가는 경향을 보인다.

3) 문화적 측면

오늘날 시민들의 문화생활은 정치적 결정에 큰 영향을 받게 되어 있다. 국내영화의 제작과 배급은 외국영화의 수입 쿼터를 어떻게 정하느냐에 따라 크게 좌우된다는 사실이다. 이는 영상문화만이 아니다. 연극, 문학, 다양한 장르의 예술활동과 나아가서는 체육과 오락 및 레저산업에 이르기까지 정부는 광범한 정책적 개입과 통제를 가할 수 있는 것이다. 이러한 정부개입의 정당성의 근거는 먼저 민주시민의 창작 및 문화 향유의 자유에서 찾을 수 있고, 그 다음으로는 전통적인 민족문화와 그 가치를 보전해야 할 필요성에서 찾을 수 있다. 전자를 강조하는 입장은 자유주의적 성향이 강하기 때문에 변화 지향적인 데 반하여, 후자의 경우는 민족주의적 신념과 동일시되는 성격이 강하기 때문에 대체로 보수성을 띠게 된다. 대체로 문화정책의 패러다임은 이 양자 사이의 국민적 합의점을 중심으로 이루어지기 마련이다. 여기서 문화에 대한 국가적 통제냐, 문화소비자로서의 시민의 자유권 확대냐가 시장의 논리와 맞물려 복잡성을 띠는 것이 일반적 추세이다.

문화와 관련하여 볼 때 시민사회는 국가가 제공하는 먹고 사는 문제 이상의 의미 영역을 포함하는 것이기 때문에 국가의 영역보다 더 광범하고 풍요로운 인간질서 자체라고 볼 수 있을 것이다. 그러므로 국가권력에 대한 가장 포괄적인 저항의 중심 에너지는 항상 문화영역에서 나온다는 것이 역사적 경험이며 외형상 비정치적 성격을 띠기 쉽기 때문에 정치적 간섭으로부터 보호될 공간이 주어지기 쉽다는 특성이 있다.

문화부문의 시민단체의 경우 전문분야에 국한되지 않고 이념적 스펙트럼이 가장 넓은 참여 경향을 보이고 있는데 권력에 대한 감시, 인권, 환경, 여성, 소비자 등의 권익을 보호하는 기능 외에도 각종 자원봉사 기능도 포함된다. 이는 한국의 시민단체가 대부분 활동분야가 중첩되는 성향이 강하다는 데도 원인이 있겠으나 인접 단체와의 연대 역량을 키워야 한다는 필요적 차원에서도 이해될 수 있다고 본다.

6. 한국의 시민운동

한국의 시민운동은 1960년대 후반 구미 선진권에서 시작된 신사회운동(new social movement)과 맥을 같이 한다. 이 운동은 1970, 1980년대의 절정기를 거쳐 그 후 제3세계의 정치변화에 큰 영향을 미치게 된다.

한국사회는 지난 한 세기 동안의 일제강점기를 거쳐 오면서 나라 찾기에 모든 애국 역량을 결집하기에 여념이 없었고, 해방 후에는 나라 세우기에 이어 분단극복과 군사력 강화정책으로 인하여 국가와 민족만 앞섰지 시민은 희생만이 강요되는 시민 부재의 질곡에 빠져 있었던 것이 사실이다. 이 시기는 제1섹터인 국가사회만이 존재하는 단계라 할 수 있을 것이다.

그 후 1960년대에 접어들어 국민국가 건설의 보조 수단으로서의 경제성장 정책은 농민과 노동자의 권익의 희생 위에서 전개됨으로써 민주주의가 유보되는 단계라고 할 수 있었다. 당시 한국의 기업들은 국가의 지원과 비호 속에 자본 축적이 가능하였다. 당시 한국사회는 제1섹터와 제2섹터 간의 밀월시대라고 할 만큼 일종의 계급 연합이 진행되던 시기였다. 그만큼 국가와 시장의 힘은 시민사회를 압도해 왔다고 보는 것이 타당할 것이다.

1980년대에는 국가와 자본권력에 밀려 시민사회는 극히 위축된 상태로서 이익집단적 성격이 강한 사회단체나 종교단체를 중심으로 한 시민사회의 발아를 볼 수 있었던 시기라 할 수 있을 것이다. 그러나 시민적 공익수호 단체는 극소수에 지나지 않았다. 제3공화국 이후 경제성장 정책이 국가건설의 핵심 기능으로 자리 잡으면서 일부 한국의 기업군은 세계적인 기업, 즉 다국적 기업으로까지 성장하기에 이르렀다. 이들 기업들은 한국 자본주의가 세계화됨에 따라 점차 국가로부터 분립되는 과정을 밟게 된다. 그 결과 국가정책의 영향권에서 벗어난 생산활동은 시장 지배력을 확보하게 되었고, 이로부터 무분별한 자본축적의 길을 걷게 된다.

1990년대에 들어오면서 국가 기능이 약화되고 정치권력의 부패로 말미암아 시장사회의 질서를 통제해 오던 정부가 무기력해지는 상황에서 사회 각층으로부터 사회의 민주화라는 새로운 형태의 민주화에 대한 요구가 제기되기 시작하였다. 이들 세력이 다양한 시민연대의 형식을 빌어 결집되면서 사회변화에 대한 시민운동으로 조직되기 시작하였다.[20]

우리나라도 1987년 6월 민주화 항쟁의 결과 권위주의 체제가 끝나고 점차로 효율적이고 능력 있는 시민사회 단체들이 출현함으로써 전반적인 정책결정 및 집행과정에 개입 또는 참여하여 '시민사회의 시대'를 열었다.[21] 신 사회운동이라 분류될 수 있는 환경, 여성, 평화운동이 급속히 전개되어 갔으며 대표적인 단체로는 여성단체연합, 환경운동연합, 녹색연합을 비롯한 환경운동단체 그리고 경제정의실천 시민연합과 참여연대 등으로 나누어 볼 수 있다.[22]

시민운동은 그동안의 정당정치의 한계를 배경으로 성립된 사회변혁운동이라 할 수 있다(정당정치의 한계란 정당의 관료화와 전문화로 인한 기층민의 탈 정치화, 정당이 본래의 기능을 발휘하지 못하고 행정부에 예속된 상황, 정

20) 최장집, 『민주화 이후의 민주주의』, 후마니타스, 2004 참조.

21) Yamamoto Tadashi,(ed.), *Governance and Civil Society in a Global Age*, New York: Japan Center for International Exchange, 2001, pp. 47-50 참조.

22) 김호기, 앞의 책 참조.

당이 권력 획득에 주력한 나머지 사회정치적 쟁점화에 실패한 결과로서 총체적인 대의 민주정치의 한계노출에서 비롯된 것이라 할 수 있다. 이런 의미에서의 한국의 시민운동은 복지국가의 정치적 위기에 대응하는 신 패러다임의 중심을 이루는 새로운 저항형태를 말하며 이는 정치적 의사결정에 직접 참여함으로써 대의 민주정치의 한계를 보완할 수 있는 참여 민주주의 전략이라 할 수 있다).

시민운동의 주체는 일방적으로 높은 교육수준과 경제적 안정을 누리고 있는 신 중간계급이라 할 수 있으며 이들과의 연대세력으로는 가정주부, 대학생, 미취업자 등이 있다. 시민운동이 다루는 쟁점은 매우 다양한 편이나 대체로 주된 쟁점은 건강, 성, 이웃, 도시, 환경, 성차별, 세대차, 문화, 인류생존문제 등을 포괄하는 문제들로 지금까지의 국가권력의 제한이라는 권력으로부터의 해방운동의 형태에서 벗어나 삶의 정치를 구현한다는 방향성을 담고 있다. 시민운동은 지금까지의 정치성을 띤 연대가 제도적 정치에 대항하여 운동의 정치로 변모하는 과정에서 발생하는 현상이라 할 수 있다.

7. 세계화와 시민사회

1) 시민운동의 세계화 배경

20세기에 들어오면서 세계는 민주화와 산업화가 진행되었고 이는 자유무역주의의 승리를 가져다주기에 이른다. 대량생산 체제는 필연적으로 무역의 장벽과 관세의 장벽을 무너뜨리는 결과로 나타났다. 보호무역으로 지켜지던 제3세계 후진국들의 시장은 신자유주의의 압력에 굴복하게 됨으로써 이제는 상품의 국적을 정하기가 쉽지 않아 보인다.

(1) 국경 없는 경제

오늘날 세계화(globalization)는 세계 체계를 이해하는 새로운 개념으로 정착하였다. 세계화는 국가 안에서 살아가는 개인의 삶이나 활동이 초국가적 차원의 질서에 더욱 큰 영향을 받게 되어가는 과정을 뜻하는 개념이다. 즉 개별 국가 혹은 개별 사회의 삶이 국제사회의 상호의존성에 더욱 크게 영향을 받게 되어 간다는 의미이다. WTO 체제가 성립된 이후 금융자본의 세계적 활동을 각종 장벽이 사라지고 있는 상황에서 정보통신 혁명으로 말미암아 국제자본의 활동공간이 기술적으로 더욱 확대되었기 때문이다. 근대 자유주의는 절대국가에 대항하여 법질서를 통한 인권과 사유재산제의 보장 그리고 시장경제의 확립을 주장하였다. 20세기의 현대 자유주의는 국내시장에 대한 국가개입을 축소하고 대외개방을 통한 세계시장의 복원을 주장한다.[23] 그에 이어 오늘날의 지구촌 사회경제 운동의 변화추세는 세계화와 신자유주의의 성격을 띠면서 전개되는 양상을 보이고 있다.

WTO체제에서는 종래 시장보호의 전형적 수단이었던 무역과 관세장벽이 없어짐으로써 자본의 활동공간이 초국적으로 확대되었다. 또한 생산방식의 세계화인 OEM 방식의 주문생산 방식이 일반화되었고, 시장 확보수단인 경제의 블록화가 추진되기에 이르렀다.

(2) 정치, 군사, 외교적 동맹의 강화 및 정보와 문화의 개방

냉전해체 이후 세계 여러 나라들은 정치, 군사, 외교적으로 동맹관계를 통하여 안보 공동체에 편입됨으로써 주권국가로서의 자주적 결정이 어렵게 된 것도 국제 시민단체의 등장에 이바지한 것으로 보인다. 끝으로 정보와 문화의 개방화 추세로 인하여 사실상 민족국가의 개념은 퇴색되지 않을 수 없게 된 것이다.

요컨대, 세계화는 지구적 차원에서의 인구이동의 증가, 커뮤니케이션 및 교통 통신수단의 발달, 무역과 자본이동의 확대, 과학기술 발달의 결과라 할

23) 정진영, "신자유주의의 확산과 국제 경제질서의 미래", 국제정치경제연구회 편, 『20세기로부터의 유산』, 사회평론, p. 65.

수 있을 것이다. 여기에 냉전종식이라는 국제정치적 환경의 변화는 인권, 난민, 기아, 여성, 환경, 및 개발과 같은 새로운 쟁점들을 불러일으키기에 이른다. 이러한 문제들은 개별 국가의 능력범위를 벗어나는 것들이기 때문에 그 해결대안으로서 국제적 시민단체의 역할을 필요로 하게 된 것이다.

그렇다면 지구 차원의 NGO 혁명은 어떻게 발생하게 되었는가?[24] 첫째, 전 사회적으로 민주화가 급속히 추진된 결과로 각 분야별로 다양한 시민들의 자발적 결사가 추진되면서 공익을 증진하려는 의식의 조직화가 이루어져 왔다. 둘째, 각국 정부가 자연환경의 파괴, 질병, 마약 등 인류의 안전과 복리를 위협하는 지구촌 문제들에 더 이상 대처할 능력이 없다는데 인식이 확산되기에 이르렀고, 이것이 글로벌 거버넌스라는 개념으로 정착되기 시작하였다. 셋째, 이러한 변화들의 근원에는 커뮤니케이션 기술의 획기적인 발전이 자리하고 있다. 세계 어디서나 개인과 기관들 사이에 직접적인 만남이 가능해졌고, 모든 정보에 대한 접근성이 급속도로 향상되었다.

2) 국제 NGO의 발전과 과제

(1) 국제 NGO의 발전

국제 NGO는 인도적 차원에서의 지원운동 형태로 시작되었다. 국제 NGO의 원형은 캐나다 몬트리올에서 1653년에 설립된 [성모의 자매회]로 알려지고 있으며 그 후 크리미아 전쟁 시 나이팅게일이 이끈 [근대 간호운동]과 1864년 제네바 협정체결의 결실인 국제적십자운동이 전개되면서 중흥기를 맞는다. 세계 제1, 2차 대전을 전후로 주요 구호 단체들이 생겼고, 이들 중 일부는 1960년대부터 제3세계로 관심을 돌리기 시작한다.

국제 NGO는 주로 지원국을 중심으로 한 개발 NGO가 있고, 민간단체를 중심으로 한 사회운동형 단체로 구분되기도 한다.

---

24) Rice and Ritchie, 1995 참조.

국제 NGO는 1990년대 들어 세계화 추세에 대항하는 저항 운동의 형태로 발전하는 양상을 띠기도 한다. 시애틀 세계무역기구회의(1999년 11월)를 기점으로 하여 2001년 1월의 다보스 경제포럼에서 본격적인 조직적 행동으로 발전되기 시작한다.

(2) 국제 NGO의 과제

1990년대 이후 국제 NGO의 역할이 전 세계적으로 전파되면서 그 외연이 확대되기 시작하였다. 이와 함께 국제 NGO가 직면하는 과제를 어떻게 해결할 것인가에 관심이 집중되기 시작하였다. 지진이나 쓰나미의 예에서 볼 수 있듯 순수한 자연재해도 있지만 상당수는 난민, 전쟁, 내전이나 무력충돌 등 인재에서 비롯된 경우가 많다. 인재와 관련하여 대부분의 NGO는 인도주의적 접근을 취하고 있으나 이런 인도주의는 정치문제를 정치적으로 해결하지 않는다는 데서 그 한계를 드러내고 있다. 무력 분쟁 현장에서 난민에게 전달되어야 할 구호품이 탈취당하는 사례도 있고 구호단체가 게릴라에게 금품을 제공하면서 전달 통로를 확보하는 경우도 있다.

이에 대하여 NGO 공동체의 대응방식은[25] 첫째, 원칙 있는 인도주의 정신으로 돌아가자는 것이다. 특히 특정 국가의 정부나 유엔기구와의 파트너십 아래 연계 구호활동을 할 경우 이들의 공식적, 제도적 지원을 받아낼 수 있고, 때에 따라서는 외교적 특권의 혜택을 통하여 유리한 전달통로가 확보된다는 등 이점이 있기 때문에 많은 구호단체가 이런 방식을 이용하기도 한다. 그러나 여기서 발생되는 가장 큰 장애는 정치성이 개입됨으로써 자칫 내전적 이해관계에 개입되어 구호활동의 자율성이 위축될 수 있다는 점이다. 둘째, 인도적 NGO도 주창활동을 벌이자는 것이다. 셋째, 갈등분석과 해소에 관한 내용이 인도적 구호활동의 핵심이 되어야 한다는 것이다. 이런 방식은 NGO의

---

25) 조효제, “국제 NGO운동의 현황과 쟁점”, 『NGO 가이드』, 한겨레신문사, pp. 106~123 참조.

전통적인 해결방식과 구분되는 새로운 접근 방식이라는 점이다. 넷째, 한국의 경우 해외에서의 기업 활동과 관련하여 기업자체나 국익의 신장만을 고려하는 경제활동이 세계적인 비난의 대상이 되어 왔다. 이제는 경제 선진국에 걸맞는 국제적 관심사에 적극 동참하고 국제문제 해결에도 분담의지를 보여야 한다는 것이다.

외국인들에게 비친 한국인의 인상은 단지 미국, 일본, 중국만이 관심의 대상일 뿐 제3국에 대한 의식은 거의 없는 것으로 인식하고 있다는 점이다. 한국의 시민운동이 태국, 인도네시아 또는 베트남 등과 같이 한국기업이 많이 진출하고 있는 곳에 대한 이해가 부족하다는 것이다. 이런 곳에서의 NGO에 대한 연대활동을 하는 것이 좋으리라 생각된다.[26] 다섯째, 국내에서 활동 중인 외국인 근로자들의 인권과 복지문제에도 관심을 돌려야 한다는 것이다. 현재 20여만 명으로 추산되는 불법 체류 외국인 노동자들에 대한 비인간적인 고통을 해소하는 데도 정부가 나서야 한다. 특히 이 문제는 외국인에 대한 배타적 태도나 무시풍조가 우리 사회에 남아 있는 한, 해외동포와 여행객뿐 아니라 우리 국가에 대한 인식이 긍정적이지 않을 것은 분명하기 때문이다. 여섯째, 국제시민단체와 각종 국제회의에 적극 참여하여 이에 협력함으로써 우리 국민의 대외활동 공간을 확장해 나아가야 할 것이다

8. 우리나라 시민운동의 도전과 장애요인

서구에서는 시민사회가 국가보다 먼저 존재하면서 사적, 지방적 자원과 권위가 중앙집중화 되고 제도화 되면서 국가가 건설되는 아래로부터의 국가형성 과정을 거쳐온 것과 달리, 한국은 국가가 먼저 존재한 후에 시민사회가 형성되는 역순의 과정을 거쳤기 때문에 시민사회에 대한 자율의식이 없거나

---

26) 坪井善明, 『일본 정치학자들이 보는 일본과 시민운동, 일본 시민운동과 지방자치』, 한울, 1996 참조.

약한 특징이 있다.[27)]

1989년 경제정의 실천연대가 출범한 이래 비교적 짧은 역사에도 불구하고 한국의 시민운동은 사회 전 분야에 걸쳐 비약적인 발전을 거듭해 왔다. 그럼에도 불구하고 앞으로의 발전과정에서 해결되지 않으면 안 될 도전과 장애요인들이 도사리고 있다. 한국사회의 시민운동은 순수성과 중립성을 잃고 관성화와 타성화의 길을 걸어왔다는 비판을 받고 있다. 그 가운데 일부는 관료화한 시민운동, 시민 없는 시민운동, 초법화된 시민운동, 권력화된 시민운동이란 지적을 받고 있기도 하다.

또한 부실한 회비 납부로 인하여 재정이 어려운 나머지 정부기관의 재정지원에 의존함으로써 그 활동의 명분을 약화시키기도 한다. 뿐만 아니라 그 운영에 있어서도 단체마다 프로그램의 특성이나 전문성이 없이 백화점식으로 나열되어 있다는 지적을 면키 어렵게 되어 있다. 한마디로 한국의 시민운동은 선출되지 않은 사람이 위임받지 않은 권력을 검증받지 않고 휘두르는 것이라는 주장도 있다.

이와 관련하여 가장 근원적인 문제의 하나가 상당수의 한국인들은 자원 활동에 관심이 적다는 것이다. 그리고 한국의 시민사회를 이끌고 나아갈 원동력은 자율적 헌금의 확보에 있다. 만일 자율적 기반의 재정이 없게 된다면 시민사회의 안정과 자율적 기반을 위협하게 되므로 시민사회의 존립은 정부의 재정적 후원에 의지될 수밖에 없을 것이며, 그럴 경우 정부의 재정지원을 받은 시민단체는 자율성과 독립성이 약화될 것은 분명한 것이다.

우리 사회의 시민운동이 개선되어야 할 방향은 우선 특정 정당이나 정파의 이해관계에 편향되지 않고, 중립적인 활동에 역점을 두어야 할 것이다. 한국사회는 오랫동안 국가 우월주의의 잔재가 뿌리 깊은 탓에 그 무엇보다도 통제되기 어려운 관료주의 문화가 팽배해 있다. 정부와 시민사회 간의 관계는

27) 최장집, 『민중에서 시민으로』, 돌베게, 2010, P. 83.

매우 역동적 변화를 겪게 될 것이고 협력과 갈등의 조정문제가 중요한 과제가 될 수 있다. 정부의 정보 공개문제나 투명성의 확보문제, 공정한 법 집행 문제를 비롯한 대 정부관계, 더 나아가서는 기본적인 인권문제, 환경문제, 소비자의 권익보호 문제 등의 사회적인 문제 등에도 깊은 관심을 기울여야 할 것이다.

한국의 시민사회 발전과 관련하여 반드시 검토해야 할 것은 정치문화적 기반이다. 흔히 말하기를 한국과 같은 아시아 국가들의 경제적 성공은 이른바, '아시아적 가치'에서 기인한다고 한다. 문제는 유교문화의 근본 철학으로 요약된 아시아적 가치가 이 지역의 급속한 경제 성장의 정신적 동력인 것만은 부정할 수 없을 것이다. 그 가운데서도 특히 가족주의, 권위에 대한 공경, 공동체주의, 협동심, 극기정신, 높은 교육열, 연장자, 국가 및 질서에 대한 존경심 등의 요소는 후쿠야마가 말한 바와 같이 권리에 앞서 근면을 강조하는 노동윤리, 공동체와 권위에 대한 존경심 그리고 가부장적 정부의 전통을 구성하는 요소가 된다는 것이다.[28)] 이 같은 가부장적 요소들은 아시아적 성장의 모델로 존중받아 왔고, 한국이 그 중심에 놓여 있다.

그러나 가부장적 정부는 권위주의와 개입주의 국가(interventionist state), 통일된 사회구조, 사회정치적 행위에 있어 국민의 수동적 태도 등에 의존하여 경제적 성공을 달성한 사례라는 것이다. 이와 같이 한국은 짧은 시간에 걸쳐 경제개발을 목표로 국가자원을 동원하는 데 효과적인 모델로 이해되었다. 그러나 이러한 수직적인 모델 자체가 당면한 경제위기의 원인이라는 주장이다. 국민 대중으로부터 유리되고, 시장의 기능을 무시해 온 국가 관료체제가 국가사회의 모든 영역에 개입해 왔다는 것이다. 더욱이 정책결정과 집행과정에 어떤 공론의 개입도 없이 소수 개인들이 사적 관계를 통하여 중대사를 처리했기 때문에 위기는 예상 외로 심각할 수 있다는 것이 이들의 주장이다.[29)]

28) Francis Fukuyama, "Asian Values and Asian Crisis", *Commentary*, February, 1998, p. 23.
29) Tadashi Yamamoto, *op.cit*.

기왕의 한국의 거버넌스 시스템은 주로 권위주의 국가 모델, 시민권의 희생, 비효율적인 사업관행, 취약한 시민사회 영역, 뿌리 깊은 부패문화, 경제와 시민사회에 강력한 침투력을 갖는 관료체제 등으로 구축된 특성을 띠고 있다. 지금 한국민의 여론은 이러한 체제는 반드시 개혁되어야 한다는 점을 강력히 반영하고 있다. 국가는 더욱 민주화되어야 하고, 정부는 국민생활에 대한 불필요한 개입을 줄이며, 민주성은 더 장려되어야 하고 시장도 보다 효율적이고 투명해야 하며 시민사회는 더욱 자율적이고 강력해야 할 것이다.

낡은 방식과 관행으로는 새로운 시대가 요구하는 자원의 할당을 정상화하기 어려운 것이 사실이다. 정부는 사회 전반의 환경으로부터 제기되는 도전에 대처해야 하고 정부와 경제계, 정부와 시민사회 그리고 시민사회와 시장사회 간의 상호관계가 효율적이고 민주적으로 변형되도록 힘을 기울여야 할 것이다.

시민운동은 시대가 요구하는 다양한 사회문제에 관심을 갖되 그 주된 방향은 인간과 자연을 지키는 운동으로서의 정체성을 확보해 나아가야 할 것이다. 이러한 방향성은 정부기관 외에도 사회의 다양한 집단과 조직들과의 시스템 안에서 파트너십을 유지하면서 일정한 네트워크 구성을 통한 협력체계를 확보해 나가야 할 것이다.

9. 우리나라 시민사회의 변화 전망

우리나라의 거버넌스의 중요한 역할을 담당하는 시민사회가 어떤 방향으로 발전할 것이냐를 단적으로 논하기는 쉽지 않다. 한국사회에 이미 뿌리를 내린 몇 가지 요소들이 잠재된 채 복잡한 메커니즘을 형성하고 있기 때문이다. 이들을 성격에 따라 분류해 보면 사회 조합주의 모델, 자유 다원주의 모델 그리고 신개발 국가 모델이 된다.

첫째로 사회 조합주의 모델은 유럽권에서 흔히 발견되는 예로 정치적으로 강력히 제도화되어 있는 노동조합을 주축으로 형성되는 유형이다. 한국의 노동운동은 산업화 초기였던 일제 강점기에서 근원을 찾을 수 있겠으나 1987년 6월 항쟁을 계기로 급격한 성장세를 보여 왔다. 김대중 정부를 거쳐 노무현 정부에 이르는 동안 대기업을 중심으로 한 노조활동이 상당히 활성화됨으로써 노동 쟁의권과 관련, 노사 간의 분쟁과 노노 간, 산별 노조 간 그리고 대기업과 소기업 노조 간의 갈등이 일상화되어 왔다.

이명박 정부에 들어와 정부는 2010년 7월 그동안 노동관계의 현안이었던 복수 노조 허용을 2년 6개월 뒤로 미루고[30] 노조 전임자 임금지급 금지는 6개월 유예한 뒤 '타임오프제'를 도입하기로 합의했다. 노조의 정상적인 활동은 여전히 일부 대기업 수준에 머물러 있고, 공영사업체나 중소기업의 경우는 노동문제가 발생할 때 강성노조의 개입으로 문제해결이 더욱 복잡해지고 사회문제로 비화되기도 한다. 노사 간의 타협경험이 부족하고 협상문화가 아직은 정착되지 못한 환경에서 임금투쟁을 위한 노조라는 인식이 한국사회의 노동문제의 본질적 개선에 걸림돌로 작용하고 있다. 이런 상황을 감안할 때 사회 조합주의라는 유럽의 모델을 한국의 현실에 그대로 적용하는 데는 한계가 있을 것으로 보인다.

둘째로 자유 다원주의 모델은 한국사회에 대하여 적용 가능성이 보다 높은 모델이 될 것이다. 한국에는 장기간에 걸쳐 다양한 서비스 산업 기구와 각 분야별로 강력한 전문적 회원조직들이 존재해 왔다. 앞으로 이 사회는 경제적으로 선진권에 진입함으로써 3차 산업이 더욱 발전될 것으로 전망된다. 그에 따라 서비스산업의 다양화에 힘입어 이들의 이익결집이 새로운 이익집단이나 사회변혁 운동단체의 양태로 변화되어 나타날 것으로 보인다. 따라서 앞으로의 민주화 과정에서 광범한 이익집단들과 시민단체들이 결성되고 확

30) 복수노조 문제는 한국의 노사 현안 가운데 가장 중요한 것이다. 사용자의 이익을 대표하는 한국경영자 총 연맹은 복수노조를 허용할 경우 선명성 경쟁으로 인하여 노동쟁의는 격화될 수밖에 없고, 노사협상도 쉽지 않을 것으로 우려하여 이를 반대한다. 그러나 복수노조 문제는 이미 세계적으로 허용되고 있으며 세계노동기구(ILO)에서도 이를 승인한 바 있다.

산되어 새로운 형태의 사회적 메커니즘을 만들어갈 것이다.

사회변혁운동은 유럽에서 등장한 신 사회운동의 영향을 받은 것은 사실이나 그 성격에 있어 차이가 있다. 유럽에서는 자국의 환경과 정치상황에 따라 다른 형태를 띠면서 주로 정치성향이 강한 것이라면 일본처럼 비정치적이고 비영리 목적의 NPO가 주를 이루고 있는 경우도 있다. 한국사회는 사회변혁이 주로 정치운동을 통하여 이루어졌다는 역사적 특성에 따라서 NPO보다는 NGO가 발달되어 있다고 볼 수 있다.

그러나 이러한 추세는 젊은 세대들의 탈 정치적 성향이 강하다는 점을 고려할 때 앞으로 우리 사회에서도 점차로 비영리단체들이 많이 출현할 것으로 전망된다. 현재에도 공익단체나 종교단체들을 중심으로 많은 사회봉사 활동이 국내・외에서 활발히 이루어지고 있으며 다양한 취미생활을 통하여 삶의 질을 높이려는 사람들의 조직화도 증가되고 있는 추세이다. 앞으로 경제가 선진국 수준으로 성장하고 다원화됨에 따라 사회 내의 문화적 욕구가 분출하게 되면서 다양한 형태의 NPO가 출현할 것으로 전망된다.

셋째로 신개발 국가 모델은 여전히 적용 가능성이 있다고 보는 견해도 있다.[31] 한국사회에서는 개발 국가의 퇴조라는 견해에 대하여 많은 논란이 있지만 아직도 일부에서는 한국사회의 평등주의적 가치와 가부장적 문화와 같은 문화적 요소들의 영향력이 강력하여 개발 국가 모델이 지속될 여지가 많다는 것이다. 다만 권위주의적이고 가부장적인 종래의 개발 국가 모델은 한국의 정치발전 수준에 비추어 더 이상 존속하기 어렵겠지만, 연성 개발 국가 모델은 경제 산업분야에서 여전히 그 효력을 발휘할 가능성이 크다는 것이다. 연성 개발 국가는 시장원리를 적용한 순수한 경제발전과 건설적인 시민단체와의 연대를 접목하는 방식을 동시에 모색해 나아간다는 것이다. 시민사회 조직들은 1980년대 이후 한국사회의 변화에 중심적 역할을 담당하였다.

31) Lee, Yeon-ho, "Development, Capitalism and the State in East Asia", *Korea Observer* 29(2): pp. 35-400.

그들은 한국사회의 민주화와 사회정의 그리고 삶의 질 문제에 큰 관심을 가지고 있으며 이러한 공통의 목표를 향하여 다양한 요소들이 결집되어 왔다.

그동안 시민사회는 그들을 향한 적지 않은 비난의 화살에도 불구하고 국민의 지지를 상실하지 않고 사회적, 정치적 모순을 파헤치는 데 앞장서 왔기 때문에 앞으로도 시대가 요구하는 보다 발전된 형태의 거버넌스와 민주주의에 관한 쟁점들을 제기하는 데 주저하지 않을 것으로 기대된다.

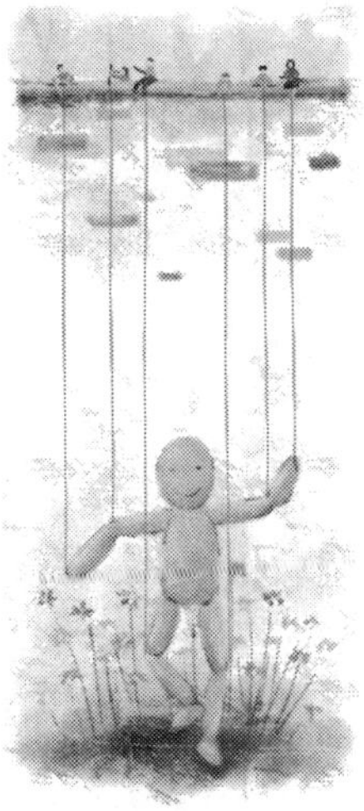

2
성과 정치

Ⅰ 성의 개념

성은 인간사회의 가장 기본적인 존재 이유이면서 동시에 보편적인 문제 영역으로 남아 있다. 본질적으로 남녀로 구분되는 양성 간의 관계는 조화를 목표로 하는 상호보완적 관계이다. 성(性)은 생물학적 성(sex)과 사회적 성(gender)으로 나뉘는데 태생적으로 구분되는 생물학적 성의 차이를 이용하여 하나의 성이 다른 성을 역사적, 사회적으로 차별함으로써 불이익을 준다는 데 문제가 있다는 인식이다.

여성에 대한 성차별 또는 성 억압의 문제는 20세기 이후 끊임없이 제기되어온 인간사회가 고질적으로 안고 있는 모순의 중심축을 이루어 왔으며 중요한 사회정치적인 현안 가운데 하나이다. 이 문제를 합리적으로 해소하지 않고는 완전한 민주화가 이루어졌다고 말할 수 없을 것이다.

성차별은 여성이 스스로를 무력한 존재로서의 자아 인식을 갖게 함으로써 사회공동체로부터 소외시킬 뿐 아니라 남성 또한 지나친 특권 의식과 의무부담으로 억압 구조 안에 편입되게 한다는 점에서 사회가 안고 있는 모순과 불합리의 대표적인 현상이라 할 수 있다. 그러므로 이 문제를 근원적으로 파악하고 그 해결 대안을 모색함으로써 성차별이라는 궁극적 문제로부터 양성의 정체성을 바르게 자리 매김하기 위하여 기본적인 논의의 장을 만드는 데 이 주제의 목적이 있다.

Ⅱ 여성의 정치적 인식배경

1. 들어가는 말

정치는 인간이 사회적 상황 내에서 취하는 의식적인 행위라 할 수 있다.

사회적 상황이라는 말은 두 사람 이상의 상호관계라는 말이고, 의식적인 행위가 내포하는 의미는 이해관계에 따른 결정행위라는 의미로 이해할 수 있다. 여기서 이해관계가 존재한다는 것은 갈등상황을 수반한다는 의미이며 결정행위라는 것의 함의는 갈등해소를 위한 의사결정을 의미하는 것이므로 인간의 정치적 관계는 달리 표현하면 권력관계임을 쉽게 이해할 수 있다. 여기서 권력의 개념은 다양하게 정의될 수 있으나 일반적으로 관련 당사자의 의사와 상관없이 자신이 선호하는 방식으로 상대의 행위를 통제하는 힘이라 할 수 있을 것이다. 따라서 여성의 사회관계는 남성과의 관계나 또 다른 여성들과의 관계를 통하여 자신의 정체와 사회적 위치가 정해진다고 볼 수 있다. 이 과정에서 다양한 상황적, 구조적 변인들이 개입되어 여성의 사회적 위상을 형성하는 데 기여하게 된다.

제2차 세계대전이 끝나면서 대부분의 국가는 헌법상의 남녀평등을 보장하였고 유엔의 여성차별 철폐 선언과 1979년 여성에 대한 모든 형태의 차별 철폐 조약에 서명하였다. 그러나 현실은 법적, 제도적 보장과는 다르게 여성의 정치적 지위와 사회적 권력의 분배를 다루는 정책에서 차이가 엄존하고 있는 것이다. 블랙스토운이 여성의 법적 실제적 존재가 결혼기간 동안 정지되거나 남성에게 통합되어 남편의 보호하에서 모든 일을 수행해 왔다는 말에서 살펴볼 수 있듯이 여성차별 문제는 단순히 여성 고유의 경험세계에서 빚어진 것은 아니다.

인간은 사회적 존재임을 피할 수 없다. 인간은 개인으로 태어나고 개성과 자질에 따라서 다른 형태로 존재할 수 있으나 인간 개인이 존재하는 세계는 모두가 접근할 수 있고 경험할 수 있다는 점에서 사적인 것과는 구분되는 것이다. 이러한 공적인 세계로서의 공공영역은 대화와 행위를 통하여 형성되는 영역, 즉 철저한 논쟁정신이 스며 있는 영역을 의미한다.[1]

---

1) Hannah Arendt, *The Life of Mind: Willing*, New York: Harcourt, Brace Javanovich. Inc. 1978, p. 59.

여기서 정치는 적극적인 인간행위로 구성되는데 이는 자아와 타아와의 협조, 즉 하나 속의 둘 간의 안정된 조화가 요구된다는 것이다. 아렌트는 정치적 자유는 왜곡된 정치적 전통을 극복하고 미래지향적이며 공동체적 원리를 주요 원동력으로 간주한다.[2] 이런 시각에서 볼 때 여성의 문제는 사회의 공적 영역의 문제이며 이에 대한 근본적 인식은 정치적 자유라는 사상적 공간 안에서 저항과 조화 그리고 동질성과 타자성의 실현을 탐지하는 문제라 할 수 있다. 여기서 여성문제는 한정된 자원과 가치를 어떻게 분배하느냐 하는 궁극적인 정치문제와 연결되는 것이다.[3]

2. 페미니즘 인식의 배경

페미니즘이나 여성학의 등장 배경에는 여성차별이나 억압의 근본원인을 바르게 파악하고 극복하자는 깊은 관심이 자리하고 있다. 따라서 남녀 간의 생리적 성차이가 역사적으로 문화적으로 어떻게 작용하여 남녀 간의 사회적 성차별로 변질되어 왔는가라는 정치사회적 맥락을 따져 묻는 데서 출발한다.

1) 정치적·사상적 측면

남녀 차별은 여성에 대한 억압기재로서 남성중심의 세계관에서 비롯된다는 인식이다. 남성은 인간사회의 중심이며 역사의 주체로서 모든 가치의 해석권을 장악하고 있는데 반해, 여성은 객체적 존재로서 남성의 보호를 받는 것이 당연한 이치라는 점에서 오랜 역사 속에서 여성은 정치적 주변인에 머

---

2) 아렌트의 공공영역이론은 기본적으로는 남성의 원리를 실현하는 장으로 평가되기도 한다. 왜냐면 근본적으로 그의 이론은 공적, 사적이라는 이분법의 한계를 벗어나지 못하고 있기 때문이다. 이 문제에 관하여는 홍원표, 『현대정치철학의 지형』(서울: 인간사랑, 2002), p. 178 참조.

3) Maurice Duverger, *The Idea of Politics : The Uses of Power in Society*, translated by Robert North andRuth Murphy(London: Menthuen and Co. Ltd., 1966), pp. 3-83.

물러 온 것이 사실이다. 특히 가부장적 권위주의 문화에 있어서 이런 현상은 민주화라는 정치적 변혁과정 이후에도 근본적으로 달라지기 어려운 것이다.

여기서 젠더 개념이 극복해야 할 함정으로 본질주의(essentialism)가 있다.[4)] 본질주의의 입장에서 여성은 본래 모성과 양육에 있어 남성보다 강하다고 믿는다. 이러한 사고는 본질적으로 정치적 영향력을 갖게 되는데 이러한 사고의 연장선에서 보면 여성의 정위치는 가정이나 사적인 영역이 되어야 할 것이다. 또한 여성이 남성에 비하여 헌신적인 존재라면 이는 여성이 보다 더 도덕적일 수 있다는 논리적 귀결이 되기 때문에 여성이 정치적 대표가 될 경우 남성보다 건전하므로 부패와 부조리는 줄어들 것이라는 가정도 성립된다는 것이다. 이러한 추론은 생물학적 특징의 결과라고 보는 것만큼이나 본질주의적이다. 이러한 본질주의적 여성관은 여성 개인이나 부분적 집단들의 경험과 능력, 가치관 등의 차이에도 불구하고 모든 여성을 하나의 범주로 묶어서 일반화하려는 보편주의와 함께 경계하지 않으면 안 될 인식의 대상으로 남아 있다.

사상적 측면에서 본 여성의 정체는 근대 계몽주의사상에 기초한 시민권에서 비롯된다. 오늘날 대다수 민주시민은 남성과 여성, 청년과 노년, 부자와 빈자를 막론하고 그 사회의 구성원 모두가 정치과정에 동등하게 참여하지 않고는 정책의 공정성이 보장되지 않는 것이다. 시민권은 공동체 생활에 대한 완전한 참여와 포함을 의미한다. 따라서 시민이라는 지위는 공동체에 대한 완전한 참여를 보장하며, 경제적 권리를 갖는 것을 의미하는 것이다.

시민권은 한 걸음 더 나아가 공적, 사적 권리를 포함한다. 공적인 영역은 국가와 시민사회를 구성하는 권리영역으로서 주로 남성의 활동영역에서 요구되는 권리의 공간적 개념으로 인식된 반면, 사적인 영역은 가정생활에 관련된 관계와 활동으로 주로 여성의 생활공간을 규정하는 개념으로 인식되어

---

4) 본질주의는 특정 범주에 속하는 모든 사람이 자연적으로 피할 수 없이 공유하게 되는 특징이 존재한다고 가정하는 입장이다.

왔다.[5] 공적 권리는 공민권과 연결되어 개인의 자유를 위하여 필요한 권리로서 인간의 기본적 권리를 구성한다. 즉 생명권, 자유권, 행복추구권을 말한다.

문제는 이러한 기본권이 공적, 사적 권리의 영역으로 2분법적으로 분리됨으로써 사적 권리영역에 배치된 여성에게는 관습적으로 유보되어 온 것이 사실이다. 그 배경에는 여성을 공적인 권리에서 배제하고 사적인 권리영역에 자리매김해 온 인권투쟁사가 자리하고 있다. 인권투쟁의 과정에서 여성이라는 이름으로 쟁취된 가치는 없었고 당연히 그 몫은 여성의 정체성이 대두되기 시작한 20세기까지 남성들을 위한 보편적 가치로 굳어져 온 것으로 보인다.

민주주의를 상징하는 시민권을 향한 남성과 여성의 투쟁의 역사를 살펴보면 남녀 간에 상당한 편차가 있음을 알 수 있다. 보편적 권리의 확보를 지향하는 남성과는 달리 여성의 투쟁방향은 결혼문제를 법적으로 제도화하는 문제에 보다 집중되었다. 이런 투쟁의 방향성의 차이로 말미암아 오늘날에도 여성운동은 결혼제도상의 여성의 위치와 권리보전 문제에 가장 큰 영향을 받고 있다. 이것은 시민권을 두고 남성적 가치에 동화시키려는 평등론이나 형식적 권리에서 벗어나 보다 실질적이고 구체적인 새로운 개념을 주장하는 여성운동의 입장과 일정한 간극이 있음을 반영하는 것이다.

한 예로 남성에 비해 여성의 피해가 압도적으로 높은 범죄로는 가정폭력과 성폭행이 있다. 성폭행의 경우 가해자가 남성중심이고 피해자는 여성이 대다수를 차지한다. 영국과 같이 인권의 관행이 앞서가는 사회에서는 모든 범죄와 관련하여 피해자의 신분보장이 제도화되어 있다. 그러나 성폭력 사건의 경우 범죄 용의자의 신분도 보호되는 조항이 있어 법률의 효과는 미미한 수준이다. 당사자주의를 규정한 법정에서 피해자는 자신의 성생활에 관한 구체적인 행위에 대해 질문을 받도록 되어 있다. 성폭행의 경우 법정 심문과정에서 피해자인 여성이 마치 가해자처럼 다루어지는 해프닝이 많은 것도 이 때

---

5) Judith Squires, *Gender in Political Theory*(Cambridge: Polity, 1999), p. 26.

문이다. 여성은 남성과 동일범죄의 경우에도 남성에 비해 사회적 일탈행위라는 법 관념이 적용되어 그 형량이 더 무거운 것이 보편적 현상이다. 그러므로 용의자나 범법자로서의 시민은 여성에게 있어서는 '성 중립성'이라는 평등원리에서 제외됨을 알 수 있다.

(1) 혼인관련

인류역사 가운데 오랜 기간을 여성은 성인이 되기 전까지는 가정에서 아버지의 통제를 받게 되어 있었고, 결혼 후에는 남편의 통제 아래 들어가게 되어 있었다. 이런 사회적 관습은 동양적인 가부장 체제와 다를 바 없었다. 많은 국가에서 결혼을 하면 여성의 경우 민권의 혜택이 더 줄어드는 경향이 있었다. 이런 현상은 유럽에서 파시즘이 쇠퇴하고 민주화가 이루어지기 전까지 지속되어 왔다. 여성들은 민법 차원에서도 모든 계약을 하는 데 있어서 계약 당사자가 될 수 없었고 아버지나 남편의 허락 없이는 취업도 여행도 불가능한 일이었다.

영국과 같은 관습법 국가의 경우 결혼은 남편인 남성에게 아내의 신체, 재산 및 물리적 자유뿐만 아니라 행동에 대한 통제권을 부여한다는 것이 법률 해석의 일반적 흐름이었다. 로마법 전통에 따라서 결혼은 여성을 합법적으로 남성 지배 아래 가두는 제도가 되어 왔다. 이 같은 추세는 빠른 나라의 경우 19세기 후반기에 들어오면서 민권 향상의 요구와 때를 같이 하여 개선의 바람이 불기 시작한다. 권위주의 체제에서 가장 큰 희생자는 여성이었고 따라서 민주화의 추진과 여성의 권익신장은 역사적 맥락을 같이 한 운동이라고 볼 수 있다. 즉 가부장 체제의 문화가 쇠퇴하기 시작한 것은 전반적인 사회의 민주화와 동일 차원의 개념이라는 것이다.

개혁이 상당부분 진행된 이후에도 여성이 남성과 동등한 수준의 시민권을 누리지는 못하였다. 여성은 여전히 은행이나 금융기관으로부터 대출이나 융자를 받는 데도 아버지나 남편의 보증이 요구되었다. 이러한 조치는 여성들에게 경제활동의 자유를 부여받지 못하게 하여 여성이 가정적으로나 사회적으로 독립권을 누릴 수 없게 만드는 결과를 가져왔다. 당시 남성들이 누리던 공정한 재판을 받을 권리나 자유로운 재산권과 같은 민법상의 기본권이 여성에게는 남의 떡에 불과하였다.

(2) 여성의 정치적 권리

1789년 프랑스 대 혁명이 일어난 3년 뒤 남성들에게는 투표권이 획기적으로 확대되었으나 여성들에게는 주어지지 않던 것이 18세기에 유럽을 풍미하던 기독교 복음주의의 영향으로 여성들의 권리의식이 여명기를 맞게 되었다. 이 사상은 모든 인간은 성별에 관계없이 신 앞에 평등하며 자신의 도덕적 입장에 스스로 책임을 져야 한다는 것이었다. 이러한 종교적 기반의 평등사상은 지식층의 자유주의 사상을 크게 고무하는 계기가 된다. 19세기 후반 들어 영국의 일부 지방에서는 납세 의무자에게 세금에 합당한 권리를 부여하였고 그에 따라서 일부 재산을 보유한 여성들이 납세의무에 따른 참정권을 부여받게 됨으로써 여성이 지방정치에 참여할 수 있는 단초를 열어 놓게 된다.

2) 사회적 측면

전통적으로 육신의 근력이나 완력은 무력으로 연결되는 개념이었으며 아는 사회적인 힘, 즉 권력의 본질과 동일시됨으로써 결과적으로 모든 권력의 중심에는 남성성이 자리하고 있으며 이러한 원리에서 사회 권력의 자리매김이 이루어짐으로써 여성은 힘의 세계로부터 소외되어 왔다. 때로는 고대국가 체제에서 찾아볼 수 있듯이 결혼 동맹을 통한 권력 간의 타협이나 균형을 위한 정략적 이용의 대상이 되기도 하며 오늘날에도 그 유례는 많이 존재한다.

여성은 철저히 생리적 현상과 밀접한 생활공간 안에 머물러 있으며 교육의 혜택을 받은 경우에도 여성의 사회적 존재 양태는 그 테두리를 전제로 하여 고려되는 것이 일상화되어 있다.

따라서 여성의 사회적 존재방식은 소외 그 자체이며 기회가 주어지는 경우에도 그것은 매우 주변적이거나 한계적일 뿐이다. 이런 현상은 구조적인 것이므로 쉽게 변화되기는 어려운 특성을 갖는다.

사회적으로 여성은 타자화라는 독특한 정체성을 갖는다. 특히 가부장 체제의 경우 여성은 자신으로 대표되지 못하고, 아무개라는 남성의 딸, 아무개의 부인, 아무개의 어머니로서 사회에 알려지고 소통된다. 이는 여성의 철저한 남성에의 종속현상이라고 할 수 있는 부분이다. 결국 여성은 자기라는 정체성을 갖지 못하는 상황에서는 법적인 인격권이나 재산권의 보장은 물론 이를 시정할 수 있는 정치적 권리 자체도 무위한 것이 되고 만다.

3) 문화적 측면

남녀차별이라는 모순구조가 지속되는 이유는 위의 두 요인 외에 여성에 대한 사회문화적 기재, 즉 사회화와 관련된다. 여성은 가정에서부터 사회의 모든 매체를 통하여 여성으로만 사회화된다는 특성이 자리한다. 여성은 어려서부터 철저히 여자답게 길들여지고, 교육되며 여자로서 할 수 있는 일만 하도록 만드는 일련의 사회화 과정을 거치며 살아가게 되는 것이다. 보봐르의 말처럼 "성은 태어나는 것이 아니라 만들어진다"라는 말은 이를 뜻하는 것이다. 이는 다른 성으로서의 남성만이 아니라 여성 자신에게도 차별을 정당화하고 받아들이게 할 뿐 아니라 이러한 차별문화를 영속화하는 기재역할을 하게 되는 것이다.

우리나라의 경우 여성억압은 '한(恨)의 문화'에 있어 중심개념이 되어 사후의 세계에까지 그 영향을 미치고 있다. 주로 여성으로 나타나는 한국의 귀신은 가부장적 사회에 매몰된 여성의 또 다른 자아를 드러낸다. 남성 이데올로기라는 족쇄에 묶여 살아 온 여성문화는 과학과 합리의 시대에도 뿌리는 깊다. 긴 산발머리에 입에 칼을 물고 피를 뚝뚝 떨어뜨리며 소복을 입고 나타나는 귀신은 여성들의 억눌린 욕망이 귀신이라는 형상으로 재현되는 것이다.

한국의 귀신은 정상적인 대화가 부족한 곳에서 나타난다. 그러므로 귀신은 일종의 소통불능의 대명사인 것이다.

3. 페미니즘의 다양한 관점

여성의 사회적 문제를 그 원인과 전개과정 그리고 해결방안에 이르기까지 이론화를 시도한 일련의 학문체계를 페미니즘이라고 한다면 그 이론적 기초를 구성하는 기본적 인식은 논자들의 입장에 따라서 다르게 나타난다. 이를 몇 가지 이론적 전통으로 간략하게 나누어 이해를 돕고자 한다.

첫째로 자유주의라는 사상적 맥락에서 볼 때 페미니즘 이론은 17~18세기의 서구 자유주의 사상에 뿌리를 두고 발전되어 온 긴 역사적 전통을 갖고 있다. 자유주의 페미니즘 계열의 공통적 인식은 여성은 성별 때문에 모든 인간관계에서 부당한 고통을 받고 있으며 사회적으로 인간의 개념에서 배제되어 왔다는 것이다.

이들은 여성도 남성과 마찬가지로 합리적 인간으로서의 본성을 공유하고 있으므로 성적 차이로 인한 어떠한 차별도 용납될 수 없다는 전제하에 사회적 임금, 시민권, 교육, 건강과 복지혜택, 나아가서는 민주적 정치과정에 대한 참여 등에 있어서 어떤 차별도 인정되어서는 안 된다는 것이다. 문제는 자유주의 페미니즘은 이러한 모순의 근본적 원인을 사회구조나 정치체제상의 모순구조에서 찾으려 하지 않는다는 점에서 일반적으로 보수주의적 입장으로 분류된다. 따라서 문제해결의 방식도 정치나 사회체제의 기본 틀을 유지하는 범위 안에서 추구하기 때문에 대체로 온건한 태도를 보인다. 자유주의적 페미니즘은 공동체의 복지보다 개인의 자율성을 우선시 한다는 점에서 성차별을 근본적으로 해소하는 데는 한계성을 보이고 있다.

둘째, 마르크스주의적 전통이라는 관점에서 접근할 때 여성문제의 원인은 크게 달라진다.

마르크스는 인간사회의 역사적 발전은 생산관계의 모순을 통해 이루어진다고 보고 그 모순의 대척점에 계급이 존재한다고 봄으로써 계급존재의 모순에 대한 투쟁을 통해 인간사회는 발전해 왔으며 같은 원리에서 여성의 차별도 계급적 차별에 지나지 않는다고 본다. 그러므로 자본주의 사회의 사회구조가 여성의 억압과 차별의 근본원인이라고 주장한다. 특히 마르크스주의자들은 여성의 종속이 사유재산제 도입으로부터 시작되었다고 보고 성차별의 문제를 근본적으로 계급갈등이라는 관점에서 풀어가야 한다고 보는 입장이다.

이러한 가정에서 마르크스주의 페미니즘은 "사회적 존재가 사회적 의식을 결정한다"는 마르크스의 계급투쟁이론에 기초하여 여성이 사회적으로 어떻게 존재하느냐, 즉 여성이 어떤 일을 하며 어떤 대우를 받느냐에 대한 철저한 비판적 인식이 여성의 사회적 정체성을 결정한다는 입장을 고수하고 있다.

셋째, 또 다른 이론적 전통에는 급진주의가 자리한다. 이 이론은 인간사회에서 성차별에 의한 여성억압이 모든 억압 가운데 가장 근본적이라는 인식에서 출발한다. 이 같은 입장은 가부장 사회가 여성의 몸을 통제하기 위하여 출산, 피임, 낙태나 또는 성폭력이라는 방법을 통하여 여성의 억압과 종속을 유지하기 위한 권력행사를 도모하고 있다는 것이다. 그러므로 여성억압이 생물학적 불평등에서 연유한다는 성별 분업의 개념을 마르크스가 말하는 계급적 분업보다 더 중시하는 입장을 취한다.6)

자유주의 페미니즘과는 달리 급진주의 페미니즘은 남성 지배사회의 모든 가치에 대한 공격을 시작한다. 남성중심의 성에 대한 재인식, 재구성이 이루지지 않는 한 여성의 종속상태는 달라질 수 없다는 것이다. 따라서 이들이 제시하는 여성해방을 위한 정치전략은 남성 위주의 세계관을 부정하고 가부장 문화에 저항하며 여성성의 회복이라는 대의를 이루기 위하여 이들과 정면대결을 감행해야 한다는 것이다. 그동안 여성의 몸과 관련된 모든 사건들을

6) 슐라미스 파이어스톤(Shulamith Firestone, The dialect of Sex), 성의 변증법, 김현미 외, 『일상의 여성학』(서울: 박영사, 2001), p. 22 참조.

사적 차원으로 매몰시켜버린 남성주의적 관행을 깨뜨리자는 것이다. 급진주의적 페미니즘은 '사적인 것이 정치적인 것이다'라는 슬로건 아래 강간과 성추행, 성희롱 등을 비롯한 모든 형태의 성폭력을 남성폭력으로 규정하고, 공적인 정치문제로 끌어 올리는 운동을 전개하여 왔다. 달리 말하면 성을 정치적 영역으로 끌어들였고, 정상적으로 여겨오던 남성의 행동들을 사회문제로 부각시켰다.

넷째, 오늘날 여성문제에 대한 접근에 새로운 단면을 발견하게 되는데 포스트모더니즘이 그것이다. 포스트모던 여성주의는 이 운동의 관점을 철학적 포스트 모더니즘과 공유한다는 데서 출발한다. 포스트 모더니즘은 모더니즘, 즉 주체와 이항대립이라는 근대성의 관점을 비판의 중심개념으로 삼는다. 근대성은 "나"라는 주체를 중심에 두고 타자와의 이분법적 관계를 설정한 후 타자, 즉 상대를 정복하고, 경영의 대상으로 본다는 짐에서 인식의 부정합을 초래한다는 한계를 안고 있다. 포스트모던 페미니즘은 이 같은 남성 대 여성이라는 이항구조를 지양하고 여성억압의 원인분석에 있어 복수성, 다원성, 차이성이라는 다차원적 영역으로 페미니즘의 지평을 확대하자는 입장이다. 이렇게 보면 여성이란 특정한 본질을 가진 존재가 아니라 다양한 사회적 관계들이 복합적으로 작용하는 장으로 보는 것이 타당하다는 주장이다.

포스트모던 페미니즘이 지향하는 여성해방의 방식에는 우선 남성중심의 철학적 관점으로부터 벗어나야 한다는 것이며 가부장 질서에 순응해온 모든 언어구조를 해체하는 한편, 여성의 몸을 통한 다양한 경험과 탐구를 거쳐 여성적 사고방식으로 사고하고 말하기를 배울 때 비로소 여성만의 목소리를 낼 수 있다는 것이다.

한편, 공간이라는 사회지리학적 개념을 포스트모던 페미니즘에 적용함으로써 성차별 현상을 보다 분명하게 이해할 수 있다.[7] 공간은 사물이 처한 위

---

7) 지리학적 공간개념을 사회과정에 적용한 연구로는 David Harvey, *Justice, Nature snd Geography of Difference*(London: Blackwell, 1966) : 국내 연구로는 최병두, "데이비드 하비 : 공간의 정치

치나 장소로서 인지되는 것으로 인간은 사물들과의 관계 속에서 자신의 위치를 가늠하게 된다는 것이다. 이 공간적 개념은 포스트모던적 관점에서 장소의 개념과 연계되면서 '타자성'과 '차이'라는 문제를 발견하게 되고, 나아가서는 영토중심의 장소를 기반으로 형성된 '정체성(identity)'을 도출해낸다. 이러한 고유의 영토개념에서 빚어진 정체성은 민족이나 인종, 사회적 성(gender)에 대한 배타적 경계의식을 심어준다는 의미에서 장소는 특이한 사회과정을 담아내는 기능으로 변한다. 이렇듯 공간의 사회적 구축은 인간이 인간의 사회적 위치지음과 물질적 생존을 위한 투쟁 속에서 만나게 된다는 것이다.

여기에는 경치경제학적 개념인 세계화라는 거시적 개념에서부터 페미니즘이라는 미시적 개념까지 그 폭이 대단히 넓다. 공간의 경험적 영역은 배타적 권위, 배제적 지역선정, 사회통제구역 설정 등을 통한 여성의 억압, 여성에 대한 통제구역의 설정과 나아가서는 사회적 배제로 이어지는 일련의 차별문화를 제도해 왔다는 것이다. 예를 들면, 제식의 공간에는 여성의 참여나 출입이 엄격히 제한되며 친족의 공식적 모임이나 공개석상에서의 여성의 자리는 후미진 구석이나 뒷자리라는 것을 여성들도 잘 알고 있다. 어느 집단이든 서열이 높은 자의 집무실은 2층의 정 중앙에 위치해 있기 마련이고 그 크기나 집기의 품질도 큰 차이가 있다. 이는 상징적 권력을 표상하는 것이기 때문이다. 자리매김, 즉 위치지움이라는 개념은 여성의 사회적 힘을 설명하는데 유용한 개념이라 할 수 있다. 사회적 안보와 관련하여 안전지대와 위험지대로 나눌 수 있다. 상류층의 여성은 대체로 안전지대에 위치하면서도 저변세력(하류층)은 위험지대에 위치하는 예가 많다. 안전지대와 위험지대 간에는 윤리적 거리가 가까울수록 더 좋다.

여성이 변화하면 세상이 바뀐다는 말이 있다. 여기서 우리는 페미니즘을 사회 속의 성별관계와 남녀 경험의 차이를 설명하는 다양한 사회이론으로 보

경제학과 포스트모더니티", 김호기 편, 현대비판사회이론의 흐름(서울: 한울, 2001), pp. 150~214 각각 참조.

게 되며 이러한 페미니즘에 대한 다양한 해석은 몇 가지 공통된 특성으로 요약될 수 있다.

기존의 양성관계는 여성의 남성에 대한 종속관계이므로 이는 마땅히 변화되어야 한다는 것이며 이의 실현을 담보하기 위한 이념적 체계로 구성되어 있다는 것이다. 페미니즘은 일련의 이념일 뿐 아니라 남녀관계를 변화시켜 세계를 변혁하자는 점에서 패러다임의 대전환을 내포한다. 페미니즘은 매우 다양한 정치적 실천전략을 통하여 여성의 삶에 대한 통제권을 여성 스스로에게 돌려주어야 함을 관철하려 한다는 점에서 혁명성을 내포하는 개념이다.

이러한 페미니즘은 이미 해결된 역사가 아니라 아직도 꾸준히 연구되어야 할 미래의 담론이므로 이에 대한 지속적인 연구 개발이 요구되는 것이다.

Ⅲ 성차와 성역할 구조

정치는 의도를 내포하는 개념이다. 한 세력이 다른 세력을 효과적으로 지배하기 위해서는 그 지배권에 대한 정당성을 확보하지 않으면 안 된다. 정당성이 없거나 미약할 경우 그 지배권력은 언제라도 도전에 노출되기 때문이다. 그러므로 모든 지배권력 앞에 놓이는 당면과제는 가치와 이념에 대한 해석권을 장악하는 일이다.

1. 생물학은 정치학이다

남녀 성차에 대한 생물학적 연구는 오랜 기간에 걸쳐 수행되어 오고 있다. 사회 생물학자들은 성차는 인간 진화의 과정에서 인체의 도처에 비장되어 있기 때문에 변화될 수 없다는 근거를 제시한다. 인간의 개인차를 비롯한 성차는 부정될 수 없는 과학적 근거에 기초하는 것이므로 그 진화의 순리를 역행하는 어떤 도전도 용납되어서는 안 된다는 것이다. 이러한 과학적 가설들이 과학적 설득력을 인정받을 수 있는 당위성 이상의 권위를 가지고 사회를 통제하는 장치로 악용되기 때문이다. 하나의 과학적 사실이 곧 진리로 오인될 수 있다는 것이다. 남녀 간에 대뇌의 차이나 호르몬 분비로 인한 남성성과 여성성 사이에는 현저한 차이가 있어 이것들이 남녀 간의 차이를 유발한다는 주장은 이미 다른 사실들의 발견으로 부정된 사실이 이를 반증해 준다.

생물학적 성차가 강조되기 시작한 18세기는 봉건적 신분질서가 붕괴되고 자유 민주주의 기치 아래 다양한 집단들의 욕구가 분출하면서 정치적 지형 변화가 일어나던 시기였다. 오랜 억압질서 아래서 잠재되어 오던 사회적 불만들이 여성과 남성, 흑인과 백인, 빈자와 부자, 그리고 압제하의 식민지와 제국 간의 단층의 골 사이로 표출되기 시작하였다. 이들 간의 차이는 단순한 차이 그 자체가 아니라 지배와 착취관계의 분계선을 의미하는 것이다. 그렇다면 이 시점에서 발표되는 '과학적 사실'은 학문적 연구 성과로 보기보다는 지배세력들에 의한 이들의 불만을 잠재우는 근거로 이용될 수 있다는 것이다. 생물학적 성차의 연구결과가 정치적 의도와의 야합을 의심받는 이유가 여기 있다.

2. 성 고정관념

인간사회는 교육을 통하여 각자의 능력과 적성에 따라 사회적 역할을 담당하게 된다. 그러나 여성의 사회참여는 성 고정관념으로 말미암아 많은 난관에 부딪치게 된다. 그 결과 사회적으로 성역할에 큰 불균형이 초래되기도 한다. 성차는 인간의 의지로 선택되는 대상이 아니라는 점에서 인간존재의 근원에 관련되는 것이므로 성 역할의 편견에서 비롯되는 문제는 인권의 왜곡 내지는 침탈의 문제로 규정될 수 있을 것이다. 이는 민주원리에도 어긋날 뿐 아니라 사회적으로 낭비를 불러오고 국력의 불균형 관리라는 지탄을 면하기 어려운 현상이다. 성 고정관념은 성 역할에 대한 고정관념으로 이어져 여성의 성 정체성을 왜곡할 뿐 아니라 나아가서는 사회적 성 역할구조 전반에 불균형을 초래한다는 심각한 사회정치적인 문제를 낳는다.

남성과 여성 간의 성차를 명확히 구분하기는 쉽지 않다. 생물학적 성차가 사회적 성차와 동일시되는 것은 문제이며 더욱이 성차를 곧 기능상의 우열관계로 위치지울 수도 없는 일이다. 그럼에도 불구하고 인류사회는 오랜 역사를 통하여 성차를 우열관계로 규정하고 이를 사회적 위계와 분업구조를 정당화하는 근거로 믿고 이용해 왔다.

성 고정관념은 여성성에 대한 편견으로 이루어져 있다. 예를 들면, 남성은 독립적이고, 적극적이며 주도적인데 반하여 여성은 의존적이고, 수동적이며 복종적이라는 것이다. 남성이 이성적(합리적)인데 비해, 여성은 감성적이며 결과적으로 '남성은 강하고 여성은 약하다'라는 식이다. 이러한 성 고정관념에 따라서 성 역할도 남성에게는 의사결정자, 조직의 관리, 전문직 분석, 기계의 작동 등 역동적이고 분석적인 역할이 적합한 반면에 여성은 약자에 대한 봉사, 아동의 보육, 요리, 미용, 비서 등 섬세하고 보조적인 일이 맞는다는 편견에 쉽게 동의하게 된다.

가부장적 문화가 깊게 뿌리 내린 사회일수록 이러한 편견이 지배적이다. 예를 들면, 알바니아에서는 오늘날에도 성 역할 구분이 사회적 관습으로 엄존하고 있다. 남자는 '바깥일', 여자는 '집안 살림'을 맡게 되어 있는데 집안에 남자가 없을 경우 딸이 일평생 독신녀로서 남자 역할을 해야 한다는 것이다. 이것이 이른바 '서약 처녀'라는 풍습이다. 서약 처녀는 남장을 하고 남자 행세를 해야 하며 마을 사람들도 그를 남자로 대하도록 되어 있다는 것이다. 이런 사회의 경우 남성성은 여성에게 있어 하나의 범접할 수 없는 성역에 속하는 것으로 이 같은 사례는 극단적인 성 역할의 모순을 반영하는 하나의 사회적 단면이라 할 수 있다.

성 고정관념이라는 편견은 각종 사회화의 매체를 통하여 사회화되어 계승되며 시간의 흐름에 따라 관습과 관행으로 자리 잡는 등 문화화의 과정으로 이행되기 마련이다. 성에 관한 문화적 편견이 쉽게 교정되지 못하는 이유도 이 때문이다. 여성의 설 자리가 가정이라는 통념 안에서 여성의 사회진출 노력은 여성 본연의 역할에 역행하는 일이 되는 것이다. 더욱이 자본주의적 경쟁이 요구되는 현대사회에서의 생존의 원리는 '남성적' 특성의 능력, 즉 경쟁력의 확보라고 볼 때 여성들은 사회적으로 인정받기 위하여 끊임없이 남성적인 면모를 보여주어야 한다.

남녀 간에는 결혼관에도 현격한 차이가 존재한다. 예를 들면, 여성 인기 연예인들의 결혼에 대하여 대다수가 "여자의 행복을 찾아"라고 언급하는데 반해, 남성 연예인의 결혼에 대해서는 "남자의 행복을 찾아"라는 말은 하지 않는다. 여자에게는 마치 결혼만이 행복이 보장되는 길이라는 선입견을 낳는 부분이다. 아니면 남편 잘 만나는 것이 여자가 누릴 수 있는 행복의 몫이라는 인식을 심어주는 문제이기도 하다. 한마디로 여성은 자신을 대표할 수 있는 자주적 존재가 아니라 남편인 남자에 의해서만 빛을 발할 수 있는 존재라는 여성존재의 객체성을 함축하는 표현이다.

성 역할에 대한 뿌리 깊은 고정관념으로 말미암아 여성은 사회진출에도 난관이 많지만 가정과 사회라는 두 역할을 동시에 만족시켜야 한다는 부담을 면하기 어려운 것이 현실이다.

3. 성 평등기준의 오류

민주화가 어느 정도 진전되었음에도 불구하고 성 평등에 대한 문제 제기도 쉽지 않았던 시기에는 여성의 취업이나 승진 시 차등 대우를 받지 않기 위해서는 남성과 다르지 않음을 스스로 입증해 보여야 하는 경우도 많았다. 여성은 당연히 남성에 비하여 열등한 조건을 감수해야 한다는 사회적 '묵계' 때문인 것이다. 일부 '수퍼우먼'을 제외한 평균적 여성은 체격 조건이나 가사 양립이라는 불리한 조건으로 직장에만 전념해도 되는 남성들과 동등한 실적 경쟁을 한다는 것은 엄두도 못 낼 일이기 때문이다. 모성 보호라는 법적 장치가 없는 사회의 경우 남성과 동등한 조건에서의 경쟁은 무모한 도전에 지나지 않는 것이다. 오히려 모성 보호라는 개념 자체가 여성에게는 더욱 불리한 족쇄와 같은 것이라서 여성성을 강조하자니 차별의 근거가 되고, 여성성을 포기하자니 불가능한 남성화가 된다는 자기모순에 빠지게 되는 것이다.[8)]

남녀평등이라는 개념 자체가 생물학적·사회적 조건의 동일기준에서 설정된 것이기 때문에 남성과 여성 간의 생리적 차이나 사회적 조건상의 차이는 무시되고 있다는 데 주목해야 한다. 즉 직장의 근무라는 개념도 근로자가 매일 8시간 이상 근무할 수 있는 남자를 전제로 하고 있는 것이다. 현실적으로 가사노동과 출산, 육아를 병행해야 하는 보편적인 여성이 이러한 조건을 충족시킨다는 것은 결국 직장이나 가정, 어느 한편에도 정상적인 역할을 수행하기 어렵다는 고백이 된다.

이런 점에서 성 평등의 기준은 절대적 개념이 아니라 조건적 평등이라는 개념으로 해석되는 것이 합리적이고 타당할 것이다.

Ⅳ 자본주의 문화와 여성

1. 여성의 몸, 문화, 정치

현대사회에 있어서 개인적 또는 사적이라는 말은 오히려 인간이 사회적 존재임을 명증하는 표현이라고 보아야 옳을 것이다. 여성과 남성의 성적 구분은 종의 기원이라는 측면에서 보면 큰 의미가 없을 정도로 자연스러운 것이다. 인간의 역사가 남성중심으로 이루어져 오다 보니 문화라는 개념의 중심

---

8) 성차에 관하여는 한국여성연구소, 『새 여성학강의』(서울: 동녘, 1999) 참조.

에 남성성이 자리잡게 된 것이다.

인간의 몸은 생산활동과 소비활동을 중심으로 하는 사회적 행위의 시작이요 끝이다. 여성의 몸이 문제가 되는 것은 여성의 몸과 남성의 몸이라는 것이 생리적 차이 뿐 아니라 사회적으로 다르다는 인식에서 나온 것이며 그런 점에서 분명히 정치적이고 이데올로기적이라 할 수 있을 것이다. 그런 의미에서 사적인 여성의 몸은 고도의 정치적인 성격을 띠지 않을 수 없는 존재로 인식되고 있다.

정체성이란 남들과의 관계 속에서 자신이 누구인가를 스스로 규정하는 것이라 할 수 있으며 그런 의미에서 자기성찰성을 전제로 하는 개념이라 볼 수 있을 것이다. 20세기에 들어 자유 민주주의에 기초한 정치적 민주화라는 거대한 흐름 속에서 개인의 정체성을 상징화하는 것들은 민족, 국가, 계급, 이념 등의 주로 거대 담론이었다. 여기에 세계화라는 추세에서 새로이 부각되는 요소들로는 취향, 소비, 라이프스타일 등이 있다.[9] 이처럼 정치적 축을 한편으로 하고, 다른 하나를 사회문화적 축으로 하여 이를 합칠 경우 개인의 정체성은 변화를 겪게 되는 것이다. 사람들은 구체적인 삶의 현장에서 작동하는 지위와 역할체계가 자신에게 부여하는 역할을 자신과 동일시함으로써 자기 정체성을 확립하게 된다. 그리고 이 정체성의 일차적 출발점은 지금 이 순간의 자기의 몸이라고 인식한다.

페미니즘의 입장에서 보면 우리가 입고 태어난 성별화된 몸은 우리에게 남성 또는 여성이라는 구분된 몸을 부여하며 이는 다시 성별에 따라 서로 다른 의미와 경험과 기회를 차별적으로 배분하는 사회구조 안에 편입되면서 성차별로 나타나는 것이다. 물론 몸이란 오늘날 자연적, 운명적으로 고정된 것은 아니며 사회적, 문화적으로 그에 부여된 의미와 주체의 의식적 관리 여하에 따라서 그 경계가 달라질 수 있는 유동적인 개념이기도 하다. 그럼에도 불구

9) 여성의 몸과 관련해서는 한국여성연구소, 『새 여성학강의』, 동녘, 2003, pp. 133~159 참조.

하고 여전히 사회구성적 또는 문화적 신념체계가 쉬 변화되지 않는 상황에서 여성의 몸과 정체성은 담론으로서의 위치를 견지하고 있는 것이다.

1) 사회문화적 요소로서의 몸

사회 구성주의적 관점은 인간의 몸이 자연적으로 주어진 그대로가 아니라 특정한 때와 장소의 사회문화적 요소들에 의해 구성된 것으로 본다.

푸코(Michel Foucault)는 권력이 행사되는 지점으로서의 몸에 관심을 갖고 사회권력이 개인들의 몸을 길들임으로써 개인 스스로가 자기 몸을 감시하고 사회적 목적에 일치하는 방향으로 통제해 가는 주체로 만들어간다는 원리를 개념화하고 있다. 적어도 피임약의 보급과 낙태술이 일반화되기 까지는 여성의 성은 쾌락의 대상이 아닌 임신과 출산의 수단으로서 관리되었다.

마틴의 연구에 의하면, 19세기에 있어 여성의 몸은 아기를 생산하는 공장의 개념으로 간주되었으며 여성의 정상적인 생리과정에 대해서도 매우 부정적인 것으로 인식되었다는 것이다.[10] 예를 들면, 월경은 임신의 실패로, 폐경은 육신의 지휘시스템이 와해된 것으로 이해된다는 것이다. 이는 곧 자연적이고 정상적인 여성의 생리현상을 마치 생산기능을 상실함으로써 사회적 폐기처분의 대상으로 전락되어 버린 양 취급한다는 것에 다름이 아니다. 이 같은 연구결과가 시사하는 바는 여성의 몸은 자연 그대로 인지되는 것이 아니라 사회문화적 개입을 통하여 이루어지며 이러한 개입이 기존의 사회질서를 재생산한다는 것을 의미한다. 이 같은 오염신화에서 비롯된 여성의 부정적인 문화적 이미지들은 여성을 공적인 영역에서 배제하고 고립화시키는 근거로 작용한다는 데 문제가 되는 것이다.[11]

---

10) E. Martin, *The Woman in the Body : A Cultural Analysis of Reproduction*(Boston: Beacon Press, 1989), 위의 책, p. 143에서 재인용.

11) 오염신화에 관한 보다 구체적인 논의는 곽삼근 외, 『일상의 여성학』, 박영사, 2001, PP. 210~211 참조.

몸은 권력이 머무는 장소일 뿐 아니라 몸가짐 자체도 권력의 상징이 된다. 여성들은 성장과정 전반에 걸쳐 몸가짐에 대한 혹독한 훈련을 받는다. 앉고 서는 자세, 걸음걸이며 말하거나 웃는 자세에서 시선의 높이에 이르기까지 몸과 관련하여 사회적으로 요구되는 일정한 규범이 있다.[12] 예절과 품위라는 이름의 이러한 규율은 여성으로 하여금 숨도 제대로 쉬지 못하게 할 만큼 그 구속력이 강하다. 여성들은 상전을 모시는 하복들처럼 언제나 몸을 낮추고 웅크리는 자세를 취하게 된다. 묘족의 긴 목을 위한 쇠고리 착용이나 중국 전족의 예에서 볼 수 있듯이 여자로 태어났다는 것은 어려서부터 죽는 날까지 스스로가 아무런 저항 없이 받아들일 수밖에 없는 교양이란 이름의 천형이 따라다닌다. 이는 특권층이나 상류층의 여성일수록 더욱 다양하고 혹독한 법칙으로 작용하기 마련이다. 최근에는 여성의 '피부는 권력이다'라는 광고 카피까지 등장하였다. 외모를 권력자원으로 이용할 수 있다고 믿도록 유도하는 상업주의의 빌미가 되기도 한다.

이 밖에도 여성의 몸은 불완전하다는 문화적 코드가 여성의 사회적 차별을 정당화하는 데 이용되기도 한다. 남성의 몸은 건강한 기능성 여부와 관계없이 온전한 것으로 보는 반면에 여성의 그것은 불완전하다는 인식이 자리 잡혀 온 것이다. 이는 여성의 몸이 근원적으로 열등한 것이며 이러한 인식은 여성의 노동을 자기완결적이 아닌 보조적 수단으로 격하시키는 문화적 표상으로 작용하게 된다. 이러한 인식은 인간적 필요를 충족시키기 위한 생산은 남성에 의하여 이루어지고 여성은 다만 소비를 맡아 가사를 꾸려가는 존재로 합리화하는 데 이용된다. 남성과 여성이 신체적으로 다른 부분이 있는 것은 사실이다. 그러나 이러한 신체적 차이가 평등한 가치상의 차이가 아니라 위계상의 질적 차이로 파악되어 우열관계로 분류됨으로써 결국 사회적 차별화로 나타난다는 것이다. 여성에 대한 성적 차별은 다름 아닌 여성의 몸에 대한

---

12) 배은미, "여성의 몸과 정체성", 새 여성학강의, 동녘, 2003, P. 145.

차별에서 시작되는 문제로 보아 무방할 것이다.

그렇다면 여기서 몇 가지 짚고 넘어가야 할 의문이 있다.

첫째, 과연 여성억압으로 표출되는 여성에 대한 사회적 차별이 모든 나라와 문화권에서 동일한 현상인가?

둘째, 이런 현상들이 역사적으로 일치되는 것인가?

셋째, 페미니즘이 발생된 서구권에서도 상류층과 서민층 사이에 성 억압에 대한 인식의 차이가 있는데 이것을 문화적 상대주의 입장에서 인정해야 할 것인가?

물론 여성문제는 국가나 문화권별로 사회적 관습과 문화적 차이로 인하여 상당히 다를 수도 있다. 따라서 그 해결방법에 대한 일치된 견해를 찾기도 쉽지 않다. 더욱이 제3세계권에서의 노동계급의 여성들에게는 더욱 심각한 문제이다. 이런 관점에서는 여성문제가 문화적 상대주의에 묶어 성 억압문세는 문화권별로 조건과 상황이 다른 것이니 그대로 인정해줘야 한다는 보수적 입장을 두둔하는 결과를 초래할 수도 있을 것이다. 국제적 연대를 파괴하는 이러한 입장을 페미니스트는 받아들이지 못하는 것도 자명한 논리이다.

여성의 몸과 관련하여 파생되는 많은 사회문제들이 존재한다. 그 대표적인 몇 가지만 적시하여 여성의 몸이 어떤 사회적인 문제와 관련되어 있는가를 이해하는 데 도움을 주고자 한다.

(1) 여성할례

여성할례 문제는 특정 지역의 종교문화와 관련되는 것이기는 하지만 성기를 이용한 여성의 성화와 도구화라는 양면성의 문제를 낳는다. 성기 할례는 유대민족의 선민사상에 기초한 남성할례가 있지만 여성할례는 성격상 다르다. 여성할례는 여성 성기 중 음핵을 제거함으로써 여성으로 하여금 성생활의 즐거움을 박탈하여 성 윤리적으로 정조가 훼손되는 것을 막겠다는 집단의식이 사회적 관습으로 지켜지는 것이다. 할례를 받아도 여성은 성관계를 통한 임신, 출산, 육아에는 지장이 없지만 성적 행복감은 누릴 수 없으며 여성의 상당수가 심각한 부인병으로 고통을 받고 있는 것이 현실이다. 또한 남성의 성생활에는 전혀 지장이 없지만 여성은 일생을 통하여 남성 위주의 성적 도구로 전락하게 된다는 것이다.[13] 이는 단적으로 남성만이 성적 접근이 가능하고 여성은 피동적인 태도를 보일 수밖에 없다는 데서 여성의 인격권 박탈문화로 봐야 할 것이다.

남성할례를 지키는 문화권도 있지만 이는 특정 민족의 선민사상에서 유래된 것이며 할례를 받는 경우에도 포경수술과 큰 차이가 없다는 점에서 건강에도 위해한 요소가 없기 때문에 문제시될 일이 없는 것으로 알려져 있다. 반면에 여성할례는 여성의 성적 행복권을 차단함으로써 남성의 권위를 유지하고 성적 만족을 위한다는 남성권력 화석화의 한 단면을 보이는 현상이다.

(2) 성 매매춘

성 매매의 역사는 긴 것으로 알려져 있다. 그만큼 고질적인 문제임을 반증하는 것이다. 성 매매는 육체적 관계의 교환행위에 대한 금전적 대가 지불행위로만은 볼 수 없다는 특수한 문제이다. 이는 특히 자본주의 사회에서 거대한 성산업 메커니즘의 영향을 고려한다면 매우 중대한 문제영역으로 대응해야 할 일이다. 한국에서도 여성시민단체와 지식인들의 부단한 노력의 결과 2004년 9월 24일부터 시행된 성매매 방지 특별법의 영향으로 그동안 존치되어오던 집창촌이 공식적으로 폐지되었다. 그러나 성을 필요로 하는 사람이 존재하는 한 어떤 형태로든 성매매는 존재할 가능서이 크며 매춘부의 대다수가 여성인 경우 여성사회가 이를 묵과할 수는 없을 것이다. 성매매는 또 다른 형태의 여성 상품화나 여성 노예화 현상이라는 관점에서 민주화에 수반되어 마땅한 사회정치적 담론이 되어야 한다. 성매매의 구조화로 인하여 행정적

13) 여성 할례에 관하여는 캐롤린 라마자노글루, 『페미니즘 무엇이 문제인가』, 김정선 역, 문예출판사, 1997, pp. 227~31 참조.

단속을 피하여 매매인력이 집창촌에서 주택가로 분산되는 기현상이 벌어지고 있는 것으로 보도되고 있으며, 이는 이 사회의 성 문화를 퇴폐화할 뿐 아니라 공동체 안보에도 심각한 위협이 된다는 데 문제가 있다.

(3) 성폭력

성폭력은 날이 갈수록 그 심각성이 증대되는 우리 사회의 병폐현상으로 자리 잡혀 있다.

성폭력의 개념은 분명히 정의된 바 없다. 다만 1995년 북경여성대회의 선언문이 규정하고 있는 것이 최근의 내용이다. 그에 따르면 성폭력은 "인종차별, 종교적 극단주의, 테러리즘 등을 통한 여성에 대한 폭력, 성의 노예화, 성적 착취, 국제적 인신매매, 강제매춘, 성희롱"이라고 정의될 수 있다.[14)]

그동안 성폭력에 대한 법적 해석의 폭이 너무 협소하여 폭력상황은 고려하지 않고 피해자 본인의 동의 유무가 성폭력 행위의 범죄성립 여부를 판시하는 기준이 되어 왔기 때문에 피해자가 법적으로 보호받지 못하는 결과가 많았다. 성폭력 행위는 성인격을 보호하는 인륜적 요구이며 성 평등이라는 민주주의적 요청에 반응하는 차원에서도 이를 폭넓게 적용하여야 할 것이다. 그러므로 그 범위는 상대방이 원하지 않는 인체의 육체적 접촉에서부터 성관련 언행 모두가 포함되어야 마땅할 것이다. 국가 정책적으로는 퇴폐적인 성문화가 성폭력 문화를 조장한다는 개연성에 입각하여 미리 차단하는 예방행정이 이루어져야 할 것이다. 성기 노출 행위를 포함한 성희롱, 성추행, 강간폭력행위 등이 그 의도와 행위결과의 피해자 손상 여하에 따라 엄격히 규제되어야 할 것이다. 특히 미성년자나 약자에 대한 약취행위는 엄단되도록 법이 보강되어야 할 것이다.

성 폭력은 연애관계에서도 벌어지기 때문에 그 폐해의 심각성에도 불구하

14) 성폭력에 관하여는 한국사회연구소, 앞의 책, pp. 170~179 참조.

고 가벼운 상호 애정관계라는 모호한 해석으로 면죄되는 경우도 많다. 성폭력은 직장 등 노동시장에서 남성이 여성을 지배하는 수단이 되기도 한다. 성폭력의 피해는 일시적인 것이 아니라 한 인간의 평생인격과 관련될 수 있는 문제이므로 개인적으로는 물론 국가와 사회적 차원에서 다루어야 할 문제이다.

(4) 낙태 문제

낙태는 여성의 몸과 관련하여 몇 가지 중요한 문제를 제기한다. 임신한 여성의 건강은 일차적으로 본인과 직결되는 문제이므로 당사자인 여성이 책임져야 하며, 그러므로 임신으로 임신부의 건강에 위해여부가 있을 때 낙태문제가 발생할 경우 그 결정권은 임신부 본인이 갖는 것이 합리적일 것이다. 그러나 낙태는 태아에 대한 아버지의 권리와 책임, 인간생명이 언제부터 시작되는가에 대한 인도적 규정과 종교적 규정의 현실은 그러하지 못하다. 우선 보수종교에서는 태아도 인간이니 낙태는 생명을 살상하는 것이라 여겨 낙태를 금지한다. 또 여성을 임신시킨 성관계의 권력 등의 문제가 제기된다.

이러한 문제의 배후에는 낙태에 관한 보수적 입장들의 압력으로 낙태를 쉽게 결정할 수 없게 되어 있다.[15) 그러나 페미니스트들이 여성의 낙태권을 지지하는 이유는 강간이 성행하여 임신율이 높아지고 있으며 경제적으로 곤란하여 양육비가 비싸며, 장애아동일 경우 생존이 어렵거나 아니면 평생 고통을 누가 책임질 것이냐 하는 문제들이 있다. 특히 낙태유혹을 받기 쉬운 상황은 임신자가 미성년이거나 경제적으로 생활비 조달조차 어려운 환경이 있고, 임신부에게 유전적인 질환이 있어 임신상태가 유지되기 어려운 상황, 또 임신자나 그 배우자가 실직 상태에 있거나 양육을 공유하기 어려운 가족환경, 기형아가 태어날 가능성이 높은 경우 등을 들 수 있다. 여성이 낙태를 원하는 것은 선택의 문제가 아니라 강박이다. 왜냐면 출산을 할 경우 출산에서부터

15) Caroline Ramazanoglu, 김정선 역, 앞의 책, p. 248.

그 아이의 일생을 통하여 가장 큰 부담은 출산여성의 몫이 되기 때문이다. 따라서 낙태가 최선의 선택이 되지 않기 위해서는 출산에 따르는 일련의 부담을 공유하는 사회적·정치적 부담이 제도화되어야 할 것이다. 즉 출산 후 성인이 될 때까지 아기의 아버지에게 반드시 일차적 부양책임이 부과될 뿐 아니라 국가와 지방자치 단체가 공동책임 하에 지원해야 하며, 그 밖에도 공·사설 복지기관의 도움을 받을 수 있는 체계를 수립해야 할 것이다.

낙태를 예방하기 위해서는 사전 성교육이 있어야 하고, 생계가 어렵거나 미성년일 경우 국가가 지원해야 하며 여러 가지 가능한 조처를 강구해야 한다. 낙태가 시행되기 전에 정부가 참여하는 상담을 통하여 낙태를 방지하거나 다른 가능한 방식을 강구하여 임신자체를 예방하고, 꼭 필요할 경우 이를 공적으로 관리하여 국민건강을 해치는 일이 있어서는 안 될 것이다.

(5) 레즈비안이즘과 정치

레즈비안이즘이란 여성이 이성애를 거부하고 동성 간의 교제를 통하여 삶의 만족을 얻을 수 있다고 믿는 관념과 실제라고 할 수 있다. 레즈비안의 행태가 언제, 어떻게 형성되었는지에 대한 믿을만한 연구결과는 아직 없다. 다만 17세기 유럽에서 레즈비안이즘의 기념이 최초로 대두된 것으로 보아 사회현상으로 드러나기 시작한 것은 자유민주주의의 거센 물결과 함께 개인의 자유가 중심 가치로 되면서부터일 것으로 유추된다.

레즈비안은 성격상 그 유형도 다양하여 단순히 여성의 동성애로만 규정하기에는 무리가 있다. 첫째, 남성과의 성관계를 일체 거부하는 경우가 있고, 둘째, 남성과의 성관계를 거부하고 다른 여성과의 성관계를 맺는 경우가 있으며, 셋째, 여성과 사회적 관계는 갖되 남성은 물론 다른 여성과도 성관계를 하지 않는 경우가 있으며, 넷째, 여성들과의 정치적 연대를 위하여 남성을 거부하는 경우 등으로 나눌 수 있다.

레즈비안의 의식과 문화체계라고 할 수 있는 레즈비안이즘은 크게 생리적 레즈비안, 페미니즘 레즈비안 그리고 정치적 레즈비안으로 범주화될 수 있다. 생리적 레즈비안은 유전적 요인이나 유아기적 성사회화의 변이현상에 의하여 체질적으로 여성에게서만 육체적 · 정신적 애정을 느끼는 경우를 말하며, 페미니즘 레즈비안은 여성이 남성을 사랑하는 것이 정상이라고 믿는 이성애는 사회적으로 이를 제도화함으로써 그렇게 사회화가 되었을 뿐이지 어느 것이 정상이라고 할 수만은 없다는 것이다. 성적 정체성이 어떻게 구성되고 어떤 역사적 관계성을 갖느냐 하는 문제는 페미니즘 영역에서 더 연구되어야 할 여지가 있다는 것이다.[16] 한편, 정치적 레즈비안은 여성이 남성 아닌 여성과 공유하는 성적 정체성을 지칭하며 모든 여성들을 정치적으로 통합한다는 목적에서 나온 것이다. 따라서 이는 생리적 규정이 아니라 정치적 규정이라고 볼 수 있다. 정치적 레즈비안의 특징은 남성과의 성관계도 거부하지만 여성과의 성관계 또한 인정하지 않는다. 정치적 레즈비안의 극단형태는 성 분리주의를 강조한다. 여성들은 성적 파트너인 남성들로부터 뿐 아니라 점차 모성을 고통으로 억압하는 자식으로부터도 분리되어야 한다고 주장한다. 이성애가 반드시 남성의 여성에 대한 억압으로 표현되는 것은 아니지만 페미니즘의 세계관은 이성 관계를 가부장 문화와 분리해서 고려할 수 없다는 것이다. 가부장제 이념은 남성중심의 성관계를 남성의 사회적, 경제적, 정치적 권력의 확대를 정당화해주는 이데올로기로 보는 것이다.

레즈비안 페미니스트나 정치적 레즈비안은 다 같이 페미니즘과 동일한 맥락에서 여성해방을 추구한다는 현실은 충분히 납득이 된다. 그러나 인간사회는 오랜 기간 성차가 아닌 사회 안에서 남녀 구분 없이 친분관계를 맺고 살아왔으며 가족제도와 가정문화라는 틀이 그 바탕에 깔려 있다. 그 과정에서 상당한 모순이 쌓인 것도 사실이다. 페미니즘이 여성해방운동을 위한 자원동원을 위하여 레즈비안이즘을 끌어들일 수는 있겠지만 대다수 여성들이 이성애

16) 위의 책, pp. 256~257.

자인 현실에서 이 같은 전략이 얼마나 효과를 거둘지 의문을 갖지 않을 수 없는 것이다.

2) 외모주의와 여성 소외

여성들은 대체로 자신의 육체를 의식과 별개로 하여 이해하려는 경향이 있는 것 같다. 내면적 가치와는 다르게 외모 가꾸기에 초연한 여성은 많지 않다. 이를 두고 여성에게 있어 아름다워지려는 경향은 의지가 아니라 본성에 기인한다는 견해도 있다. 남성들이 자신의 몸을 주로 힘과 활동력, 달리 말하면 생산 활동에 투입하는 생산 에너지로 인식하는 것과는 달리 여성들은 불확실한 신체적 매력의 보고로 파악하고 이를 가꾸는 일에 노력을 기울인다.[17] 그럼에도 불구하고 여성의 외모에 대한 관심은 성화(sexualization)로 이해되는 성숙기의 여성 사회화의 한 과정이라고 보는 것이 일반적 관점이다.[18] 이는 육체나 육체의 일부가 성적 의미를 띠고 성의 대상으로 되어가는 과정을 가리키는 것이다. 여성은 사회적 요구에 부응하기 위하여 끊임없이 자신의 육체를 매개로 다듬고 가꾸어 가는 과정에서 자기의 정체성을 확인한다.

이러한 정체성의 특징은 결국 여성의 육체가 갖고 있는 다양한 가치를 희생하여 오직 외모 가꾸기에만 전념케 하는 것이다. 즉 이러한 집중은 여성의 세계를 편협한 부분으로 국지화하고 특정한 방식으로만 세상을 대하게 만든다는 것이다. 여성들의 외모에 대한 지나친 집착은 여성의 잠재적 창의성과 활동 에너지를 비생산적인 일에 몰입시킴으로써 여성스스로의 발전 가능성을 박탈해 버리는 결과를 자초하게 되는 것이다. 오늘날 한국사회의 외모주의 현상은 이미 외모지상주의로 치닫고 있으며 이를 이해하기 위해서는 여성

17) 여성의 외모주의와 관련해서는 곽삼근 · 김현미 · 손순영 · 이소희 · 주은희, 『일상의 여성학』, 박영사, 2001, pp. 209~225 참조.

18) 이러한 입장에 관하여는 프리가 하우그 외(1997), 『마돈나의 이중적 의미』, 박영옥 역, 서울: 인간사랑, 김현미 외, 앞의 책, pp. 214~215 참조.

의 심리과정과 소비사회의 특징을 파악해야 한다.

여성은 개인의 몸의 이미지를 가꾸고 관리하기 위하여 더 많은 돈과 시간과 에너지를 투자하는데 서슴지 않는다. 이러한 심리적 바탕에는 이렇게 하여 만들어진 몸이 바로 자신이 어떤 사람인가를 보여주는 주요한 수단이 된다고 느끼기 때문이라는 것이다.[19] 외모에 대한 열광적인 관심은 산업화과정에서 파생된 상업주의와 매스컴의 발달이라는 양 날개가 더욱 부채질하여 심각한 수준에 이르게 된 것이다.

여성의 사회적 위치를 정함에 있어 외모가 큰 비중을 차지하는 배경에는 남성중심의 사회구조가 자리하고 있다. 사회가 여성의 진출을 막고 극히 제한된 역할만을 허용할 때 몸은 여성이 활용할 수 있는 유일한 자원이 될 것이다. 아름다운 여성이 가치 있는 여성과 동일시되는 원인도 여기에 있는 것이다. 이럴 경우 남성의 성적 시선이 여성을 외모기준으로 차등화 하는 기제로 작용하게 되는 것은 분명해진다.

근대역사를 통하여 여성의 사회적 지위를 살펴보면 이러한 논리가 더욱 확실해진다. 산업화 이전의 단계에서는 여성의 생식능력이 가장 큰 비중을 차지했지만, 산업화 이후에 들어 와서 여성의 자리는 생산 분야에서 철저히 배제되어 가정 일에만 묶이면서 여성들 사이에서 외모에 대한 관심이 증폭되기 시작하였다.[20]

그러나 20세기에 들어와 두 차례의 세계대전을 치르면서 산업현장에서 여성들은 군에 징집된 남성인력을 대체하기 시작한다. 전후 복구가 끝난 후 여성들은 다시 남성들에게 자리를 내주고 가정으로 물러나게 된다.

이 과정에서 가정을 지키는 여성상이 강조되면서 여성들은 이제 생산자의 지위에서 소비의 주체로 물러앉게 된다. 상업주의로 발전된 자본주의는 소비

---

19) 김은실, "여성의 건강관리와 육체 이미지의 소비문화", 『한국인의 소비와 여가 생활』 서울: 한국정신문화연구원, 1997 참조.

20) 곽삼근 외, 앞의 책.

를 미덕으로 내세우면서 각종 미디어를 통하여 여성 외모제일주의를 부추기기 시작하는 도약의 발판을 마련하게 된다. 이것이 이른바 '미의 신화'가 만들어진 배경이다. 미의 신화는 소비 제일주의의 깃발 아래 패션산업, 뷰티산업, 각종 다이어트 상품의 개발, 나아가서는 성형 의료산업 등을 통하여 이윤을 축적하기 시작한다. 미의 신화는 또한 낮은 지위의 직장여성들에게는 심리적 위안과 자신감을 제공하고 외부세계로부터 고립된 가정주부들에게는 해방감을 주는 통로 역할을 하게 된 것이다.

미의 신화로 덧입혀진 외모주의는 여성의 정체성에 큰 위기 요인으로 남게 된다. 첫째, 여성들은 외모적 가치 하나에만 매달림으로써 다양한 잠재적 재능이라는 가치를 희생시키게 된다는 것이다. 둘째, 여성은 젊은 시절 한 때의 가치인 외적인 아름다움을 여성의 유일한 가치로 언어화 함으로써 나머지 인생의 대부분을 젊은 미모에 대한 상대적 열등감을 감내하는 절망적인 상황에 시달리게 된다.[21] 셋째, 여성해방이라는 정치적 변동과정을 거치면서 여성의 사회진출이 늘어남으로써 남성 경쟁자들로부터 견제의 대상이 되고 있다. '미의 신화'는 사회적 경쟁의 대열에 끼어 있는 여성들로 하여금 똑똑할 뿐 아니라 아름답기도 해야 된다는 이중 부담을 안겨주고 있다.

3) 소비문화와 성 상품화

자본주의는 본질적으로 시장원리에 입각하여 이윤의 극대화를 통한 생산력의 증대를 모색하는 경제체제이다. 그러므로 모든 경제활동에 있어 자유경쟁의 원리가 지배하게 된다. 현행법이 금하는 것 외에는 돈이 될 만한 것은 무엇이든 상품화될 수 있다. 인간의 성 또한 예외가 아니다. 특히 가부장적 자본주의 문화에서는 성적 매력도 노동시장에서의 한 조건으로 인정되고 있다. 이를테면 안내원, 판매원, 호스테스, 도우미 등 일련의 서비스 직종에서

21) 김현미, "몸과 여성체험", 곽삼근 외(편), 위의 책, p. 219.

여성의 수요가 커진다는 사실이 무엇을 의미하겠는가? 각종 소비상품에 대한 광고를 보면 여성의 성적 매력을 촉매제로 이용하고 있으며 이는 여성사회에 만연된 외모주의 풍조와 무관하지 않다. 그리고 이 같은 소비사회는 에로틱 경제라는 특성 때문에 여성은 인격적으로 우대되기 보다는 성적 향락과 퇴폐문화의 중심에 놓이게 되는 것이다. 예를 들어 “여자의 피부는 권력이다”라든가, “여자의 얼굴은 거짓말이다”라는 화장품의 광고 카피는 화장 효과를 통한 여성의 외모가 가질 수 있는 최고의 위력을 상징화한다. 여성의 용모는 모두 인위적으로 조작되는 것이라는 강력한 암시를 준다. 결국 여성 개인의 정체성은 허상으로부터 조작된다는 강력한 메시지가 깔려 있음을 보게 된다.

자본주의는 가부장적 성문화에 편승하여 여성의 육체를 물상화 함으로써 성의 인간적 가치를 떨어뜨리는 한편, 성적 타락과 퇴폐문화를 조장하며 나아가서는 청소년들에게 성에 대한 왜곡된 의식을 주입하는 결과를 가져오는 등 각종 사회적 병폐요소를 재생산한다. 뿐만 아니라 이러한 현상은 이 사회에 깊이 뿌리 내린 포르노산업, 매매춘의 확산, 각종 성폭력사건 등을 끊임없이 유발하는 근본 요인이라는 점에 주목해야 된다.

2. 여성의 노동

1) 가사노동

서구사회에서도 남성중심의 성은 정상적인 성으로 받아들여져 왔다. 여성성은 어디까지나 남성의 필요를 보완하는 역할 외에 여성의 성에 대한 표현은 무시되거나 비정상적인 것으로 이해된다. 페미니스트들은 여성의 성이 인류역사 전반에 걸쳐 남성지배와의 관계 속에서 체계적으로 구조화되었다고 주장한다. 이러한 인식은 성의 문제를 정치의 장으로 끌어 들이는 결과를 가져온다. 여성들이 가정 안팎에서 하는 일을 살펴보면 그것은 노동의 연속임을 바로 알 수 있게 된다. 다만 이 노동은 보수가 없는 노동인 것은 분명한 것이다.[22] 여성들은 가정 안에서 어머니로서 요구되는 모든 가사에 종사해야 할 뿐 아니라 출산과 양육이라는 고통을 감당해야 하며 이는 자본주의 구조를 재생산하는 데 큰 비중을 차지한다.

역사적으로 볼 때, 성은 타고 난다는 점에서 자연적이고 개인적인 것으로 치부될 수 있는 것이기도 하지만 여성의 불임, 피임, 임신, 출산, 수유, 양육 등의 과정은 다양한 사회적 관계 속에서 발생하는 문제들임을 알 수 있다. 그런 점에서 리치(Adrienne Rich)가 모성은 역사와 이데올로기를 가진 사회제도라고 규정한 것에 타당성이 있다고 본다.[23] 즉 모성이란 불변적 본성이 아니라 관념이나 경험, 사회관계 등과 관련되어 역사적으로 변화하는 것으로 보아야 하기 때문이다. 사회의 가부장성이 강조되면 될 수록 여성의 가정에서의 노동 강도는 그만큼 강화되고 그 가치는 가벼이 평가되어 온 것이 사실이다. 교육의 가치가 사회적으로 중시되어 감에 따라서 교육은 점차로 제도화되어 가며 그와 함께 양육의 영역에까지 파고들어 왔다. 그것은 사회적으로 여성의 노동수요가 커지는 상황과 맞물려 있다. 즉 전쟁 시 남성노동의 대체 목적에서 여성들의 동원이 필요했고, 이는 양육의 문제를 해결하지 않고는 어려운 일이기 때문이다.

따라서 양육의 단계인 유아교육이 어머니라는 사교육 영역에서 제도로서의 공교육 영역으로 넘어가게 된 것이다. 물론 교육의 전문화라는 시대적 요구라는 요소도 고려될 수도 있다. 그러한 상황을 제외하고 양육은 여전히 어머니로서의 여성의 몫으로 남아 있다. 특히 아동기의 자율성이 보장되기 전까지의 영유아의 관리는 매우 위태하고 까다로운 것이다. 이 단계의 어머니로서의 여성의 역할은 매우 중요한 것이지만 이것은 극히 사적인 것으로 치

22) 자본주의 사회에 있어 여성의 가사노동은 무보수라는 것을 역사적, 경험적으로 연구한 대표적인 저서로는 A. Oakley, *The Sociology of Housework*(London: Martin Robertson, 1974); E. Malos, The Politics of Housework(London: Allison & Busby, 1980) 각각 참조.

23) Adrienne Rich, *Of Human Born : Motherhood as Experience and Institution*(London: Virgo, 1980) 참조.

부되어 노동가치 자체가 사회적인 책임 영역에서 배제되어 온 것이다. 같은 맥락에서 이 같은 고난도의 양육기능이나 기술도 사회적 평가의 대상이 되지 않는다. 아버지의 역할은 단지 정자 제공이라는 육체관계와 그 아이의 성장 과정에서의 사회적 정체성을 부여하는 일 외에는 사실상 없는데 반하여, 어머니라는 모성은 임신, 출산에 이은 수십 년간의 돌봄과, 양육, 인도, 사랑 등 수 많은 행위들의 연속과정으로 간주된다. 그 과정에서 가정에 고립되고, 지치고, 우울해지고, 정서적으로 메마르고 화나는 등 정서적으로 고난의 길이 이어지지만 이는 어디까지나 사회문제가 아니라 개인의 부적응 현상 정도로 취급된다는 것이다.[24)]

이 밖에도 사회보장 제도가 미비된 제3세계 나라들의 경우 많은 여성들이 노인이나 만성질환 환자, 정신병자, 육체적 무능력자 등의 보호자로서 더 무거운 부담을 지고 있다. 즉 보이지 않는 곳에서 사회적 노동을 대신 수행해 오고 있는 것이다. 이렇듯 모성과 양육은 대다수 여성들에게 여전히 모순된 현실로 남아 있다. 이는 분명 사회적 노동의 개인화라는 모순을 안고 있는 문제라는 것이 명백해진다.

자본주의 사회에서 가사노동은 노동력 재생산 노동으로 개념화되기도 한다. 지친 노동자의 몸을 회복시켜 내일 다시 현장에 내보낼 수 있도록 준비하는 일, 즉 음식 만들기, 의복 세탁과 손질, 휴식의 제공 및 정서관리, 집안청결 유지 및 수리, 각종 공과금 납부와 생활관리 등 남편을 비롯한 동거 노동자들을 위한 후생관리는 일상적 노동을 재생산하는 노동력 재생산 노동에 해당되는 것이다. 이 밖에도 임신, 출산, 양육 등 다음 세대 노동자를 낳아 건강하게 기르는 일까지 가중됨으로써 여성은 사회적 대가없는 노동을 하고 있는 것이다. 남성의 노동은 사회적 노동으로서 그 대가가 임금의 형태로 지불되지만 여성의 노동은 집안 일 또는 감정 노동이라는 이름으로 성별 분업체계에 편

24) Caroline Ramazanoglu, *Feminism and The Contradictions of Oppression*, 김정신 옮김, 『페미니즘』(서울: 문예출판사, 1997) 참조.

입되어 있다.

2) 사회노동

여성노동이 본질적으로 문제되는 것은 이처럼 사적인 노동영역으로 분류되어 고정됨으로써 노동의 사회적 대가가 없고, 노동 서열상 하위에 배치됨으로써 낮은 가치로 인정되며 따라서 남성 노동력의 빈자리를 임시로 대체하는 일이나 또는 보조직으로 인식되고 있는 것이다. 이러한 인식은 결국 여성을 가사노동의 전담자가 아니라면 값싼 노동에 대비하는 산업 예비군 수준으로 취급하게 만드는 동기를 제공하게 되는 것이다. 여성노동은 임금 수준이나 조건에서 보면 억압적 성격을 갖는다. 여성이 선택할 수 있는 노동은 기술적인 부문에는 접근하기 어려운 것이 현실이다. 임금은 사회노동, 즉 상품생산 노동자인 남성에게만 지급되고, 여성은 가장인 남성의 소득에 의존하여 생계를 유지할 수밖에 없는 것이다.

자본주의적 가부장 사회구조 안에서는 이른바 현모양처 이데올로기를 통하여 여성의 가사노동은 마땅히 헌신과 사랑으로 수행되어야 한다는 믿음이 합리화되는 것이다. 즉 남편은 부인을 피부양자로서의 자녀들과 동등시하여 예속과 복종을 요구하려는 의식이 강하며, 또한 남편의 부양의 대가로 가족들을 위한 헌신적 봉사가 당연시되는 것이다.

자본은 스스로의 이윤을 극대화하기 위하여 차별과 분리정책을 이용할 뿐 아니라 합리화하는 경향이 강하다. 이 과정에서 여성노동은 사회적으로 차별과 분리라는 고질적 장애를 만나게 된다.

첫째, 여성은 취업이라는 고용 단계에서부터 차별을 받는다. 여성은 집안일을 하는 사람이라는 전제아래 그들의 생산 활동은 가계를 보조하는 임시성이 있다는 것이다. 그러므로 보수가 낮고 노동조건이 열악한 단순 미숙련 직종이나 남성 보조직에만 개방되어 고용이 안정된 직장을 구하기가 쉽지 않다는 경험을 갖고 있다.

둘째, 일반적으로 남성의 일과 여성의 일이 구분되어 여성의 임금차별을 정당화한다. 여성의 일이란 대체로 남성의 보조직이라는 인식으로 인하여 계약직이나 비정규직에 배치되는 경우가 일반적이다. 보수가 안정되어 있다는 은행의 경우 업무의 특성이나 성과에 관계없이 정규직과 비정규직의 차이는 평균적으로 두 배 이상의 차이가 난다. 성과급 배분과정에서는 사정이 더욱 심각하다. 이는 노동조합원들 사이에서조차 관행처럼 되어 있어서 노조원 간의 갈등의 원인이 되기도 한다는 것이다.[25] 같은 직종의 경우에 있어서도 남녀 간에 업무배치와 전환 시에 남녀 간에 차별이 따르고 승진, 승급 시에도 차별이 관행처럼 실재한다.

셋째, 여성 노동자의 대부분은 불안정 고용상태에 놓여 있다. 그들 중 상당수는 임시직, 일용직 또는 시급직까지 있으며 가내 노동비율이 높아서 고용상태가 불안정하다는 것이다. 여성노동자들은 경기변동에 따라서 고용과 해고가 쉬워서 산업 예비군과 같은 성격이 강하다는 것이다.

넷째, 비정규직의 경우 차별은 더욱 심각해진다. 위와 같은 기본적 차별 외에도 임신할 경우 비정규직에게는 법이 보장하는 산전 후 휴가나 육아휴가로부터 배제된다. 한국사회의 여성 고용구조는 M자형이다. 20대와 40대 여성의 취업률이 높고 30대는 낮다는 것이다. 이는 30대의 여성들이 대부분 결혼과 출산으로 직장을 그만 둘 수밖에 없는 현실을 반영하는 것이다.

세계적 차원에서 신자유주의가 지배하는 상황에서 정부의 정책은 여성의 저임금, 비정규직을 늘리고 성별 임금차별화를 정당화하는 상황에서 특히 여성이 가장인 빈곤가정의 경우 여성이나 피 부양가족들은 점차 주변화 되고 저임금과 낮은 지위로 삶의 조건이 더욱 열악해지기도 한다.

---

25) 월간 [말], "은행권 정규직 비정규직 평균급여 비교표", 2006년 4월호, 43면 참조.

V 여성의 정치참여

민주주의의 이상은 모든 국민이 법 앞에 평등하며 정치적, 경제적, 사회적으로 존재하는 모든 원리와 가치를 평등하게 향유한다는 데 있다. 그러나 엄연한 현실은 사회의 모든 영역, 즉 학교, 직장, 저잣거리, 심지어는 가정에서까지 성인 여성이나 여아에 대한 인권유린 현상은 끊임없이 발견되고 있다. 여성에 대한 차별을 포함한 모든 형태의 불이익, 불평등, 억압 등의 부조리는 정치만이 이를 해결할 수 있는 현실적인 해결수단이라는데 이론이 없을 것이다. 그러나 문제는 정치현장에 여성의 참여가 미약하다는 것이다.

1. 여성의 정치참여

현대 민주사회에 있어 약자가 자신의 권리를 지키는 길은 집단적 조직력을 이용하여 정치적 영향력을 확보하는 것이 가장 합법적이고 효율적인 방법이다. 즉 이해관계를 공유하는 사람들끼리 자신들의 대표를 선출하여 정책결정과정에 참여시킴으로써 자신들의 이익을 반영하는 것이다. 이것이 근대 이후의 대의민주주의가 지향하는 정치적 이상이다.

역사적으로 볼 때 여성은 정치적 권위에서 항상 소외되거나 객체적 위치에 머물러 왔기 때문에 그들의 정체성을 확보할 기반을 만들 기회가 주어지기 어려웠을 것이다. 인간평등의 개념이 가장 뒤늦게 자리 잡힌 가부장적 봉건주의를 길게 경험한 사회일수록 이 문제는 더욱 심각하다.

최근 여성의 정계진출이 세계적으로 꾸준한 증가세를 보이고 있다. 국제의원연맹(IPU)에 따르면 여성의원이 30%가 넘는 국가는 19개국이었다. 그 가운데 르완다가 48.8%로 가장 높고, 스웨덴이 47.3%로 뒤를 잇고, 대체로 북유럽 국가들이 여성의 의회참여가 높은 편이며, 한국은 13.4%로 80위를 차지하고 있다. 한편 내각에서 여성의 참여율은 핀란드, 노르웨이에 이어 스페인이 과

반수를 넘어 여초내각을 기록하고 있다. 그러나 대다수의 국가에서 여성의 정계진출은 여전히 낮은 수준에 머무르고 있는 실정이다.

민주국가에서 각 이익의 대표비율은 관련 이익이 국가정책에 얼마만큼 반영되느냐를 결정하는 주요요인이 되며 이는 곧 이익별 의회의 대표비율로 나타나는 것이다. 한 걸음 더 나아가 한 사회에 있어 여성의 전반적 권익을 대표하는 기준은 여성권한지수(GEM)로 나타낸다.[26] 2000년의 유엔개발계획(UNDP)의 관련지수를 보면 노르웨이(0.836)가 1위이고, 그 뒤를 이어 미국(0.738), 일본(0.520), 말레이시아(0.503) 등이며, 한국은 0.358로 측정대상국 70개국 중 63위에 머무른다. 여성의 국회진출비율도 여성의 사회적 인식이 높아지면서 조금씩 개선되고는 있으나 여전히 10%를 넘지 못하고 있는 실정이다. 그것도 15대 국회부터 여성의원을 정당별 할당제를 채택한 이후의 현상이다.[27]

이러한 문제점들은 대의정치에 있어서 여성들이 차지하는 비중이 낮은데서 그 원인의 일단을 발견할 수 있다는 점에서 대의제에 대한 이해가 선행되어야 한다.

2. 대의제와 여성정치

현대정치에 있어서 가장 근본적인 문제는 소수의 대표에게 부여되는 정치적 권위가 사회 구성원들로부터 지지를 받고 있느냐의 문제이다. 이는 곧 정치권력이 구성원들(국민)로부터 공공선을 실현하는 과정에서 얼마나 동의를 확보했느냐와 관련된다. 오늘날 가장 보편적인 형태의 민주주의는 대의제라

---

26) 여성권한지수(GEM)는 국가별 여성의 의회, 기업체의 고위간부, 행정부의 부국장급이상의 직위에 여성이 진출하는 정도를 지수화한 것으로 각국별 여성의 실제적 권익의 수준을 측정하는 지표로 이용되고 있다.

27) 11대 이후 우리나라 국회에서의 여성의 의석 점유율은 11대(0.5%), 12대(1.0%), 13대, 14대(0%), 15대(0.8%), 16대(2.2%), 17대(4.0%)로 남성에 비해 극도의 열세를 보이고 있다.

할 수 있다. 대의제란 사회의 의사결정 과정에 대표들이 주도한다 해도 그 정신은 모든 사람들이 의사결정에 관련이 되어 있어 일정한 권리의 지분을 행사한다는 인식이 그 바탕에 깔려 있는 것이며 이런 인식이 바로 권위의 정당성의 근거가 되는 것이다. 이 같은 정당성이 대의민주제의 기초가 되는 것이다.

대의제의 정부형태는 일정비율의 대표에 의하여 정부가 구성되는 공화 형태가 중심이 되는 정부이다. 그러므로 정치적 권위를 위임받은 정부의 정통성은 국가 구성원들의 합의에 의해서만이 보장되는 것이다. 공화주의적 보편주의자들은 대의제 정부형태가 계층이나 집단의 이익을 보장하는 것이 기본적 기능이지만 성(性)이나 태생적 특성에 따라 대표가 정해지는 것은 바람직하지 않다고 주장한다.[28] 평등권의 주장은 냉철한 이성과 논리에 대한 호소력이 있어 가능한 것이지만 이는 남성들의 속성이고, 여성은 이성이나 논리보다는 정서적이고 이해심에 의지하기 쉽고, 추상적인 개인의 보편적 권리보다는 관계에 더 많은 비중을 두는 성향이 있기 때문에 정치참여라는 가장 기본적인 권리 보장 행위에는 관심을 덜 보인다는 것이다. 페미니스트의 입장은 물론 다르다. 그들은 여성의 정치참여에는 상당한 사회적 장애요소가 내재한다는 것이다. 즉 여성의 정치참여 자체를 막는 여러 가지 형태의 차별이 있는 데다 불공정한 성별 노동 분업으로 말미암아 구조적인 차별이 존재한다는 것이다.

이 문제를 해소하기 위해서는 무엇보다도 여성의 공직 진출의 기회를 늘리는 것은 물론 여성의 대표 비율을 높이는 개선책이 나와야 한다. 여성들의 대표율이 근본적으로 저하된 원인은 여러 가지 측면에서 규명될 수 있겠지만, 첫째 이유는 여성의 대표진출의 역사 자체가 여성에게 투표권이 합법적으로 부여된 것과 같은 시점일 만큼 아주 짧다는 것이다. 경험의 미숙은 특히

28) Anne Stevens, *Women, Power and Politics*, 김영신 역, 『여성, 권력과 정치』, 명인문화사, 2010, p. 107.

선거정치 분야에 있어서 의회진출에 결정적인 요소가 된다. 둘째, 여성이 사회적으로 오랜 역사 속에서 차별당해 옴으로써 문화적으로도 여성에 대한 정체성이 터를 잡지 못하고 오로지 남성에 의하여 의존적인 존재로 인식되어 왔기 때문에 여성을 특히 국가적 대표로 인정하기 어려운 요인이 있다. 자유민주주의 테제의 선거제도와 선거운용방식이 여성의 정계진출에 어려운 장애가 된다. 예를 들어, 소선거구제 아래서의 선거경쟁은 매우 치열하기 때문에 여성후보가 견디기 어렵다는 것이다.

다만 그동안 지방정부의 경우 여성의 지위에 영향을 미치는 몇 가지 요인이 있다. 여성들은 중앙정부보다는 지방자치 단체 수준에서 공적인 진출을 해온 역사가 있다. 또 여성들은 국가 차원의 정치적 현안보다는 지역 차원의 문제에 더 관심을 갖고 있다는 것이다. 왜냐면 생활정치 수준의 쟁점들에 대하여 여성들의 이해도가 높을 뿐 아니라 경험적 축적도 적지 않다.

그렇다면 여기서 여성이 대표로 정계에 진출하기 위해서는 어떤 단계에 유의해야 할 것인가를 알아볼 필요가 있다.

첫째, 여성은 먼저 자신을 추천 가능한 예비 후보로 내세울 수 있는 위치로 나아가야 한다. 둘째, 당선가능한 후보임을 입증할 수 있는 여러 가지 강점을 보여줘야 한다. 특히 해당 지역구나 비례 대표로서 상대 후보보다 비교우위를 인정받도록 노력해야 한다. 셋째, 후보로 선정되기 위해서는 정치적 영향력을 활용하고, 여성 친화적인 정당 문화나 메커니즘을 잘 이해하고 그들의 지지를 확보해야 한다. 끝으로, 여성정치 지망자는 무엇보다도 스스로 확고한 정치에의 의지와 신념이 요구되며 지역사회와 나아가서는 국가에 대한 정치적 비전과 의식을 갖추어야 한다는 것이다.

대의 민주주의에서 여성이 여성을 대표한다는 말은 원칙적으로 모순이다. 왜냐면 민주정치제도란 의사능력이 있는 성인들 사이에서 사회, 종교, 문화, 성별을 근거로 차별한다는 것은 있을 수 없는 일이기 때문이다. 그러므로 여성이라 해서 여성만을 대표한다면 남성들을 대표해야 할 남성대표도 있어야 할 것이고 그런 논리의 연장선에서 보면 종교, 계층, 문화 할 것 없이 사회적인 모든 층위 별 대표가 존재해야 한다는 것이다.

모든 여성이 선거권과 피선거권을 갖고 있는 오늘날에도 여성의 대표비율이 거론되고 있는 이유는 무엇일까?

공화주의 이론의 입장에서 보면 의회에서 여성의 의석이 몇 자리냐 하는 것은 전혀 문제가 되지 않는다. 왜냐면 민주적 대의제에 있어서 의회에서 대표되어야 하는 것은 사회를 구성하는 개별 시민일 뿐이지 남성의 이익이냐 여성의 이익이냐로 구분되는 것이 아니다. 또 그와 같이 구별되어서도 안 된다는 것이기 때문이다. 또한 대표의 자질문제에 대해서도 이성적이고 합리적인 판단을 통하여 갈등을 조정할 수 있는 능력을 갖춘 인물이면 되는 것이지 남성 또는 여성으로 구분하여 선출될 이유가 없다는 것이다. 그렇다고 이러한 입장을 지지하는 사람들이 다 의회에서의 여성비율이 지나치게 낮다는 현실에 대하여 긍정하는 것은 아니다. 원인이 어떻든 결과적으로 여성에 대한 사회적 차별은 현실로 존재하고 있으며 이를 시정하기 위하여 여성이 대표로 나서기도 어렵거니와 대표가 되기를 바라지도 않는 경향 또한 현실이기 때문에 이를 묵인할 수만은 없다는 것이다.

이런 문제에 대한 해결책으로 나타난 것 가운데 하나가 이른바 역할 모델론이다. 즉 여성들이 정치라는 활동의 장에 적극 참여하여 가시적이고 주도적인 역할을 수행한다면 이는 다른 여성들에게 고무적인 결과가 됨으로써 여성의 능력 한계론이나 여성역할에 대한 근거 없는 주장들을 극복하는데 기여할 것이라는 점이다.[29] 그러나 많은 공화주의자들은 복잡한 사회구조 안에서 개인들의 사회적, 문화적 차이까지 일일이 고려하는 것은 대의제의 파괴를 불러 올 수도 있다는 우려를 갖고 있다. 집단의 이해관계나 입장은 대표되어야 하겠지만 성별과 같은 태생적인 차이에 따라 대표를 선출해서는 안 된다

29) Anne Phillips, *Feminism and Politics*(Oxford: Oxford University Press, 1998).

는 것이다.

이에 대한 반대의 입장이 페미니스트들을 중심으로 제기된 이른바 대리모델(agency model)이다. 이는 성적인 차이로 분명해지는 성 정체성에 대한 고려가 전제되지 않는 한, 여성의 의견과 이해관계는 결코 대변될 수 없다는 입장이다. 보편적 공화주의자들이 주장하는 '평등한 개인'이란 말의 정체는 '남성'일 뿐이라는 것이다. 예를 들어 '보편적 평등권'이라는 개념은 여성을 남성모델에 동화시킬 뿐이라는 것이다. 여성들은 대부분 보편적인 권리보다는 관계를 더 중시하는 속성을 가진다는 것이다. 따라서 사회생활에 있어서 여성들은 권리를 스스로 지키는데 어려움이 있다는 점을 부각한다. 따라서 다수의 횡포로부터 소수의 권익을 보호하기 위해서는 사회적·경제적 이익을 공유하는 사람에 의하여 대표되어야 한다는 것이다. 여성은 남성과는 이해관계가 다르므로 그 대표권을 남성에게 위임할 수 없으며 여성만이 여성들을 대표할 의사와 능력을 갖고 있다고 주장한다.

사회의 공동선을 내세워 여성의 특수성을 외면하려는 보편적 다원주의의 입장은 남성대표들이 여성의 지지를 받아 통과된 정책에 의하여 선출되었기 때문에 이미 여성의 권익도 대표되는 것이라 주장하지만 남성대표들이 항상 여성의 이익을 반영하는데 헌신한다고 믿을 수는 없다는 것이다. 만일에 정치의 현장에 여성대표가 없다면 여성의 정치적 위상은 매우 취약할 수밖에 없고, 유권자나 사회의 성별구성에 있어 절반을 차지하는 여성의 비율로 보아서도 이는 형평의 원리에도 어긋나는 것이다. 진보적 페미니스트들은 사회 안에 여성의 정치참여를 막는 특수한 차별이 엄존하며 불공정한 성별 노동 분화로 말미암아 여성의 사회적 참여에 구조적인 차별이 존재한다는 것이다.

이 밖에도 특정 정책이나 프로그램이나 또는 사상의 대표문제로 받아들이는 것이 보편적 민주적 현상임에도 불구하고 성별 대표의 개념이 지속적으로 문제가 되는 이유는 또 있다. 이는 분명 현실로서의 정치와 관련되는 문제이다. 국민국가로 대변되는 이질적인 구조로 이루어진 현대사회에 있어 명백히 드러나는 '공공이익'은 존재하지 않는다. 다만 잠재적으로 상충되는 다양한 이익들이 공존하며 이들은 서로 용납되고 또 견제되어야 마땅할 것이다. 삶의 주체로서 여성들이 현실적으로 직면하는 불만이나 불평들은 대체로 자신들의 아버지나 남편의 이름으로 제기되는 이익표출에 이미 포함되어 있기 때문에 여성이라는 자신의 권익제기의 기회는 주어질 수 없다는 것이다. 여성의 사회진출도 과거에 비해 뚜렷한 향상을 보이고 있는 것도 사실이다. 그러나 그들은 대부분 보수가 낮고 힘이 없는 자리에 집중되어 있다. 일차적으로 여성들의 일자리는 사회의 소외계층을 돕는 무보수나 저임금의 자리를 떠맡고 있는 주변적 직종이 주를 이루고 있는 것이다.

이익정치의 현실에서 대표가 없거나 대표가 수적 열세일 경우 그들의 권리나 이익이 지켜질 수 없는 것은 당연한 일이다. 민주적 제도화가 어느 정도 달성된 사회에서도 여성은 성희롱과 성폭력에 노출되어 있고, 유급이나 무급을 막론하고 노동 분업구조에서 불리한 위치에 놓여 있으며 거의 모든 정치적·경제적 분야에서 소외된 현실에서 볼 때 여성들이 보는 이해의 관점은 남성과는 사뭇 다르다는 것이다. 남성들이 주도해 온 정치는 사회의 집단들간의 상충된 이익을 중재, 조정하는 것이므로 이처럼 이해관계를 합리적으로 계산하는 것은 없다는 것이다. 따라서 이익지향의 정치가 인간 공동체를 수단적이고 의도적인 불안정한 연대로 환원하는 것이라면 여성들의 요구조건은 보다 기본적이고 공통적인 인간성에 의존하는 것이므로 이는 마땅히 도덕성에 기초한다는 것이다.

이런 관점에서 현대 민주정치가 지향하는 이익정치에 비판적인 페미니스트들의 경우 선출직 여성 대표들을 더 많이 정치과정에 내보냄으로써 새로운 정치적 가치와 풍토를 조성하는데 기여할 수 있다는 것이다. 왜냐면 여성은 남성에 비해 경쟁성은 적은 반면, 보다 협조적이고 상대의 견해를 더 이해하는 특성이 있기 때문이라는 것이다. 자원동원, 능률의 극대화, 집단이익의 표출로 대변되는 현대정치가 빚어내는 끝없는 갈등의 모순을 극복하는 데는 모성으로 대변되는 여성의 역할이 필요하다는 것이다. 이를 통하여 적어도 이익지향적인 패러다임으로부터 새로운 가치질서로 정치적 전환을 모색할 수는 있을 것이다.

실제로 남녀 의원들 간의 정치적 쟁점에 대한 선호의 차이가 뚜렷한 차이를 보이고 있다는 연구결과도 나와 있다.30) 이런 결과는 노르웨이의 경우에 해당하는 것이기는 하지만 여성의원 대다수는 복지, 환경, 평등, 교육과 군비축소 등의 정책에 특별한 관심을 보이는데 비하여 남성의원들은 경제, 산업, 에너지, 국가안보, 및 대외문제 등에 정책적 선호도를 보이고 있다는 것이다. 물론 정밀한 분석을 할 경우 그 결과는 다소 모호할 수는 있을 것이다. 정당동일시 의지가 강한 일부 여성의원가운데는 후자의 징후를 나타내는 경향도 있다는 것이다.

여성이 '보살핌의 정치'에 관심을 더 많이 보인다고 주장하는 입장에서 볼 때 그것은 대체로 인권이나 민생지향성이 상대적으로 강할 것이라고 유추할 수 있다. 다만 이런 견해에 대하여 반론을 제기하는 인사들도 있다. 디에츠는 '자애로운 어머니'라는 특성이 반드시 좋은 시민과 일치되는 것은 아니라는 것이다. 즉 딸린 자식들에 대한 모성적 보살핌이 평등과 상호존중을 근본으로 하는 민주정치의 패러다임과는 양립될 수 없는 가치라는 것이다. 뿐만 아니라 그 점이 여성이 남성보다 도덕적이라는 단정의 근거가 될 수도 없다는 것이다.31)

3. 여성의 의회진출 제약조건

사회적 성차별 문제를 해소하는 가장 적극적이고 현실적인 해결방안은 여

30) Hege Skjeie, "The Rhetoric of Difference : On Women's Inclusions into Political Elites", *Politics and Society*(1991).

31) Mary Dietz, "Context is All : Feminism and Theories of Citizenship", Daedalus, 116/4, 1987, pp. 17-18.

성의 정치참여 기회를 획기적으로 확대하는 것이라는 데 이의가 없다. 이 가운데서도 여성의 의회진출을 증가시키는 길이다. 그러나 현실적으로는 선진국에서 조차 의회에서의 남녀 간의 성비는 사회에서의 성비를 제대로 반영하지 못하고 있는 실정이다. 여성의 의석 점유비율은 스칸디나비아를 포함한 북유럽의 경우만 겨우 40%를 상회하는 수준이다. 2005년 기준으로 유럽은 16.9%이고 아메리카 대륙은 18.3%에 지나지 않는다.

여성의 의회진출이 이처럼 어려운 이유는 여러 가지로 나누어 볼 수 있을 것이나. 우선 역사적으로 여성에게 의회진출의 권리가 주어진 것은 여성에게 투표권이 주어진 시기와 같다. 이 같은 사실은 여성이 남성에 비하여 대표로서의 자격을 갖추는 데 필요한 충분한 시간적 여유와 경험이 부족하다는 것을 뒷받침해주는 것이다. 영역별로 살펴보면 여성의 과소대표의 원인은 다음과 같이 정리될 수 있을 것이다.

1) 정치적 측면

여성이 아무리 능력이 탁월하다 해도 그것을 발휘할 수 있는 기회가 주어지지 않으면 무용지물이 되는 것이다. 여성의 능력은 그가 속한 사회의 정치시스템에 결정적으로 영향을 받게 되어 있다. 즉 그 나라의 선거제도와 정당제도, 또는 정치 사회의 이념적 성향이 어떠냐에 따라서 이를 발휘할 수 있는 기회와 여건이 달라지는 것이다. 한 걸음 더 나아가서 여성문제를 얼마나 심각하게 인식하느냐 하는 문제도 적지 않은 요인으로 작용한다.

많은 연구결과가 공통적으로 지적하는 것은 남성과 여성의 선거권과 피선거권이 평등한 조건에서 일찍 주어진 나라일수록 의회에서의 성비에 차이가 없다는 것이다. 달리 말하면 선거권과 피선거권이 뒤늦게 주어진 대다수의 서구권 국가에서도 여전히 남녀 간의 대표비율에 차이를 보이고 있다는 것이다.

모든 권력이 정당에 집중되어 있는 구 공산주의 체제의 경우 의회의 기능이 미약하기 때문에 비록 여성의 성비 문제가 개선되었다 해도 여성의 권익신장에는 도움이 안 되는 것이 현실이다. 공산주의 체제가 붕괴된 이후 러시아와 동구권 국가들에서 여성의 대표율은 오히려 줄어들었다. 남성들은 민주화과정에서 게임의 룰과 관련하여 꾸준한 협상을 통하여 권력의 틀을 유리하게 구축한 데 비하여 여성들은 그러지 못하여 중앙의회에서의 여성비율은 오히려 30% 이상 감소되는 결과를 가져왔다.

의회주의를 기반으로 하는 자유민주주의 체제에서는 선거제도와 선거 운용 방식이 여성들의 정계진출에 매우 불리하게 작용해왔다. 특히 소선거구제하에서 여성후보들은 선거 메커니즘을 잘 모르는데다 경험이 미숙하고 치열한 선거전에서의 투지가 약하기 때문에 전반적인 선거 전략에서도 열세를 극복하기 어렵다는 것이 일반적인 인식으로 자리 잡고 있다. 여성 정치인은 기존 정치인들과는 달리 신뢰도가 낮다는 평을 받기도 한다. 또한 현실적으로 많은 선거구가 유권자들에게 잘 알려진 기존 인물에게 유리한 것도 여성후보에게는 불리한 조건이 된다. 3인 이상의 중대 선거구제의 경우 여성후보들이 남성후보에 비해 다른 조건이 열세하지 않는 한 경쟁력에서 뒤지지는 않는 것으로 알려져 있다. 그러나 이 경우도 기존의 여성정치인에 대한 편견 때문에 이를 극복하는데 어려움이 있기 마련이다.

정치구조의 문제는 여성대표의 의회진출을 조명하는데 의미 있는 틀이 된다. 정치구조는 역사적 경험으로 미루어 보아 반드시 변하게 되어 있다. 민주화와 합리화의 과정을 거치면서 여성들에게 정치참여의 기회가 확대되면서 여성대표의 의회진출의 문도 그만큼 확대되어 가고 있다. 정치개혁에 있어 성 평등 담론이 사회 안팎으로부터 지속적 관심사가 되고 더 나아가서는 선거쟁점이 되어가면서 의회에서의 성비개선에 대한 압력에 정치권 전체가 책임 있는 반응을 보이지 않을 수 없는 수준에 이르게 된다. 그와 같은 반응에는 실제적이고 구속력 있는 여성할당제와 상징적인 여성의 영입을 비롯한 정당별 특단의 조치 등이 있다.

이러한 높은 장벽을 넘기가 쉽지 않기 때문에 여성정치인들의 의회진출은 비례대표제라는 관문으로 돌파하려는 경향이 강하다. 비례대표제(proportional representation) 가운데서도 정당명부제나 혹은 그와 유사한 제도를 채택하고 있는 우리나라나 네덜란드 같은 국가에서는 여성이 지방의회는 물론 중앙의회에도 비교적 쉽게 진출할 수 있다. 특히 폐쇄형 정당명부제의 경우 여성후보에게 정당차원에서 하위 순번에 배당하여 당선 가능성을 높이는데 어려운 경우도 있다. 여성후보에게 홀수 번을 공식적으로 배정하여 남성에 비하여 유리하게 하는 정당들이 나오고 있고 이러한 추세는 여성유권자들의 정치의식이 높아지면서 하나의 관행으로 정착되고 있는 추세이다. 여성의 성비 열세를 만회하기 위한 특별한 조치는 정당별로 경쟁적으로 채택하고 있다는 점에서 획기적인 변화를 보이고 있다. 그러나 노르웨이와 같이 개방형 정당명부제를 택할 경우 여성들이 당선가능성이 낮은 순위에 배정됨으로써 성비개선을 위한 획기적인 변화는 기대하기 어렵게 된다.

둘째 단계에 필요한 것은 정당 등의 정치기구와의 연대이다. 정당은 대의제를 채택하고 있는 모든 나라에서 정치엘리트를 만들어 내는 산실의 역할을 한다. 정치과정에서 정당의 조직적 기능이 중시되는 나라의 경우 그 중요성은 가중된다. 정당의 기구는 선거에서 필요한 모든 노하우를 잘 갖추고 있으며 유권자를 조직하고 그들을 동원하며 시대가 요청하는 이념과 정치인 개인의 자질과 덕목이 무엇인가를 정립하여 선거의 쟁점을 만들어 내는 대단히 중요한 역할을 수행한다. 뿐만 아니라 자기당 소속의 후보를 당선시키기 위한 충분한 인력과 자금을 바탕으로 유리한 선거상황을 조성하기도 한다. 한마디로 선거기술이 축적된 정당의 힘에 의지하지 않고 여성이 경쟁선거에서 당선되기는 극히 어려운 일이다. 정당은 선거에서 승리하기 위하여 다양한 선거 전략을 수립하여 후보의 선거운동을 도울 뿐 아니라 당선 이후에도 의정활동을 하는 과정에서 의원의 개인 신상을 보호해 주는 방패막이 역할도 한다. 이 같은 모든 요소는 기반이 미약한 여성후보에게는 없어서는 안 될 가치들이다.

자유민주주의 국가에서는 정당은 여성의 정계입문에 중요한 등용문이 된다. 선거시기가 다가오면 정당들은 공천심사위원회를 구성한다. 여성의 의석비율이 낮은 국가의 경우, 공심위는 여성의 후보비율을 정하는 데 대체적으로 호의적이지 않다. 그 이유는 선거전에서 승리는 정당의 사활을 결정하는 문제인데, 여성후보가 지역 선거구에서 경쟁력이 없다고 보기 때문이다. 대체로 선거결과 자기당의 의석수가 줄어들면 선거의 패배를 의미하는 것이므로 정당의 대표나 사무총장을 포함한 정당의 핵심간부들은 선거전에 자신들의 정치생명이 걸려 있기 때문에 선거 전략을 세우는데 매우 민감하다.

선거전략 가운데 가장 중요한 부분은 어떤 후보를 내세우느냐의 문제이다. 여성후보의 비율을 어느 수준으로 정하느냐가 문제가 아니라 여성후보들이 과연 당선될 것이냐 하는 것이 관건이 되는 것이다. 그들의 주된 관심은 여성후보들에 대한 유권자들의 반응이 어떤가, 상대정당의 여성전략은 어떠하며 또 여성후보일 경우 어떤 여성이 공천되었는가 등을 면밀히 검토하게 된다. 이 밖에도 여성후보의 선택이 자기 정당의 이념적 성향에 적합한가에 대한 문제도 고려대상이 된다. 정당의 핵심관계자들의 입장에서는 개혁차원이 아니라면 기존의 대표들과 성향이 비슷한 후보를 선택하는 것이 가장 안전한 대안이 될 수도 있다. 그러한 기준에서라면 구태여 여성후보를 꼭 선택할 이유도 없을 것이다.

여성의 대표비율을 올리라는 여성관련 단체들의 여론 압력이 있는 경우에도 여성후보들을 주로 다른 정당소속 현직의원의 선거구에 배정하는 등 당선가능성이 희박한 선거구에 공천되는 사례도 적지 않다. 이러한 현상은 여전히 선진 민주권에서도 여성대표에 대한 제도적, 조직적인 성차별이 존재함을 의미한다.

2) 경제적 측면

일반적으로 여성의 정치참여 성향은 여성에 대한 교육기회의 확대수준에 비례하는 것으로 알려져 있다. 같은 맥락에서 여성의 의석비율과 노동시장에서의 여성 점유율도 여성의 교육수준과 밀접한 상관관계가 있는 것으로 확인되고 있다. 따라서 여성 정치 엘리트나 여성의원들은 교육수준이 높고 직업적 성취도가 높은 전문가 집단에서 나온다는 것이 연구 결과에서도 입증되고 있다.[32)]

국회에서의 여성의석수는 남성들의 독점영역으로 알려져 온 전문직 여성들의 사회적 비율이 높아지는 것을 반영하는 것으로 알려져 있다.[33)] 이러한 전문 직종은 어떤 사회에서든 사회정치적 변화의 선도 분야이기 때문에 이 분야로의 여성인력의 진출이 늘어나면 늘어날수록 잠재적 여성 대표율은 높아진다고 보는 것이 무리는 아닐 것이다. 물론 사회문화적 성격에 따라서 벨기에나 포르투갈의 경우처럼 양성 평등이나 전문직 여성비율이 그다지 높지 않은 국가의 경우에도 여성의원의 비율은 현저히 높은 국가도 있기는 하다. 그러나 보편적으로 보아 경제발전 수준이 높고 비례대표제를 채택하는 국가들은 대부분 여성의 의회진출 비율이 매우 높은 것으로 나타나 있다.

선거정치에 있어서 정치자금이 얼마나 뒷받침되느냐는 중요한 문제이다. 자신의 개인재산이 있거나 남편의 재산이 후원되는 경우가 아니라면 여성의원의 재선과정은 전망이 밝지 않다. 왜냐면 정치후원금을 확보하는데 대다수 여성의원들이 두각을 나타내는 일이 흔하지 않기 때문이다. 소속정당 내에서 절대적인 영향력을 갖거나 공로가 지대한 경우를 제외하고는 당의 지원을 받는 데도 한계가 있기 때문이다.

경제적으로 빈곤한 나라는 대체로 여성의 사회적 지위가 낮고 차별이 심하며 고등교육을 받을 기회가 남성에 비하여 거의 닫혀 있기 때문에 여성들의

---

32) Kira Sanbonmatsu, "Political Parties and the Recruitment of Women to State Legislature", *Journal of Politics*, Vol. 64, NO. 3, 2002, p. 794. Anne Stevens, Women, Power and Politics, 김영신, 앞의 책, p. 123.

33) 위의 책 참조.

자아 성취도가 낮다. 이는 여성의 경제적 성취나 자립을 가로막는 결과를 가져오게 함으로써 차별의 악순환으로 이어진다. 그러므로 교육기회의 차별화는 여성에 대한 경제·사회적 차별을 구조화하고 이는 다시 여성대표의 충원의 근원을 마르게 함으로써 결과적으로 국가 사회적 성차의 구조화로 이어지는 것이다. 그러므로 여성의 교육기회의 향상과 아울러 비례대표제를 통한 여성의 의석 할당제를 적극 제도화하는 일이 무엇보다 선결되어 여성 권익신장이 획기적으로 개선되어야 할 것이다.

경제적으로 낙후한 국가들의 경우 정치엘리트의 구조가 매우 폐쇄적인 점도 이와 무관치 않다. 이들의 공통점은 가부장적 권위주의 체제라는 데 있다는 것도 후진국에 있어서 여성의 의회진출이 막히는 원인을 말해준다.

3) 사회·문화적 측면

여성이 정치세계에 입문하는 데는 몇 가지 거쳐야 할 단계가 있다. 이러한 단계는 반드시 순서대로 거쳐야만 하는 것은 아니다. 그러나 이 같은 단계는 국가나 사회적 환경에 따라 차이는 있겠지만 일반적인 관점에서 대다수 정치 지망생들이 경험하게 되는 단계로 이해하면 될 것이다. 먼저 대표로서의 후보대열에 입문하기 위해서는 정치참여에 대한 의지가 확고해야 한다. 정치가 자신의 사명감을 충족시키기에 맞는 일이라는 확신이 뒷받침되어야 한다. 동시에 성공할 가능성이 있다는 확신도 필요하다. 이러한 강한 동기유발은 정치에 대한 일정한 지식과 열망에서 일어나는 것이다.

여기서 우선적으로 요구되는 것은 교육과 사회적 경력에 기초한 자신감이 있어야 할 것이다. 이 두 가지 요소는 후보자에게서 전문적 자질을 확인시키는 것이므로 매우 중요하다. 공식적 학제를 통한 교육경력이 다소 부족할 경우 그를 능가하는 사회적 경험이나 학식이 이를 대체하기도 한다. 동등한 학력일 경우에도 여성은 남성에 비하여 정치지식이 부족하다는 사회적 인식이 있다. 여성들에게는 사회적으로 공식적인 행사에 참여하는 기회가 적은 것도 사실이다. 여성의 소극적 태도도 문제가 될 수 있다. 흔히 남성들은 여성이 정치에 어울리지 않는다는 편견을 갖고 있다. 그러나 벰(Bem)이 말한 바와 같이 공직 수행에 있어서는 남성, 여성이라는 성 역할의 차이는 문제가 되지 않는다. 남성적인 성향이라고 하는 진취성과 추진력을 여성 지도자에게서도 나타날 수 있고 때로는 섬세한 조정력이나 치밀성 같은 여성성향이 남성지도자에게도 존재한다는 이른바 양성성의 논리가 있다.[34] 사회적 성 고정관념을 극복하기는 쉽지는 않다. 여성 정치 지망생이 정치인에게 필수요건인 적극성과 투쟁성을 보일 경우 사회적 비난에 봉착할 수 있다는 점에 망설이는 예도 적지 않다. 정치인에게 요구되는 자질은 남성적인 것으로 규정해 놓고 이런 행동을 여성정치인이 취할 경우 부적절한 태도라 비난받고, 반면에 동정심, 감수성, 부드러움, 보살핌 등을 특징으로 하는 여성적 행동은 정치인에게 적절하지 못한 행위로 간주한다.[35] 이러한 모순된 사회적 환경은 여성정치인들에 대한 왜곡된 인식을 낳고 차별문화를 정착시킬 수 있으므로 경계의 대상이 되어 마땅할 것이다.

여성후보가 다른 유리한 조건을 모두 갖추었다고 보일 뿐 아니라 본인의 의지도 확고할 경우에도 기혼 여성이라면 반드시 해결되어야 할 관문이 하나 더 있다. 가사와 육아문제이다. 달리 말하면 여성정치인은 직업적 성공과 본인의 정치활동에 대한 확고한 의지 그리고 정치적 경력이 있음에도 여성이 가사문제를 어떻게 해결할 것이냐 하는 문제가 제기된다. IPU가 전 세계적으로 조사한 결과에 의하면 여성의원의 80%가 배우자, 부모, 자녀의 도움을 받고 있다는 것이다[36]. 직업정치인의 자격조건을 충분히 갖춘 여성이 정계진출의 문전에서 꿈을 접는 이유가운데 가장 큰 것이 바로 가정이라는 사생활과 관련된다는 것은 여전히 여성의 사회적 굴레가 무거운 것임을 알게 한다.

---

34) 양성성에 관하여는 곽삼근 외, 앞의 책, p. 98 참조.
35) 여성정치인의 자질과 관련한 성 고정관념에 대하여는 김영신(역), 앞의 책, p. 134 참조.
36) 위의 책, p. 140.

인류역사의 흐름은 민주주의를 성숙시키는 방향으로 나아가고 있는 것은 분명하다. 이와 함께 정치체제가 발전되어감에 따라 정치엘리트의 전문성 제고 문제는 더욱 중요해지는 추세이다. 여성들이 정치문제에 대한 적극적인 관심을 갖는 것은 물론 전문성을 높여 능력 있는 대표로서 지속적으로 평가받는 일 또한 중요한 일이 아닐 수 없다.

4. 대안으로서의 할당제

상반된 논의들에도 불구하고 여성의 권리회복은 민주주의의 완성이라는 관점에서 보면 지속적으로 추구해야 할 과제임에는 분명한 것 같다. 이런 목적의식에서 보면 사회적으로 여성의 과소 대표현상을 해소하는 것이 최우선시 되어야 할 과제일 것이다. 이는 해묵은 정치적인 문제이므로 쉽게 달성될 수 없는 사회적 요인들이 있으며 이 문제에 접근하기 위해서는 무엇보다도 현실정치 현장에 여성대표들을 보다 많이 들여보내는 일이 우선되어야 할 것이다. 여성대표들의 의회 등의 공직진출로 얻을 수 있는 효과는 첫째, 역할모델이 될 수 있다. 유능한 여성정치인들의 성공적인 활동사례는 많은 여성들에게 모범사례가 되어 여성들의 정치적 관심을 불러일으키고 참여의지를 자극하게 되어 여성엘리트 충원에 긍정적 효과를 가져올 것이다.

둘째, 사회적 정의의 원칙이 존중될 것이다. 여성대표들과 여성공직자들의 활동을 통하여 정치사회적으로 영향력이 미약한 특정계층과 여성들이 정치적 소외로부터 해방될 수 있을 것이다.

셋째, 정부의 정책적 대응도를 높일 수 있다. 여성대표의 의회진출이 늘어나면 그들의 의정 활동을 통해 여성문제나 여성의 이익과 관련된 정책적 요구가 정치체계에 투입 될 개연성이 그만큼 증대될 것이기 때문에 여성계의 요구에 대한 정부의 대응도를 그만큼 끌어올리는 효과를 기대할 수 있을 것이다.

넷째, 가치분배체계가 개선될 수 있을 것이다. 여성의 억압과 차별이 심화되어 있는 사회의 경우 이미 구조화된 분배상의 불공정이 시정되기 어렵게 되어 있다. 여성들의 공직서열이 향상되고, 의사결정 과정에의 참여폭이 확대되면 여성에게 불리한 분배구조가 재조정되는 것은 순리이므로 결국 여성들의 불이익은 명목적으로나 실질적으로 감소되지 않을 수 없을 것이다.

페미니즘의 문제는 결국 공정한 대표성을 어떻게 확보하느냐의 게임이다. 대표의 확보는 지역적 대표와 직능적 대표로 나뉘는데 양자 다 같이 합의된 선거제도에 의하여 선출되는 방식을 취한다. 문제는 대다수의 사회에서 민주선거의 역동성에 대하여 여성들이 적응력이 낮다는 것이 경험적 인식이다. 이런 문제를 극복하기 위하여 여러 나라에서 여성대표를 위한 할당제가 시행되고 있는 실정이다. 스웨덴을 비롯한 북유럽국가의 사례에서 볼 수 있듯이 여성 대표율이 꾸준히 증가하는 것은 정당들이 여성후보에 대한 일정한 공천비율을 상향조정하려는 의지에서 비롯되는 것이다. 이러한 결실에는 사회적 조건변화가 큰 몫을 차지한다. 즉 교육기회와 질적 평가에서 성차가 점차로 해소되어감에 따라 여성들의 사회진출이 가속화되는 추세에 있다. 여성들의 노동시장 점유율이 증대되고 우리나라의 경우 지방의회의 비례대표직에 정당별로 할당제를 실시함으로써 일정한 실효성을 거두고 있다. 그럼에도 불구하고 여성대표의 할당제는 기대만큼 성공적이지 않은 것 같다. 왜냐면 비례대표의 경우 지역구라는 정치적 지지기반이 없고 소속정당의 소수 핵심엘리트들의 후견에 의하여 결정되는 것이 관례이므로 당내에서의 영향력이 미약하며 또한 재선율도 매우 낮기 때문이다.

할당제가 갖는 근본적인 문제도 여성정치인들의 성장을 가로막는 한 원인이 되고 있다. 멀리 내다보면 할당제는 여성엘리트의 정치적 자립자생 기반을 형성하는데 도움이 되지 않는다. 만일 여성 몫으로 일정비율을 경쟁성이 미약한 지역이나 또는 비례대표후보의 안정된 리스트에 올려놓다 보면 여성들은 자강능력을 키워 나아가려는 스스로의 의지를 갖기 어렵게 될 것이다. 할당제란 일종의 후견제도라서 언제라도 상전-하복관계가 끝나면 그것으로 정치활동의 생명력도 사라지기 쉽기 때문이다. 할당제에 의하여 정계에 진출한 여성의원은 다른 여건이 조성되지 않는 한 할당제 자체에 안주하려는 경향이 있다. 특히 능력 이외의 다른 요소에 따라서 지명되거나 선출될 경우 당사자뿐 아니라 여성전체가 이 같은 상전-하복이라는 후견성이 빚어내는 독특한 문화에 영향을 받을 수 있다. 결국 여성들은 자칫 남성정치인들과의 당당한 경쟁을 거부하는 정치행태를 유지할 수도 있게 된다.[37] 이에 대한 대안으로는 정당지지 기반이 튼튼한 지역에 그 당의 후보로 공천하여 확실히 당선될 수 있도록 배려하는 것이 할당제의 근본 취지를 살리고 여성들의 정치 환경을 장기적으로 유리하게 조성해주는 유용한 길이 될 것이다.

공정한 대표권이란 어느 한 순간에 얻어지거나 사전에 보장받는 것만도 아니다. 그러므로 대표란 대표와 피 대표(지역구 선거인단) 간의 지속적인 관계를 통하여 성립될 때 정치적 정당성이 확보될 수 있는 것이므로 여성들의 경우 과도적으로 일정비율을 할당함으로써 스스로의 조직기반을 확보하게 하는 것도 의미가 있을 것이다. 뿐만 아니라 충원방식이라는 문제 외에도 여성 엘리트의 사회진출에는 전문적 능력이라는 점에서 객관적 평가가 있어야 하지만 여기에도 넘기 어려운 제약이 상당히 따른다는 것을 알아야 한다.

5. 전문성과 여성정치

기능분화로 특징 지워지는 근대사회 이후로 사회의 모든 영역은 고도의 전문성에 의하여 통제되어 왔다. 사회의 모든 통제기제는 전문가에 의하여 장악되는 만큼 전문적 권위는 사회운영의 중심에 자리해 왔다. 공사를 떠나서 사회 안의 모든 관리조직은 관료주의적 지배양식에 의하여 통제되는 것이 일반적 현상이다. 공공 행정관료의 이미지는 여성적 특성을 무시하고 억압하는

37) Anne Phillips, "Quotas for Women", in Michel Saward, ed., *Democracy, vol.3*(London: Routledge, 2007), p. 341.

남성성을 특권시하며 사회적 기회와 자원 배분에서 여성을 불평등한 위치에 묶어 두는데 기여한다. 그 결과 고위 여성직과 고위 전문직 간에는 일치되지 않는 간극이 조성되어 왔다. 전문 관리직은 전문적 기술에 탁월하고 불편부당해야 하며 소속기관의 방침에 체화되어야 하며 동료전문인들과 동질적 세계관도 공유해야 한다. 나아가서는 자신의 직무를 삶의 과정에서 최우선시해야 할 만큼 장시간을 사적관심을 희생하여 업무에 전념할 수 있는 확고한 정신으로 무장되어야 한다는 것이다.[38] 그에 반하여 여성은 타인의 감정에 민감한 반응을 가지며 남성에 비하여 권위직을 수행하는데 부적합하다는 인상을 갖는다고 믿는다. 권위주의적 전문가로서의 관료집단이 드러내는 일반적 행태는 시민의 정치적 요구를 비정치적 욕구로 조작하여 정부의 행정서비스의 평범한 수용자로 변형시키는 수완을 발휘한다. 전문 공직자의 입장에서 최상의 고객은 규정에 충실하고 행정시책에 고마워하며 문제를 제기하기 보다는 정부의 충고에 순응하는 그런 시민, 즉 성별에 관계없이 문화적으로 여성화한 수동적 성정을 가진 자로 만든다.

전문 관료들에 있어 가장 바람직한 시민의 역할은 추종자요 지지자이며 동등자가 아닌 업무의 추인자이기를 원한다. 그들은 고학력을 업무능력과 동일시하는 경향이 있어 비전문적 성원들을 관료의 충원통로에서 제외하려는 경향이 있다. 그 제외의 대상에는 여성들이 포함되어 있다. 더욱이 주목할 현상은 전문직 여성과 비전문직 여성직들 간의 공감대 조성을 통한 연대 형성을 저지한다는 것이다. 한마디로 전문 관료의 권위는 시민과 행정서비스 수혜자 및 일반 근로자들을 여성화하는 특성을 갖고 있는 것으로 알려 있다.

6. 여성 리더십의 딜레마

수십 년간 수행된 리더십에 관한 연구결과를 종합하면 350여 가지의 개념

38) Camilla Stivers, *Gender Images in Public Administraion*, 2nd ed. p. 56 참조.

규정이 가능하다고 할 만큼 지도자의 자질이 과연 무엇이냐에 관한 해답을 구하기는 쉽지 않은 일이다.[39] 그러나 일반적으로 기대되는 리더의 자질에는 다음과 같은 요소들이 포함되어야 할 것이다. 첫째, 리더는 공조직과 추종자들을 계도할 수 있는 넓은 이해심과 통찰력을 갖는 비전을 갖춰야 할 것이다. 둘째, 조직을 이끌고 책임질 수 있는 의사결정자이어야 하며 셋째, 조직 내의 모든 세력을 통제할 수 있는 관리자요 기획자이며 전략가가 되어야 한다는 것이다. 넷째, 추종자들에 대한 영향력을 갖고 동기를 부여할 수 있는 상징이 되어야 하며 끝으로 지도자는 성원들이 하는 일의 의미를 평가해줄 수 있는 현실의 해석자이어야 할 것이다. 여기서 여성 지도자가 처신하기 어려운 딜레마를 느낄 수 있을 것이다. 왜냐면 이러한 지도자의 이미지와 여성성의 규범과는 거리가 있기 때문이며 이러한 거리를 해소하기 위해서 여성들은 '여성처럼 보이고', '남성처럼 행동한다'는 이중성을 가져야 한다는 것이다. 앞에서 살펴본 바와 같이 이를 벰은 '양성의 역할'이라고 하여 현대사회가 요구하는 지도자상은 남녀를 막론하고 이 같은 양성을 겸비해야 한다는 것이다.

지도자의 이미지는 의사결정자라 할 수 있다. 이런 의미에서의 지도자는 남성성이라는 요소로 구성되어 있다는 학설이 있다. 프로이트는 사람들은 권위에 대한 욕구를 가지고 있다고 한다. 그것은 결정적인 사고, 강한 의지, 힘 있는 행동 등을 수반하기 때문이며 이는 '아버지'의 형상과 일치하는 것이라고 한다. 막스 베버에 의하면 관료주의적 억압으로부터 정치적 목적을 살리기 위해서는 강력한 지도자가 필요하다고 주장하면서 조직 내의 민주적 의사결정방식이 때로는 합리성을 훼손한다고 강조한 바 있다. 베버는 우리는 여성적인 수동적 태도를 취하여 우리의 삶이 자연현상처럼 흘러가게 하든가, 아니면 남성적으로 결정적인 조치를 단행함으로써 우리의 삶이 중단 없는 최종의 결정들을 통하여 의식적인 계도를 받든지 둘 중의 한 길을 선택해야 할

39) W. G. Bennis and B. Nanus, *Leaders : The strategy for taking charge*(New York: Harperand Row, 1985), p. 4.

것이라고 제언한다. 이는 민주주의를 희생한다는 의미가 아니라 결단이 요구되는 상황에 처하여 강력한 리더십이 중요하다는 것을 의미하는 것이다.

페미니스트 조직 이론가들도 조직의 장악력과 의사결정이 남성성과 관련된다고 믿고 있다. 캔터에 따르면 남자들은 결단성, 합리성 그리고 분명한 리더십으로 보상받고, 여자들은 일상적인 봉사로 보상받는다는 것이다. 남성과 여성 간에는 그들의 조직서열상의 개인적 지위에 관계없이 실제로는 별개의 계급을 구성한다는 것이다. 물론 여기에는 다소 복잡한 요인이 개입되기는 하지만 대체적으로 보이지 않는 성차에 의한 구분이 뚜렷이 존재한다는 사실은 부정될 수 없을 것이다.

서구 산업사회의 경우도 지도자라면 결단력, 대담성, 비전과 전략을 겸비해야 한다는 데는 남녀 구분 없이 일치된 견해를 보이고 있다. 결과적으로 공공기관에서 여성이 리더가 되기를 원한다면 자기 정체성과 관련하여 매우 복잡한 문제를 만나게 된다. 조직성원들이 기대하는 지도자상을 보여주기 위해서는 '남성적 태도'를 과시하지 않으면 안 되는 모험을 감행해야 한다는 것이다. 따라서 여성으로서 정체성을 지킬 것이냐 아니면 지도자로 존중될 것이냐를 선택해야 하는 어려움에 직면해야 하는 경우가 많다는 것이다. 현실적으로 공공기관은 물론 일반 회사나 사회단체에서 상급직위에 있는 여성들은 비슷한 지위의 남성들과 여러 행태 면에서 구분되기 어려우며 남성과의 차이점보다 오히려 유사성이 더 크다는 것을 볼 수 있다.

Ⅵ 여성운동과 과제

1. 여성운동의 배경

민주주의적 관점에서 계몽운동이 제일 먼저 일어난 유럽지역에서도 19세기 전까지 여성은 인간으로서의 기본적 권리가 극히 제한되어 있었다. 여성은 법률적으로 개인으로서의 권리를 누릴 수 없었다. 즉 재산을 보유할 수도 없었을 뿐 아니라 상속재산을 자식에게 물려주지도 못하고 남편에게 양도하게 되었었다. 정치적으로도 선거권, 피선거권이 없었으며 직업이나 상업에 종사하지도 못했다. 교육면에서도 중등교육은 남성에게만 열려 있었기 때문에 자신의 사회적 가치를 높일 수단이 전혀 없었다.

이러한 상황에서 여성운동이 발생하였는데 여성이 가사노동과 생산노동을 같이 감당하던 전통사회로부터 소가족제도로 넘어가는 과정에서 사회적 노동에서 배제된 채 부르주아 가정의 장식용으로 위치가 전락된 데 대한 반발로서 여성운동이 발생했다는 주장이 있는가 하면 19세기 유럽사회에서 남성에 비해 사망률이 낮고, 신대륙으로의 이민으로 빚어진 여성인구의 과잉화로 인하여 여성에 대한 가치 평가 절하와 착취가 초래되었다는 것이다. 이에 대한 여성들의 저항의지가 여성운동의 발단으로 나타났다고 보는 입장도 있다.[40]

이런 이유 외에도 부르주아의 급속한 성장으로 개인의 능력과 전문성의 차별화는 사회진입의 중요한 조건이 되었다. 그러나 전문교육의 기회가 허용되지 않은 여성들의 지위는 급격히 낮아졌고, 이런 모순된 현실을 극복하기 위하여 교육기회의 개방을 위한 집단적 투쟁이 전개되었다. 초기의 여권운동은 기혼여성의 재산 관리권과 미혼여성의 교육 및 취업 기회 확보를 위한 온건한 여성 운동이었으나 점차로 선거권 획득으로 이어지는 과격한 정치운동의 양상으로 변화되어 갔다.[41]

그러나 대의 민주제가 발달된 영미 문화권에서는 전통적으로 개인과 신과의 직접소통이라는 개신교 사상을 바탕으로 집회 결사의 자유 등 시민권의 광범한 보장에 힘입어 자유주의적 여권운동의 대중화에 기여해왔다. 반면에 유럽대륙 문화권에서는 보수적인 가톨릭의 영향으로 여성운동은 지체되는

40) 한국여성연구회, 『여성학강의』, 동녘, 2002, p. 318.
41) 한국여성연구소, 위의 책, p. 357.

경향을 보여 왔다. 이 밖에도 북유럽 국가와 같이 강력한 보수주의의 전통이 강하거나 혹은 이민족의 통치경험이 깊은 국가들의 경우 비록 여성운동의 발생은 뒤늦었으나 민족주의와 자유주의 운동 등 정치적 저항운동과 여성운동이 연계되어 오히려 여권운동이 급속히 발전하는 계기가 되기도 하였다.

2. 세계 속의 여성운동

초기 유럽에 여성운동이 있었다면 그것은 정치운동에 다름이 아니었다. 그 내용이 무엇이든 그것은 여성의 권익신장을 비롯한 여성해방 운동의 시작이었기 때문이다.

19세기의 여성운동은 도덕사회의 건설이라는 윤리 운동의 성격을 띠었다. 자유주의자들은 시민사회의 적을 음주문화와 성적 타락으로 규정하고 금주와 성 절제라는 기치를 내걸었다. 그러나 도덕적 쇄신 운동 수준의 여권운동은 기득권 사회의 자본의 이해관계에 부딪쳐 좌절된다. 여성들은 조직적인 정치투쟁이 아니고는 불가함을 깨닫게 된다. 이러한 분위기에서 여성들은 주정뱅이이며 범죄 집단인 남성들에게는 참정권이 있는데 도덕적이고 경건한 여성들에게는 선거권조차 없음을 개탄하며 참정권을 쟁취하자는 것이 목표였다.[42] 이런 사회적 관행과 관련되는 개혁의 요구는 기득권 사회의 이해와 당연히 상충되는 것이었다. 여성들의 참정권 요구는 당시 남성중심의 부르주아 사회에 대한 강력한 도전으로 인식되어 저항에 부딪치면서 초기 여성운동에 먹구름이 드리우는 듯하였다

제1차 세계대전을 전후하여 유럽의 선진 민주주의국가들에서 여성 참정권이 주어지면서 여성사회의 기본적인 문제들이 해결되는 성과를 얻게 된다. 예를 들면, 영국의 경우 여성에 대한 교육기회가 확대되었고, 기혼여성과 미혼모의 권리가 개선되었다. 또 영국과 미국을 중심으로 여성과 아동을 위한

42) 한국여성연구소, 앞의 책, p. 357.

복지정책이 향상되었다. 무엇보다도 여성 참정권의 획득으로 남녀평등을 주장할 수 있는 정당성의 토대가 마련된 점이다.

그러나 여성에게 선거권이 부여되었다 하여 이것이 곧 여성 전체에 대한 권익신장을 의미하는 것은 아니다. 시급한 경제적 측면에서의 개선은 기대하기 어려웠고, 여성의 고용율도 남성에 비해 월등히 낮았으며 임금의 격차도 여전히 컸고, 직종도 하급직, 보조직 정도를 벗어나지 못하여 여성은 실업 예비군의 역할에 머물러야 했다.

1960년대를 거치면서 전통적인 여성 해방운동은 새로운 목표로의 전환을 모색하게 된다. 즉 종래의 여성운동은 정치 사회적으로 남성의 권리를 따라잡자는 성격이 강하였으나 새로워진 여성 운동은 남성과는 다른 여성의 성적 차이를 정당화하고 여성의 불평등이 단순히 사회적 차별의 결과에 기인하기보다는 오히려 통제되고 조직화된 남성중심의 의미체계에서 비롯된다고 주장한다. 즉 사회의 가치체계 전반을 문제삼는 것이다. 종래의 여권운동이 여성의 사회적 생산 활동에의 동등한 기회를 요구하는 것이었다면 새로운 여권운동은 여성의 출산과 가사노동 등의 사회적 재생산 노동권의 인정을 요구하는 방향으로 전개되고 있다.

새로운 여성운동의 지적인 뿌리는 한편으로는 사회주의 여성해방론에, 다른 한편으로는 급진적 여성해방론에 두고 있다.

먼저 사회주의적 여성 해방론은 1917년 러시아 혁명에서 기원을 찾을 수 있다. 사회주의 혁명이론 자체에 여성해방의 개념이 들어 있기 때문이다. 자본이 남성임금의 절반에도 미치지 못하는 여성임금을 착취한다는 성 차별의 문제의식에서 남녀를 포함하여 노동은 권리요 의무이므로 자본의 착취로부터 해방되어야 한다는 것이다. 또한 가족법의 개혁을 통하여 결혼을 통한 부부관계, 부모 및 자녀관계에서 남여 평등을 규정하고 있다. 정치분야에서도 여성 할당제를 정하여 남녀 간의 평등한 정치참여의 기회를 열어 두었다. 이러한 기반 위에서 1990년대를 거치면서 사회복지의 구현과정에서 자녀양육의 사회화와 모성보호를 제도화 하였다. 가사노동을 고려하여 노동일수를 단축하고 노동 일정제를 시행함으로써 여성노동자의 노동일정을 자율적으로 조정할 수 있게 하였으며 직장단위로 탁아소와 상점을 포함한 편의시설을 제공하였다.[43)]

일련의 개혁과정을 통하여 1977년 현재 구 소련사회에서 여성의 85%가 취업자로 나타나고 전업주부는 7.5%에 지나지 않았다. 다만 여성들이 대부분 반숙련 직종에 종사함으로써 남성임금의 70% 수준에 머무른다는 점이다. 정치분야에 있어서도 여성의 진출율이 매우 높은 편이다. 여성당원의 분포는 25%에 달하였고 콤소몰에서는 52%를 상회하였다. 최고소비에트 등 고위직에는 11% 정도에 머무르고 있다. 대다수 사회주의권 국가들의 예도 이와 크게 다르지 않다. 화폐단위로 이들 여성의 보수수준이 자본주의 국가들에 미치지 못 하지만 이들 사회 안에서의 남녀 간의 평등수준은 상당히 높은 것으로 보인다.

그러나 구 소련체제가 붕괴되면서 러시아 사회나 구 동독지역에서의 여성들은 복지수준의 급격한 하락으로 탁아비를 부담하지 못하고, 실업의 우선대상이 되어 직장을 잃게 되는 사태까지 발생하게 된다. 여성단체들은 이러한 사태에 직면하여 정치투쟁을 통한 개선을 요구하고 있는 실정이다.

그럼에도 불구하고 이러한 사회주의 체제에서의 여권신장은 자본주의 국가들의 여성운동에 깊은 영향을 미친 것도 사실이다.

3. 한국의 여성운동

1) 일제치하의 여성운동

일제 식민치하의 여성운동은 항일 민족운동의 성격이 강하였다. 그 역사적

---

43) 한국여성연구회, 앞의 책, p. 328 참조.

원류는 1907년에 전국에서 동시 다발적으로 일어난 국채보상운동을 위한 여성들의 구국운동이다. 진명부인회가 중심이 되어 근검절약운동으로 식량을 절감하고 패물을 모아 정부가 일본에 빌린 외채를 상환하여 쇠퇴하는 나라를 되살리자는 취지의 운동이었다.

한국의 근대 여성운동은 일제 식민통치와의 투쟁이라는 맥락에서 시작되었다. 여성운동이 사회운동과의 결합 형태로 전개되었기 때문에 민족운동이나 계급운동과의 밀접한 관련아래서 추진되었음을 알 수 있다. 1919년에 일어난 3·1운동은 한국 여성운동의 분수령이었다. 이 운동이 발생한 후 일본은 형식적이나마 이른바 "문화정치"로 식민통치의 방식을 바꾸었다. 당시의 여성운동의 특색은 계몽운동이나 토산품 장려운동 등 주로 물산 장려운동이 주를 이루었고, 그 내용도 문맹타파, 여권의식의 계발, 여성의 취업권 등 초기 부르주아운동의 맥락을 이었다.

1920년대에 들어와 여성운동은 주로 일본유학생들을 중심으로 인간의 자유를 억압하는 성도덕과 여성의 종속을 정당화하는 유교적 결혼예속을 벗어나 자유연애를 지향하는 파격적인 변화를 추구하였다. 당시 주류여성운동의 방향이 조혼과 축첩의 반대, 강제혼인 반대 등의 수준이었던 데 비하면 이는 급진적인 수준이었음을 알 수 있다.

아직은 이념적 기반을 갖추지 못한 민족주의적 계몽운동 수준의 여성운동은 노동자, 농민운동, 사회주의 사상의 유입, 일제의 민족분열 책동 등에 대한 대응양식으로 발전하기 시작했다. 사회주의의 영향아래 우리나라 최초의 조직체계를 갖춘 여성운동 단체는 1924년에 결성된 [조선 여성 동우회]였다. 여성노동자들은 한말 개화기에 나타나 적은 수였으나 주로 방직, 제사, 고무 등 당시 노동집약적 산업에 종사하였다. 여성노동자들은 열악한 노동조건과 임금인상, 인권유린행위 반대 등 생존권 투쟁으로 저항하기 시작하였다. 일제 경찰이 노동운동을 탄압하면서 여성의 생존권 투쟁운동은 일제 식민지 통치에 반대하는 항일 투쟁운동으로 자연스럽게 이어져 갔다. 여기서 여성노동자들은 민족적 · 계급적 문제와 성차별 문제를 투쟁과정에 결합하게 되는 계기를 만들었다. 여성 노동자들의 지역적 연대투쟁이 강화되면서 전국적 조직의 노동운동과정에서 여성노동자들이 내세운 특수한 요구조건들이 쟁점화하기 시작하였다. 즉 임금문제 외에도 봉건허례의식 타파, 인신매매의 금지, 공창금지, 미성년 남녀의 결혼금지, 여성청소년에 대한 차별철폐 나아가서는 유년 및 부인의 야간 노동과 갱내 위험작업 투입금지 등이었다.[44]

1925년에 들어오면서 그동안 축적된 민중운동의 역량을 기반으루 하여 당시 부르주아 민족주의 진영과 사회주의 민족운동 진영으로 나뉘어져 있던 여성운동조직을 아우르면서 최초의 대중운동조직인 근우회의 창립을 보게 된다.[45] 근우회는 당시 제3세계 민족운동의 주축이었던 반봉건, 반제국주의 운동을 목표로 여성들만의 전국적 조직이라는 데 의의가 있다. 근우회의 행동강령은 여성에 대한 사회적, 법률적, 정치저 차별철폐를 비롯하여 봉건적 인습과 미신타파, 조혼폐지 및 결혼, 이혼의 자유, 인신매매 및 공창제 폐지, 언론, 출판, 결사의 자유 등의 민주주의적 요구를 비롯하여 여성 노동자의 임금차별 철폐, 산전, 산후 휴가와 임금지급, 부인 및 소년의 위험 노동 및 야간노동 투입 금지, 노동자 농민의 의료기관 및 탁아소 건립 등 사회주의 운동의 영향을 받은 내용들로 구성되었다.[46]

근우회는 일제하에서 정치문제에 개입함으로써 일제의 탄압을 피할 수 없었다. 1930년 광주학생운동을 지원하여 주도한 경성 여학생 시위로 인하여 사회주의계 인사들이 연루되어 검거됨으로써 이후 근우회는 보수계열 인사들이 주도하게 되었다. 근우회의 우경화는 당시 조선 청년동맹에서 대중운동의 반성과 투쟁방향의 전환을 논의하고 근우회 해소론까지 대두되는 상황에 이르렀다. 근우회는 여성노농회원의 광범한 조직 확대라는 목표는 좋았으나

44) 한국여성 연구회, 앞의 책 참조.

45) 곽삼근 외, 앞의 책, p. 286 참조.

46) 사회주의 운동의 영향부분은 위에 제시된 사회주의 여성운동 편을 참조.

그 과정에서 조직 활동의 주요 세력이었던 소자산가와 지식층에 대한 배려가 부족하여 신간회 등의 영향 하에 해체상황을 극복하지 못하고 말았다. 근우회의 해소는 결국 여성운동의 침체로 이어진다.

1929년을 시작으로 한 세계경제공황을 당하여 일제의 수탈은 더욱 가혹해지면서 문화정치는 막을 내리고 모든 정치활동이 금지되면서 일제에 대한 충성단체를 제외한 일체의 조직적 운동은 철퇴를 가하기 시작하였다. 기왕의 모든 여성운동단체들은 해체되거나 지하로 숨어들 수밖에 없는 상황이 된 것이다. 이후 노동 운동, 농민 운동, 조국광복회 운동 등을 중심으로 여성 대중운동은 꾸준히 맥을 이어가면서 일부는 노동 운동과 민권 운동으로 일부는 문화 운동으로 또 다른 세력들은 조국해방 운동차원에서 정치운동과 무장 투쟁운동에 이르기까지 암암리에 다양한 형태와 방법을 통하여 항일운동의 맥을 이어갔다.

2) 해방과 건국초기의 여성운동

일제로부터의 민족해방은 새나라 건설에 대한 기대 속에서 출발했다. 해방직후인 8월 17일에 건국 부녀동맹이 결성되고 일제하에서 반민족 행위에 가담한 여성 지식인들이 결별한 뒤 조선 부녀 총 동맹으로 개편된다. 부총은 대체로 과거 근우회의 행동강령을 토대로 하여 전국에 걸쳐 중앙집권적 조직체계를 갖추었다. 부총은 조선공산당의 영향을 받기도 하였으나 여성의 권익을 위해서는 우익과도 연계하면서 대체로 독자적인 활동에 힘을 기울였다.

한편, 건국 부녀 동맹에서 탈퇴한 부르주아 계열의 여성들은 한국 애국 부인회와 독립 촉성 부인단, 여자 국민당 등을 조직하여 우익 정치사회 단체와 연대하였다. 우익 여성 단체의 대표격인 독립촉성 애국 부인회의 활동 노선은 전통적인 현모양처 이데올로기에 기반을 두고 참정권 획득, 여성능력 개발 및 교육확대, 공사창폐지 등 여성 권익신장에 역점을 두었다.

혼란으로 점철된 해방정국을 거치고 정부수립 후 한국전쟁의 발발은 민족의 분열은 물론 남북한을 철저한 냉전 상황으로 이끌어갔다. 남북한 간에 이데올로기적 대립은 격화되고 남한에서도 가부장적 권위주의 체제가 강화되기에 이르렀다. 이에 따라 여성운동도 왜곡되기 시작했다.

3) 70년대 이후의 여성운동

70년대 들어 여성단체들은 유신권위주의 체제의 정치 탄압 속에서 직접적인 정치문제를 피하여 가족법 개정운동, 노동조건 개선을 비롯한 여성노동자의 권익신장을 위한 연성투쟁에 관심을 기울이기 시작하였다. 1973년 가정법률 상담소, YMCA, 한국유권자 연맹, 한국 여성단체협의회 등을 중심으로 범여성 가족법 개정협의회가 결성되어 노력한 결과 1977년에 일차로 가족법 개정이 성사되기에 이르렀다.

1974년 크리스천 아카데미는 [여성인간선언]을 통하여 여성운동을 여성의 문화개혁과 인간해방운동으로 새롭게 규정하고 한국 여성운동의 과제는 민주화 달성과 여성노동의 사회화에 있다고 선언함으로써 침체된 여성운동에 새 바람을 불러 일으켰다. 이 운동은 전국의 여성운동을 분화시키고, 최초로 서구적 여성해방이론을 도입하는가 하면 여성학이 대학의 교과과정에 편성되는 계기를 마련함으로써 새 시대의 여성운동의 초석을 다짐과 동시에 각 분야의 후속 여성 지도자를 양성하는데도 기여하게 되었다.

70년대 전반에 걸쳐 여성문제가 직접적인 정치문제로 부상된 사건은 1979년에 있었던 YH무역 사건이었다. 이 회사의 여성근로자들이 노동 조건 개선을 목표로 민주적인 노조를 결성하였으나 회사가 폐업하자 이 문제를 사회적으로 알리려는 목적에서 당시의 야당 당사에 진입하였고, 이 과정에서 정부의 폭력진압으로 사망사고가 발생하였는데, 이는 결과적으로 유신정권의 붕괴를 몰고 왔다.[47]

47) 한국여성연구회, 앞의 책, p. 369.

1980년 이후의 여성운동은 더욱 이념화되고 조직도 강화되면서 전국조직으로 확산되는 등 새로운 전기를 맞게 된다. 여성운동은 더욱 분화하면서 여성 노동자 운동, 여성 농민운동 그리고 주부운동, 성폭력 추방운동, 군 위안부 진상 규명운동, 여성 정치운동 등으로 전문적으로 재편되어 갔다. 학생운동권이 민족진영과 노동계급운동 진영으로 나뉘면서 젊은 여성운동의 방향도 통일의 기반을 구축하지 못하게 된다.

다만 시민사회운동의 영향으로 여성운동은 더욱 정치화 되는 등 그 영향력을 강화시키기에 이르렀다. 그 가운데서도 성폭력문제는 변함없는 한국사회 여성문제의 기본적 쟁점으로 남아 있다. 이 문제는 여성이 주된 피해자이기 때문에 다른 문제와의 연계해결도 쉽지 않다. 그런 의미에서 성폭력문제는 여성 고유의 사회문제라는 점에서 여성운동에 의해서 지속적인 노력으로 해소되지 않으면 안 되게 되어 있다. 성폭력 문제는 가정 폭력과 함께 여성운동계의 대표적 쟁점 중의 하나이다.

1980년대 후반에 이르러 한국사회의 권위주의 정치문제가 6·29선언을 기점으로 해소의 기미를 보이면서 좀 더 자유화되는 한편, 인터넷 등의 광범한 보급과 영화 및 연예활동 등 대중예술에 대한 자율화의 폭이 확대되는 과정에서 성 상품화 경향이 두드러지기 시작하였다. 권인숙 사건과 같은 공권력에 의한 성폭력이 드러나면서 여성사회의 성 폭력에 대한 경각심은 더욱 고조되었다. 여성운동 단체들은 이러한 풍조에 대하여 시위, 공청회 및 조사활동 등을 통하여 공론화하는 데 성공을 거두면서 2000년대에 들어와서는 고질적인 성범죄자의 경우 발목에 전자장치를 부착하여 위치추적을 가능케 하는 법제정을 성사시켰다.

성폭력에 대한 여성단체들과 강력한 여론에 힘입어 성폭력 및 군 위안부 진상규명 운동과 여성비하 언행의 추방 등은 우리사회의 성차별 문화에 대한 강력한 도전으로 제기되면서 선거과정에서 정치적 쟁점으로 부각되기 시작하였다.

4) 2000년대의 여성 정치운동

여성운동은 그동안의 경험을 바탕으로 여성문제를 사회문화적 접근에서 정치적 접근으로 이행하는 것이 문제해결의 근원적 대안임을 인식하기에 이른다. 1995년 지방의회 선거를 계기로 여성의 정치참여를 확대하기 위하여 20% 지방의회 여성참여를 목표로 정하고 유력한 후보의 발굴과 함께 여성의 정치의식을 고취하는데 힘을 모았다. 또한 1987년의 남녀 고용 평등법, 1989년의 가족법, 1990년에는 영유아 보육법, 그리고 1993년에는 성폭력 특별법 등이 제정되거나 개정되기에 이르렀다.

그리고 2000년 대 초에는 유림들과 보수진영의 반대에 부닥쳐 번번이 좌절되었던 호주제의 폐지가 달성되었다. 일제하에서 제정된 호주제는 전형적인 한국의 봉건적 가족제도라는 비판에도 불구하고 폐지되기 어려웠으나 정치적으로 결속된 여성운동진영의 조직적 투쟁으로 쟁취된 것이다. 이로써 한국사회의 가족제도는 법적으로 민주적인 평등의 원리를 상당 수준 담보하는 결과가 되었다.

여성운동권의 인식은 직접적인 정치참여와 함께 사회의 구조적 개선이 이루어지지 않으면 근본적인 여성차별 문제의 해결은 어렵다고 보고, 정치권력과의 일정한 관계를 유지하는 한편으로 여성들의 요구에 대한 정책대안을 마련하여 반영하는 데 힘을 기울였다. 1980년대 이후 여성문화를 개발하고 페미니즘 문화 활동을 전개하기도 하였다.

그러나 한국의 여성운동은 1990년대 후반부터 '여성운동의 위기'라는 분위기를 감지하게 된다. 더욱이 보수로의 회귀가 진행되고 있는 현재는 '페미니즘의 죽음'이라는 말이 나올 정도로 여성운동의 침체기에 들어갔다는 목소리가 높아지고 있다.[48] 이런 분위기는 1970년대 말부터 서구의 포스트 페미니즘의 영향으로 주류 여성운동으로부터 소수의 지류가 눈에 띄기 시작했으나

48) 오김숙이, "한국여성운동과 차이문제", 『여성이론』, 22호(여름호), 여이연, 2010, p. 107.

활동 면에서 두각을 나타내지 않다가 2000년대 들어 여성운동의 큰 목표들이 해소기미를 보이고 사회가 보수화되면서 이들의 활동이 드러나기 시작한 것으로 보인다.

이런 현상의 배경에는 한국여성운동권의 분열이 자리하고 있다. 2004년 여성단체가 주도한 성매매특별법은 당사자인 성매매여성(성 노동자)들로부터 저항을 받게 된다. 여기서 법 제정의 정당성 문제를 놓고 찬성 측과 반대 측으로 나누어지면서 성매매여성들이 성 노동자 선언을 하면서 여성운동진영의 분열이 가속화되었다. 여성운동은 이념과 조직의 목표, 그리고 투쟁전략에 따라 보수진영과 진보진영으로 구분되어 왔으나 여성운동이 거대담론인 민주화의 목표아래 사회운동과 연계되면서 조직 간의 연대가 유지되어 오다가 공동의 목표인 정치민주화가 어느 정도 달성되자 운동의 중심이 분산되기에 이른 것이다.

금세기 들어 새로이 출현한 여성주의 단체들은 그 이념적 스펙트럼이 마르크스주의, 포스터 모더니즘, 아나키즘 등으로 확장되고 있다. 이들은 기존의 여성운동과 달리 여성의 공통성에 의문을 제기하고 여성들 간의 다양성과 차이, 소수자 여성에 대한 식민화에 주목한다.[49] 이러한 새로운 여성주의운동은 2000년대 들어 여성의 범주에서 제외된 소수의 소외층 여성들을 규합하여 여성의 또 다른 비전과 전략을 꾸리면서 조직을 다지기 시작하였다. 이들 단체들은 주로 인터넷을 중심으로 활동을 하는데 그 대표적인 단체로 언니 네트워크, WAW, 서울 여성해방연대, 연분홍치마, 피자매연대 등이다. 이들은 대다수가 고학력, 미혼의 20~30대 여성들로 구성되어 소수자 여성의 시민권을 주장하고 이성애적 결혼, 모성, 가족 등으로 획득되는 시민권과 정상성을 거부한다는 데서 정체성을 찾는다. 현재 이 가운데서 여성 해방연대 등 일부는 활동을 중단한 상태로 이들의 활동이 약화되어 가고 있다.

---

49) 위의 논문, p. 117.

4. 한국 여성운동의 과제

여성운동의 전망은 구조적이면서 동시에 상황적이라 할 수 있다. 신자유주의의 도도한 물결 속에서 한국적 분단 상황으로 인해 한국사회는 정치, 경제, 사회, 문화적으로 영향을 받지 않을 수 없는 종속적 위치에 놓인 것이 현실이다. 이러한 상황에서 한국의 여성운동이 해결해야 할 당면 과제는 아래와 같다.

첫째, 여성문제는 사회문제이다. 여성문제는 단선적으로 해결될 수 있는 것이 아니라는 말이다. 그러므로 기존의 다양한 시민사회단체들과의 연대를 강화해야 한다는 것이다. 사회 안의 개별 운동단체 안에서도 여성문제를 찾아내고 또 이를 조직화해야 한다.

둘째, 무엇보다 사상이념적 차원에서 민족과 민주의 원칙을 살리고 여성문제의 해소를 효율화하기 위해서 각 영역별로 여성운동의 동력을 결집할 수 있도록 분야별 여성 지도자를 많이 양성해야 할 것이다.

셋째, 여성운동은 특히 생활정치라는 장에서 풀뿌리 민주주의로 성장할 가능성이 크다는 점을 인식하고 지방정치에 더 큰 관심과 참여기회를 확대해 나아가야 할 것이다.

넷째, 여성 운동은 전국적 범위에서 조직화되었을 때 더욱 강력한 힘을 발휘할 것이다. 그러기 위해서는 여성 운동조직에 참여하지 않은 많은 여성자원을 조직화할 수 있는 새롭고 효율적인 전략을 구상하여야 할 것이다.

다섯째, 여성의 차별이 남성의 우월적 지위를 상대적으로 보장하는 것이 아니라 사회적 비효율과 부도덕으로 이행되고 이는 반인륜적 문화라는 점을 여성은 물론 남성들을 위한 사회화 과정에 적실하게 반영되도록 언론 및 문화 매체의 협력을 확보해 나아가야 할 것이다.

이 같은 방향에서 범 여성운동이 전개될 때 복합적인 문제 상황에 처해 있는 한국의 여성문제가 근본적으로 해소되고 여성이라는 이유로 차별을 당하지 않고 하나의 가치 있는 인간으로서의 정체성을 확보하게 될 것이다.

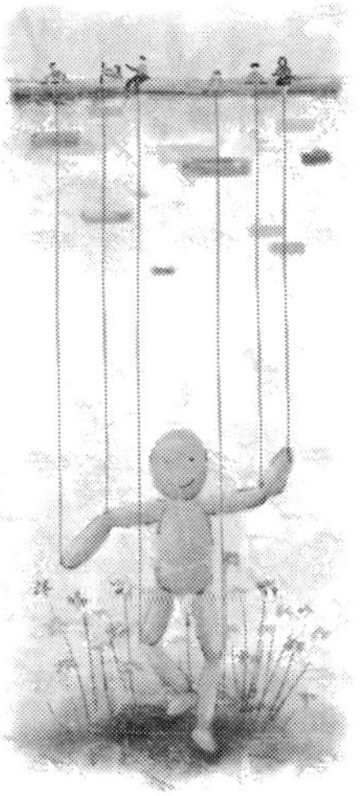

환경과 정치

3

I 들어가는 말

지구의 역사는 지구생명체와 그 환경 간의 상호작용의 역사라 할 수 있다. 지구의 탄생 이래 생물들이 그 환경에 미쳐온 영향은 무시할 정도인데 반하여 단 하나의 생물 종에 지나지 않는 인간이 지구전체에 미친 영향은 막대한 것으로 나타나고 있다. 지구 환경에 대한 인간의 침탈 중 가장 심각한 것은 경우에 따라서는 치명적인 유독물질들을 끊임없이 배출하여 대기와 토양 그리고 바다와 하천을 오염시켜 왔다는 것이다. 문제는 이 같은 피해를 입은 자연은 원상회복이 거의 불가능하다는 점이다.

인간과 자연과의 관계는 본래 서로 간의 순환성에 의존하는 것이다. 이 순환의 과정이 파괴될 경우 서로는 서로에 대하여 위협적인 존재가 될 수밖에 없다. 자연으로부터 인간은 과학이라는 이름을 빌어 생활에 편리하게 사용할 수 있는 많은 이기들을 만들어 낸다. 이 과정에서 특히 화학물질과 방사능은 생명의 본질마저도 위협할 만한 위력으로 우리에게 돌아온다.

지구가 직면한 환경문제의 영역은 크게 세 가지로 나눌 수 있다. 첫째는 한정된 지구자원의 고갈 문제이고, 둘째는 균형된 자연 생태계의 파괴문제이며 셋째는 이른바 공해문제이다. 이 모든 문제는 인간이 편리하고 풍족한 삶을 위하여 지구를 과소비하고 있다는 사실과 깊이 관련이 되어 있다.

Ⅱ 지구재앙의 징후군

1. 기후변화

지구를 가장 무섭게 위협하고 있는 환경의 변화현상은 기후가 예상보다 빠른 속도로 변화하고 있다는 사실이다. 이의 가장 큰 원인은 지구의 온난화이다. 이로 인하여 남극의 빙하가 10년 전에 비해 75%가 더 녹고, 해수면 상승 속도가 전에 비해 뚜렷이 빨라지고 있다는 것이다.[1] 지구의 온난화는 세계적인 악몽이며 그 주된 원인은 온실가스 배출량이 1990년대보다 무려 세 배 정도 증가하여 북극지역의 빙하가 그만큼 빠른 속도로 녹고 있음을 의미한다. 선진국들의 산업화에 이어 개발도상국들의 산업화의 가속으로 말미암아 이산화탄소 배출량이 증가하고, 이는 다시 오존층을 파괴함으로써 지표면으로 흡수된 자외선 태양열과 대기에 반사된 복사열이 지상의 온도를 크게 상승시키는 결과를 가져왔다. 이로 인하여 아시아 인구 700만 명 이상이 홍수의 위험에 노출되어 있고 유럽과 아프리카는 뎅기열과 뇌염의 위협이 증대되고, 미주 인구 1억 8천만 명 이상이 물 부족 현상을 겪고 있으며 지표면의 오존증가로 인하여 사망자가 5% 이상 증가하고 있다는 것이다.

이 밖에도 극지방의 빙하감소가 갈수록 늘어나고 있으며 해수면 상승은 물론 생태계가 교란을 일으키고 있다. 예측할 수 없는 잦은 폭우와 홍수로 말미암아 도서지방과 인구가 조밀한 해안지역에서는 해면수위의 상승으로 범람과 침수가 빈발하여 인명과 재산의 피해가 증가하는 추세이다. 이러한 현상의 주된 원인은 적도유역의 해수면 온도가 날로 상승하는 엘리뇨 현상이 있으며 남미 해안의 기후변화에 기인한 라니냐 현상에서 찾아볼 수 있다.

이러한 현상들은 다른 재앙들과 계기적으로 또는 동시에 일어남으로써 인간을 포함한 지구의 생명을 재촉하고 있다.

2. 가뭄과 사막화 현상

지구온난화는 가뭄과 사막화의 주범이기도 하며 사막화 현상은 비옥한 농지가 황무지로 변하는 과정을 포함한다. 사막화를 가속시키는 원인에는 이

---

1) *Nature Geo-science*, January, 2008 참조.

밖에도 지구의 자연녹지를 산업기지로 바꾸는 각국의 개발정책이 있으며 이뿐 아니라 축산정책과 수출작물의 재배면적의 확대, 그리고 임산자원의 과도한 벌목 등이 있다. 여러 나라에서 소나 다른 가축들을 과도하게 방목함으로써 토양이 산성화되고, 염분이 증가하며 지하수를 끌어 올려 지하수까지 고갈시키는 문제가 발생한다. 쓸 만한 땅은 다국적 기업이나 토지재벌 들이 약탈하고 수백만 명의 농부들은 버려진 땅에서 겨우 생명을 유지하고 있는 실정이다.

사막화는 세계의 모든 대륙에 걸쳐 확산되고 있다. 아프리카만 해도 사막화가 20개 국가로 확산되고 있다. 아프리카의 토양이 바람을 타고 서인도제도의 바베이도스까지 날아가 그 곳을 오염시킨다. 1968년부터 1984년에 걸쳐 사하라 남부지역 주민 25만 명이 굶어 죽었는데, 이들은 모두 자연에 대한 인간의 도발결과로 인하여 희생된 사람들이다.[2)]

이와 같은 인간의 자연에 대한 과소비로 아프리카에서만 20여 개 국가로 사막화가 확산되고 있으며 모래먼지는 대서양을 횡단하여 이웃 유럽에까지 피해를 주고 있다. 사막화의 가장 큰 피해지역 가운데 하나는 한반도일 것이다. 이웃나라 중국의 사막화 지역은 눈에 보일 정도로 확산되어 동남진하고 있어 황사피해는 한반도를 비롯하여 일본열도를 거쳐 멀리 태평양 건너 미국 서부에까지 미치고 있다. 사막화의 피해는 공해에서 그치는 것이 아니라 일차적으로는 인간사회의 굶주림으로 나타난다. 1968년부터 1973년, 그리고 1982년에서 1984년 사이의 가뭄 때 사하라남부에서 25만 명이 굶어죽었는데, 이들은 모두 자연에 대한 인간의 도발로 인한 희생자이다.

3. 산성비

산성비는 공해의 직접적인 결과라 할 수 있다. 대기 중의 각종 유해가스와

2) 제레미 리프킨, *Biosphere Politics*, 이정배 역, 『생명권 정치학』, 대화출판사, 1999, p. 127.

중금속이 먼지에 싸여 비산하다가 빗물에 섞여 내려오는 현상인데 직접적으로는 인간의 눈과 피부를 자극하여 각종 질환이나 알레르기 질환을 일으킨다. 이러한 유해 중금속은 먹이사슬을 통하여 장기간에 걸쳐 농작물과 물고기 등에 축적되어 인체에 흡수된다. 산성비의 직접적인 폐해는 주로 하천과 호수에 유입됨으로써 발생된다. 우선 하천과 호수를 산성화시킴으로써 그 안에 서식하는 각종 담수어를 죽이게 된다. 물속의 알루미늄 농도가 0.2ppm만 되어도 물고기는 호흡장애를 일으켜 죽게 된다는 것이다. 호수가 산성화 되면 플랑크톤을 비롯한 수조류와 각종 수생식물의 생태조건을 악화시킨다.

토양은 산성화에 가장 취약하다. 산성비의 영향으로 토양의 산도가 PH5 이하가 되면 산성화로 인하여 독성이 생겨 식물의 뿌리를 마르게 할 뿐만 아니라 토양이 함유하고 있는 철분, 카드뮴, 아연, 납, 망간 등의 금속성분을 녹여 이들이 물속으로 스며들어가면 수중생태계를 파괴하게 되는 것이다.

호수가 많은 북유럽과 북미지역 국가들에서 산성비의 폐해가 많이 보고되고 있다. 특히 스웨덴에서는 2만 1,500여 개의 호수가 산성비의 영향을 받고 있고, 노르웨이는 2,600여 개의 호수에서 물고기가 죽어가고 있으며 캐나다의 경우도 4,000여 개의 호수가 이미 그 생명을 잃어가고 있다. 산성비는 산업화가 진행되고 있는 개발도상국의 경우처럼 대기오염이 심각한 지역에서는 이미 환경상의 재해로 굳어진지 오래다.

4. 환경난민의 증가

오늘날 무분별한 개발정책과 환경파괴로 인하여 초래된 지구 온난화는 도처에서 홍수와 범람을 몰고 오는 한 편, 사용가능한 땅의 사막화 현상은 후진국에 살고 있는 13억 이상의 인구를 극빈과 굶주림으로 내몰고 있다. 최근의 상황을 보면 아메리카 대륙의 북반구는 고온현상으로 인명과 가축의 피해가 속출하는 반면, 남반구는 때 아닌 혹한과 폭설로 극심한 피해에 시달리고 있다. 특히 노약자와 어린이들의 사망률이 높은데 그 원인은 물 부족과 영양실조에 있다는 것이다. 이처럼 자연재해를 피하여 무작정 도시지역으로 몰려드는 사람들을 환경 난민이라 한다. 이들은 주로 도시의 빈민가로 찾아들지만 정부의 빈약한 구호사업만으로는 생존의 조건이 유지되기 어려워 도시의 쓰레기 더미를 뒤지며 연명하는 사람들이 날로 증가하고 있는 실정이다. 아프리카의 사하라 사막 이남과 인도의 편잡 지역, 멕시코시티의 거리, 로스앤젤리스의 히스페닉 거주지역 등을 비롯하여 세계도처에서 이런 난민 유입의 현상을 볼 수 있다.

5. 자원전쟁의 위험성

근대 민족국가는 지구의 자연 공유지에 경계를 설정하고, 이를 더욱 확장해 나아가기 위하여 시장과 군사력의 결합된 힘에 의존해왔다. 역사적으로 땅은 자연의 모체로서 인간에게 성스럽고 경외로운 존재였다. 인간은 땅을 성역화 하여 그 스스로 땅에 귀속되어 살아왔으나 산업화에 이은 상업화 단계를 거치면서 이제 땅은 사람에게 귀속되기에 이르렀다. 마침내 모든 지리적 공간은 경제적 자원으로 변하여 인간이윤을 발생하는 도구로서 착취의 대상이 되었다. 특히 제국주의의 산물이라고 할 수 있는 지정학의 성립과 함께 땅은 전략적 자원으로 간주되기 시작한다. 지정학은 모든 자연을 전략적 가치를 중심으로 선박의 운항 가능성, 부동항 여부, 산악지형의 장애 유무, 우기를 포함한 기후 조건과 광물 매장량 등으로 구분지었다. 현대전에서는 무기와 전투의 기계화, 자동화로 지하자원은 전략적 요충 못지않게 그 중요성이 인정된다. 강대국들은 원유 매장량이 풍부한 지역에 대한 영향력과 접근권 및 통제권을 확보하기 위하여 제2차 세계대전 이후 중동지역에 군사 주둔지를 확보하거나 외교적 영향력을 가지려는 노력을 집중하였다. 원유의 확보는 이제 더 이상 단순한 지하자원의 수준을 넘어 가장 중요한 전략적 자원이 되

고 있다.[3]

세계의 모든 나라는 군사적 충돌을 하지 않는 기간에도 보이지 않는 분쟁에 가담하고 있다고 볼 수 있다. 선진국들은 자국민의 문명생활을 유지하기 위해서, 그리고 후진국들은 생존 조건을 개선하기 위해서 그들의 물질적 조건을 끊임없이 향상시키려는 욕망에 사로잡혀 있다. 공업화의 필수 에너지 자원인 석유를 비롯하여 각종 원자재의 수요가 급증하면서 물량확보를 위한 각국의 에너지 외교는 긴박한 상황에 놓여 있다. 여기에 국제 투기세력들이 에너지 가격을 조작하고 있기 때문에 세계의 자원시장의 동향을 파악하기는 결코 쉽지 않은 것이다.

세계 인구의 5%밖에 안 되는 미국은 지구 안의 천연자원의 30%를 소비하고 있다. 중국이 산업화에 박차를 가하면서 세계의 에너지 수요는 가파른 상승세를 보이고 있다. 인구가 많은 후발 산업국인 인도도 예외는 아니다. 이미 미국과 중국은 에너지 자원의 충분한 물량 확보를 위하여 도처에서 경합하고 있다. 이라크와 중앙아시아지역 그리고 아프리카 등 분쟁지역마다 미국과 중국의 군사 외교 전략이 충돌위기에 놓여 있는 것이다.

화석에너지와 각종 지하자원 외에도 물자원의 수요가 늘어가는 상황에서 물 부족을 인식하는 많은 나라들은 이해 당사국들과의 물 분쟁이 외교문제로 비화되고 있는 것도 현실이다. 물 부족은 한 국가 안에서도 지역 간 분쟁의 한 요인이 되기도 한다. 우리나라도 예외는 아니다. 용담 땜의 물 가두기가 시작되었을 때 전북지역과 대전광역시 간의 댐 수위 유지 수준을 놓고 심각한 지역대립이 발생하였으며 낙동강 수질문제가 발생할 때마다 상류지역과 하류지역 자치단체들 간의 갈등이 발생하는 것을 볼 수 있다.

---

3) 1980년 미국의 카터 대통령은 외부세력이 페르샤만 지역에 통제권을 잡으려고 기도하는 모든 행위는 미 합중국의 중대한 이권에 대한 도발로 간주할 것이며 그러한 도발은 군사력을 포함한 필요한 어떤 수단을 동원하여 격퇴할 것임을 천명한 바 있다(Alexander A. Arvatov, "Oil as a Factor in Strategic Policy and Action : Past and Present", in Westing, ed., *Global Reserves and International Conflict*, p. 26).

이 밖에도 곡물과 임산자원, 어족자원의 수요가 증가하면서 세계는 자원전쟁의 가능성을 더욱 실감하지 않을 수 없다. 이러한 문제는 인류사회가 선진국형의 라이프스타일을 지속하거나 모방하려 드는 한 재앙을 앞당기는 결과를 초래하게 될 것이다.

6. 생물 다양성의 위기

지구는 다양한 생물자원들로 풍요를 누려 왔다. 이들은 인간의 남획과 환경오염으로 인한 기후변화 등으로 말미암아 큰 위협을 받고 있다. 예를 들어 인도네시아의 산호초지대는 수천 종의 해양생물조의 온상으로 알려져 있는데 그 가운데 86%는 어족 남획, 토사축적 그리고 해수오염 등 극심한 훼손의 위기를 맞고 있다는 것이다. 현재 세계의 생물종은 하루에도 상당수가 멸종되고 있다는 보고가 있다. 이는 지구 생태계를 위협하는 산업문명화의 결과이며 인간의 포획과 방심에서 기인되는 문제이다.

생물 다양성이 훼손되는 원인에는 여러 가지가 있으나 인간의 마구잡이 개발로 인한 생태계의 파괴가 제일 큰 문제이고 그 뒤를 이어 대기, 수질 오염 등의 공해문제이며 상품의 수출·입 과정에서 발생하는 외래종의 밀반입도 한 예가 될 것이다. 이들은 토종 생태계의 순환 고리를 깨고 생태 균형을 훼손시키는 주범이 되기도 한다.

7. 환경 호르몬의 재앙

제2차 세계대전은 인류사회의 이른바 '화학혁명'의 전기가 되었다. 원래는 군사작전에 쓰일 화학무기의 개발이 목적이었으나 축적된 기술이 전후의 산업화 과정에서 농약개발 등으로 활용되기 시작하였다. DDT 개발을 시작으로 하여 수많은 종류의 농약들이 제조되어 농산물의 대량생산을 가능하게 하였다. 다이앤 듀마노스키는 『도둑맞은 미래』라는 책을 통하여 오늘날 인류가 직면해 있는 환경호르몬에 대한 재앙을 경고하고 있다. 문제는 지구환경에 투여된 맹독성의 농약 등 화학물질이 토양, 대기 및 수질을 오염시키고 일부는 잔류농약으로 식품을 통하여 인간의 체내에 흡수된다는 것이다. 이러한 환경호르몬은 농약 외에도 PCB, 다이옥신 등의 비분해성 물질로 분류되는데, 이들 성분은 인체 내의 지방을 비롯하여 임산부의 자궁 속 양수, 모유 등에서도 발견되고 있으며 각종 플라스틱 용기, 합성세제, 화장품, 장난감, 컴퓨터 그리고 곰, 고래 등의 동물과 정원의 흙 등 무려 140여 종 이상의 환경호르몬이 밝혀진 바 있고 그 수효는 계속 증가되고 있다. DDT, PCB 등 12가지의 난분해성 물질은 제조금지 협정이 채택되어 있지만 사실상 미국은 7만 2천 종의 합성 화학물질을 판매하고 있으며 매년 2,400여 종이 새로이 추가되고 있는 실정이다. 이렇게 많은 추가 품목 가운데 단지 15개만 그 안정성이 평가되고 있다. 화학물질에 관해서는 제4절에서 보다 상세하게 논의하기로 한다.

8. 약물 오남용

페니실린의 발명을 계기로 인간의 수명은 의약기술의 발달에 의하여 갈수록 연장되기 시작한다. 이와 함께 약물 오남용으로 빚어지는 건강의 치명적인 손상과 특히 항생제의 남용에서 오는 내성의 증대는 인류사회의 건강문제에 새로운 파장을 일으키고 있다. 그 결과 오늘날 인간의 생리적 수명은 연장되고 있으나 건강수명은 길지 않기 때문에 노년기의 삶의 질이 위협받고 있다는 것이다. 특히 세계보건기구에 따르면 우리 국민의 항생제 내성률은 세계에서 가장 높게 나타날 만큼 심각한 상태이다. 이는 의료 관계자들의 진료행위에 일차적 잘못이 있지만 항생제 문제에 대한 국민들의 인식에도 문제가 있는 것이다. 더욱이 축산 농가와 양식어업 종사자자들이 사료에 섞어 먹이는 과다한 항생제의 투여로 인하여 소비자들의 간접적 피해도 경계해야할 일이다. 항생제 내성이 커지면 커질수록 치유효과는 그만큼 낮아질 것이고 내성이 강한 각종 변종 바이러스의 출현 시 효율적인 대책의 폭이 좁아질 것이기 때문이다.

Ⅲ 기후변화와 그 결과

1. 지구온난화의 징후

1970년대 후반에 들어 과학자들은 지구의 온실효과에 관심을 가지고 연구하기 시작한다. 21세기 후반에 이르면 20세기 후반에 비하여 지구온도는 화씨 4~9도 정도 상승할 것이라는 예측치가 나올 만큼 온난화의 문제는 이제 구체적인 현안으로 자리잡아가고 있다. 이런 현상은 지구의 온대 계절풍지대를 아열대 내지는 열대지역으로 변화시킴으로써 일차적으로 농장지대가 가뭄으로 타격을 입게 되고, 그 중 일부지역은 완전한 사막화 현상을 보이게 될 것이다. 이 경우 농산물 생산량은 급격히 저하되어 경제전반에 심각한 피해를 가져올 것이다. 앞에서도 살펴본 바와 같이 지구 온난화는 극지방을 포함한 고산지대의 빙하와 만년설이 녹아내리고 극지방의 빙하가 녹으면서 해수면의 급격한 상승으로 인하여 세계도처의 해안 저지대가 침수되고 도서지방은 바다 밑으로 가라앉게 될 것이다. 기존의 항만시설도 파괴되어 기능을 상실하게 될 것이다. 더 큰 재앙은 적도 근해의 해수면 온도상승으로 태풍의 발생회수도 증가하고 초대형의 태풍을 맞게 될 것이 예상된다. 태풍피해 예상지역은 수증기의 지속적 발생으로 홍수가 겹칠 수 있으므로 모든 산업시설, 주택, 농산물과 교통 및 통신시설과 나아가서는 가축 등을 포함한 모든 인명과 재산상의 큰 손실이 예상되기도 한다. 뿐만 아니라 해수면의 상승으로 하천과 호수의 담수가 소금물로 오염되어 식수난을 동반하게 될 것이다.

온난화는 지구역사에 있어 오랜 기간 동안 익숙해 온 기후대를 변화시키고 있다. 전통적인 강우지역에 비가 오지 않고 어느 한 곳에 집중호우가 내림으로써 저수지나 호수는 사막화되고 건조지역이 습지가 될 수도 있다는 이야기다. 강우대의 변화는 댐과 관개시스템의 전면적인 재정비를 의미하는 것이며 이는 국가재정에 큰 부담이 될 것이다.

오늘날 제3세계를 비롯한 많은 나라들에서 수출주도형의 농업이 정착되어 가고 있다. 이 경우 큰 비중의 농업이 수출작물의 대량재배에 의존하고 있으므로 관개시설 유지에 소요되는 영농비용은 매우 크다. 대부분의 국립공원이나 삼림지대의 수목들은 온난화 지도의 변화속도에 따라 쉽게 이동할 수 없다는 문제가 있다. 사람들과 더불어 친화성이 인정되어 온 수많은 다양한 식물과 곤충, 미생물 그리고 야생동물 들에게 기후변화는 그들의 생존에 치명적인 위험 요인이 될 것이다.

인간의 경제활동은 생태계와의 유기적 관계를 떠나서는 생각되기 어려운 문제이다. 기후변화라는 환경적 변수는 세계 시장경제에 적지 않은 먹구름을 드리울 것은 더욱 분명해진다. 온난화로 인한 지구 환경의 위기현상 가운데 가장 가공할 것은 오존층의 파괴이다. 오존은 지구상의 생명체를 위협하는 엄청난 양의 자외선을 막아주는 방탄복의 역할을 하는 존재이기 때문이다. 과학자들은 1985년 남극 위 오존층의 50%가, 1987년에는 60%가 파괴되었다고 기록하고 있다.

오존층 파괴가 지구적인 재앙이 되는 이유는 오존의 감소가 지표면에 도달하는 자외선의 양에 영향을 미치기 때문이다. 자외선은 장파장 자외선(UV-A), 중파장 자외선(UV-B), 단파장 자외선(UV-C)로 구분되는데 이 가운데 생명체에 가장 해로운 것은 단파장 자외선이다. 다만 이것은 대기층의 오존, 산소, 질소 등의 물질에 의하여 완전히 흡수되기 때문에 지표면에 도달하지 못한다. 장파장 자외선은 오존에 의하여 흡수되지 않으므로 지표면에 그대로 도달하지만 생명체에 유해하지 않아서 우려의 대상이 안 되는 것으로 알려져 있다.

그러나 생명체에 유해한 중파장 자외선은 오존층에 의해서 완전히 흡수되지는 않기 때문에 일부가 지표면에 이르게 된다. 이때 성층권의 오존량이 감소하면 중파장 자외선이 지표에 도달하는 양이 증가하기 때문에 인간을 포함한 생명체가 위험에 노출되게 된다.

태양 자외선에 과다하게 노출될 경우 인간에게는 피부암을 비롯하여 백내장 발생의 가능성을 높이고, 면역성의 감퇴를 초래하며 가축에게는 성장장애를, 농작물에 대해서는 수확이 격감되는가 하면 플랑크톤을 비롯한 수중생물의 생태변화에도 큰 영향을 미지게 된다.

미 항공우주국은 2050년에 이르면 세계 오존층의 10%가 소실될 것으로 전망하며 환경보호국은 그러한 추세라면 매년 200만 명의 피부암 환자를 발생시킬 것이라고 경고한다. 자외선의 증가는 면역체계의 손상을 가져오기 때문에 기존의 전염병으로부터의 위협에도 항시 노출되어 있는 셈이 된다. 자외선 복사열이 증가하면 인간뿐만 아니라 동물들의 생명에도 영향을 주는데, 검사대상의 3분의 2에 해당하는 종의 조직과 세포가 손실되었다고 알려져 있다. 예상되는 자외선 복사열의 증가로 인하여 엄청난 양의 농작물의 피해가 따를 것이며, 해양 먹이사슬의 맨 아래에 있는 플랑크톤의 광합성과 대사 작용에 영향을 미쳐 세계의 해양 생물체계 전반에 심각한 타격이 예상되기도 한다. 이처럼 근대적 인간은 과학기술이라는 무기로 자기들의 삶의 유일한 터전인 지구의 온난화와 오존층의 파괴를 조장함으로써 돌이킬 수 없는 재앙을 자초하고 있는 것이다.

2. 온난화의 주원인

근대인의 삶의 최대 목표는 지구자원을 사유화하고, 상품화시키며 소비함으로써 물질적 풍요를 누리는 것이라고 할 수 있다. 이러한 과정에는 막대한 에너지가 투입되고, 다양한 상품의 생산과 유통을 위하여 산업가스의 끊임없는 배출이 수반되지 않을 수 없는 것이다.

1) 이산화탄소

산업시대는 막대한 양의 석유, 석탄, 기름 그리고 천연가스가 기계를 돌리기 위하여 연소되었다. 이 과정에서 발생하는 이산화탄소는 지구의 온도를 놀랄 정도로 상승시킬 것이다. 온실가스 증가량 가운데서 약 50%는 인간이 지구공유지를 얼마나 철저히 파괴하는가를 우리에게 보여주는 사례가 되고 있다. 온실가스 증가량의 50%는 화석연료가 주범이며 여기서 배출되는 이산화탄소는 기후변화의 주요인이다. 배출되는 이산화탄소는 국가별 산업구조와 생활수준에 따라서 차이가 있는데, 중국의 예처럼 산업시설의 배출율이 높은 나라가 있는가 하면 미국은 배출되는 이산화탄소의 약 16%는 가정에서 난방과 조명 및 기타의 전기제품을 사용하는 데서 발생된다. 자동차 등의 도로 교통수단과 기차 및 비행기 등의 화물과 승객의 운반수단은 미국 내 총 탄소 배출량의 38% 이상을 차지한다.

미국 내에서 군대가 차지하는 에너지 소비량은 막대하다. 연방정부 에너지 소비량의 80% 이상이 군비 유지에 쓰인다. 방위산업체를 합하면 미군이 소비하는 에너지는 전체의 6%를 차지하는 수준이다.

한편 기계화된 농업은 미국 내에서 12%의 에너지 소비율을 보인다. 다른 선진국들의 경우도 이와 큰 차이가 없다. 기계화 농업은 화석에너지에 대한 의존도가 높아 그만큼 공해배출을 증가시키게 된다. 각종의 농기계와 관개시설 운영에 필요한 에너지 비용이 높으며 여기에 석유화학 비료와 각종 농약 등을 포함하면 그 비율은 한층 더 높아진다. 지구 인구에게 필수적인 식량과 육축을 기르는데 들어가는 에너지는 사실상 얼마 안 된다. 오히려 식품을 가공처리하고 포장하며 창고시설에 보관 관리하고 운송하는데 들어가는 부대 에너지 비용이 대부분을 차지한다고 볼 때 시장지향적인 상업주의에 기초한 농사 방법은 지구환경에 큰 피해를 입히는 수단이라는데 주목해야 할 것이다.

2) 메탄가스

메탄가스도 온실가스로서의 영향이 큰 요소이다. 유기물질의 분해과정에 작용하는 박테리아는 메탄가스 방출의 주범이다. 메탄가스는 주로 늪지대나 벼를 재배하는 논과 해안지대에서 생성되며 소를 비롯한 가축들과 흰개미가 메탄방출의 주범으로 알려져 왔다. 여러 가지 이유에서 삼림벌채가 늘어가고 있는 실정을 감안하면 흰개미의 증식을 막기는 매우 어려워 보인다. 소는 대기 중의 메탄 농축의 중심에 있다. 소 한 마리가 하루 평균 400리터의 메탄가스를 배출한다는 통계를 바탕으로 지구상의 10억 마리의 소가 매년 5,430만 톤의 메탄가스를 방출한다. 선진국의 부유층 소비자들이 좋아하는 육우를 생산, 공급하기 위하여 많은 지구상의 인구가 피부암을 비롯하여 각종 질병의 감염위험에 노출되어 있다는 현실을 우리는 깊이 인식해야 할 것이다.

3) 기 타

비록 공해요인으로서 그 비중은 크지 않지만 결코 무시할 수 없는 것들에는 클로로플루오르카본(CFCs)과 일산화탄소 등이 있으며 이들도 지구 온난화에 상당한 원인을 제공하는 성분들이다. 이들은 냉장고와 각종 에어컨에서 배출되며 수없이 쏟아져 나오는 일회용 음식류의 용기들도 CFCs 가스를 대기 중에 배출하는 것들이다. 이 밖에도 인체의 호흡기 질환을 일으키는 아황산가스, 이산화질소와 탄화수소가 있고, 신경염을 유발하는 납 성분 등이 대기 오염물질로 지목되고 있다.

이들은 대부분 환경 호르몬으로 분류되고 있는데, 이들이 몸 안에 축적되고 화학적 합성이 체내에서 이루어질 경우 그 피해는 다양한 질환으로 나타날 수 있다. 최근의 의약계에서 보고되는 수많은 신종 증후군은 지구의 환경위기와 관련되어 있음을 알게 된다.

Ⅳ 화학물질과 지구 생태계의 위기

1. 화학물질 생산의 배경과 구조

현재 지구상에 존재하는 생명체가 만들어지는 데는 수억 년이라는 시간이 걸렸다. 이러한 생명체가 주변 환경의 변화에 적응하여 적절한 균형 상태에 도달하는 데도 수천 년의 시간이 필요했다는 것이다. 그러나 20세기에 들어 단 하나의 생물종인 인간만이 자신이 속한 세계의 본성을 바꿀 수 있는 놀라운 힘을 갖게 된다. 이 때문에 자연 생태계가 변화에 적응할 시간의 여유를 갖지 못한 채 인간의 무절제한 공격 앞에 파괴당하는 위기에 직면해 있다. 자연의 생명체가 적응해야 할 대상은 자연계 자체에 존재하는 방사능이나 각종 광물성의 유해요소가 있다. 그러나 가장 해로운 것은 인간들이 자기목적을 위하여 실험실을 통하여 고안해 내고 공장에서 만들어 쏟아내는 무수한 합성 물질들이다. 이러한 화학물질이 개선되거나 인체가 그에 적응하려면 그 성질에 따라 다르지만 대부분의 경우 오랜 시간이 소요되는데 문제는 인간의 무한한 욕망이 이를 기다려 주지 않는다는 데 있다. 끊임없이 생산되어 나오는 편리해 보이는 제품들 속에 들어 있는 새로운 화학물질로 인하여 지구의 생명체들은 크게 위협당하고 있으며 매년 여러 종의 생명체들이 자취를 감추고 있다.[4)]

이러한 새로운 화학물질들 가운데는 인간이 자신의 생존을 위협하는 생물종을 대상으로 만들어진 것도 많다. 1940년대 이후 이른바 해충이라고 지목된 각종 곤충, 설치류, 잡초와 그 밖의 유기체들을 제거하기 위하여 200여 종의 기본적인 화학물질이 제조되었다. 농산물에 유해한 해충을 구제하기 위해

---

4) 화학물질의 위해성에 관하여는 Rachel L. Carson, *Silent Spring*, 김은령 역, 『침묵의 봄』(서울: 에코 리브르, 1984) 및 *A Survey of Extent and Cost of Weed Control and Specific Weed Problems*. (U.S. Dept. of Agric. ARS 34-23, March 1962) 참조.

만들어진 맹독성의 농약은 말할 것도 없이 생활 주변에서 편리하게 사용하는 스프레이, 에어로졸, 분말형태의 화학물질들은 농장에서는 물론 가정에서도 널리 사용되고 있는 것들이다. 이런 독성 물질은 해충만을 골라 죽이는 것이 아니라 모든 생명체에 치명적이라는데 문제가 있다. 인조 화학물질의 위험성이 얼마나 심각한 것인가에 대해서는 다음 장에서 보다 상세히 논의할 기회가 있을 것이다.

이러한 문제점에도 불구하고 오늘날 대다수의 국가에서 이 같은 독성 물질을 계속 생산하고 또 사용하는 것인가? 첫째의 목적은 식량의 증산에 있다. 빈곤국의 경우는 식량 부족을 해결한다는 이유 외에도 식량자원을 외화획득을 위한 환금작물로 대체하려는 경제성장의 욕구에서 식량, 특히 특수작물 재배를 주목표로 하고 있다. 한편, 선진 부국에서는 세계적으로 시장 수요가 큰 농산물 수출과 함께 축산물의 대량생산을 위한 사료로서 방대한 양의 곡물재배의 필요성에서 그 근거를 찾을 것이다. 그 어느 쪽이든 단위 면적당 농산물 생산량을 최대화하기 위해서는 화학비료, 성장 촉진제, 농약 등 화학약품의 사용이 불가피하다는 것이다. 그러나 이런 주장에는 타당성이 의문시되는 문제가 있다.

첫째, 단일 품종의 대량 재배가 문제이다. 전통적 농업의 시대에는 해충의 문제가 그다지 심각한 정도는 아니었다. 곤충문제가 심각해지기 시작한 것은 농업의 대량 생산화가 시작된 시점이다. 즉 방대한 농지에 수출 작물을 생산할 목적에서 단일 작물을 재배하기 때문이다. 자연계는 다양성의 법칙에서 서로 품종 간에 견제와 균형을 통하여 강한 생명력을 갖게 되지만 단일 작물은 그러지 못하기 때문에 면역력이 약화되어 병충해에 약하다는 것이다. 또한 일부 지역에서 병이 발생하면 순식간에 확산될 가능성이 크다. 또한 생산자 입장에서는 상품 가치가 높은 농산물이 가격 경쟁에서 유리하다는 현실에서 필요 이상으로 독성이 강한 화학물질을 보다 자주 사용하는 것도 문제가 된다.

둘째, 생물종의 지역적 확산이다. 국제적인 교역과 교류의 폭이 날로 증대되는 오늘의 추세에서 볼 때 생물종이 한 지역에서 다른 지역으로 퍼져 나가는 것은 피할 수 없는 현상일 것이다. 농산물의 교역과정에서 그리고 각종 식물을 포함한 목재류의 국제적인 반·출입 과정에서 곤충을 포함한 각종 동물도 따라 옮겨지기 마련이다. 미국 연방정부 산하의 식물 수입국은 전 세계로부터 20만여 종의 식물을 들여왔다. 이 과정에서 90여 종 이상의 해충이 들어 온 것으로 보고되고 있다. 이런 해충은 원래 살던 지역에서는 천적에 의하여 적절히 통제되었지만 천적이 없는 새로운 환경에서는 그 수가 짧은 시간 안에 급격히 늘어날 수 있는 것이다. 정부와 생산 농가는 가장 효과적인 해충 방제수단에 의존하게 되고 그것이 맹독성 화학물질이라는 결론에 합의하는 데는 긴 시간을 필요로 하지 않는다는 것이다.

셋째, 효과적인 대책수립이 어렵다는 것이다. 현실적인 모든 조건을 감안할 때 화학물질의 사용 자체를 부정한다는 것은 거의 불가능하다. 원시적 농업시대로 돌아가는 것이 어렵기 때문일 것이다. 그러기 위해서는 모든 사회가 식량의 자급자족이 가능할 만큼 기본적인 농지 확보가 균등하게 보장되어야 한다는 선결 과제가 전제되어야 하기 때문이다. 후술되겠지만 현재로서는 친환경 농법이 가능한 대안으로 떠올라 있는 정도이다. 해충을 물리칠 수 있는 방법으로 화학물질을 포기하기는 쉽지 않은 것이 현실로 인식되고 있는 이유가 가장 큰 장애라 할 수 있다.

이미 시장 자본주의의 구조에 깊이 편입되어버린 곤충학자와 식량 생산농가, 곡물 메이저를 포함한 거대한 식량 자본 그리고 정부는 식량 생산체계의 운영에 대한 기본적 합의구조를 가지고 있기 때문에 기존의 이익구조를 능가하는 어떤 대안에도 합의하기가 어려울 것이라는 점이다. 이처럼 이윤을 향한 투자의욕으로 넘치는 자본의 지원에 힘입어 해충 방제를 주장하는 곤충학자들은 전문성을 내세워 살충제 사용의 불가피성을 주장하게 되고, 이를 내세워 농산 정책을 추진하려는 정부의 이해관계가 맞아 떨어져 시민의 안전과 생태계의 보전을 강조하는 환경 전문가나 시민의 목소리는 힘을 쓸 수 없게 되기 때문이다. 더 큰 문제는 물과 토양, 인간과 자연 생태계에 대한 화학물질의 폐해 문제가 종합적으로 체계적으로 이루어지지 않았다는 점이다. 이해득실은 자기 나라의 이해관계에 따라서 결정되는 것이기 때문이다.

2. 살충제의 위험성

인류사회가 화학물질을 사용한지 20여 년이 되지도 않은 시점에서부터 유기합성 살충제는 생물계와 무생물계를 가리지 않고 깊이 파고들기 시작했다. 하나의 종류가 연구 개발되어 그 효과성이 일단 인정되면 전반적인 생태계에 미칠 수 있는 해악의 가능성은 고려해 볼 여유도 없이 바로 시판되어 사용되는 것이 오늘의 현실이다. 이러한 상황에서 화학물질은 계속적으로 새로운 것과 새로운 사용법이 나오게 되어 오늘날 세계 도처에서 가공할 만한 맹독성의 농약을 쉽게 발견할 수 있다. 살충제는 크게 두 개의 계열 그룹으로 나눌 수 있다. 하나는 DDT로 대표되는 염화탄화수소 계열이고, 다른 하나는 말라티온과 파라티온으로 대표되는 유기인산 계열이다.[5)]

실제로 DDT는 지용성 화학물질로 일단 지방성분에 녹으면 상당한 독성을 발휘하는 것이다. 보통 호흡기나 소화기관을 통하여 인체에 들어오는 이 물질은 부신, 고환, 갑상선 등 지방이 많은 기관, 특히 간과 신장에 축적되어 손상시키는 것으로 알려져 있다. 이 물질은 적은 양이 들어와도 체내의 지방이 증폭역할을 하기 때문에 결과적으로는 100배 이상의 양으로 늘어나게 된다. 일단 인체에 들어오면 간세포 조직을 분해하거나 세포의 괴저를 유발하기 때문에 매우 치명적인 물질로 분류되어 있다.

유의해야 할 것은 이와 같은 살충제들의 성분이 먹이사슬을 통하여 다른 생물체로 옮겨지면서 연쇄적인 피해의 순환체계를 만든다는 점이다. 뿐만 아

5) 위의 책, p. 49.

니라 이 같은 독성 화학물질은 모체를 통하여 후대의 유전자에도 영향을 미친다. 모유를 먹고 자란 아이의 체내에서 미량이지만 환경 호르몬이 검출된 것이 이를 입증한다. 임신부의 자궁 내 양수에서도 환경 호르몬이 검출된다는 것은 태아가 모태에 있을 때부터 이미 화학물질에 노출되어 있다는 것을 의미한다. 태아는 아직 면역력이 약하고 세포조직 자체가 매우 섬세하고 민감하기 때문에 성인에 비해 독극물로 인한 피해를 쉽게 입을 수 있다.

염화탄화 계열의 클로르덴은 살충제 가운데 가장 독성이 강한 물질로 토양과 음식을 비롯하여 살포된 물체에 오랜 기간 그 독성이 남아있는 성질을 갖고 있다. 또한 휘발성으로 호흡기나 음식물과 함께 소화기관을 통하여 체내에 흡수되는 등 다양한 통로로 인체에 들어오는데, 이 물질도 일단 체내에 들어와 지방질에 축적될 경우 그 양이 30배 이상으로 증폭되는 효과가 발생하기 때문에 취급에 극히 주의하지 않으면 안 된다.

이 밖에도 수많은 독성물질이 현대인들의 생활 스타일 안에서 생명과 건강을 위협하고 있다. 의약품에는 어느 정도 적응이 되어 상식선에서 대처하는 경우가 있지만 화학 물질이나 그 합성과정의 성질에 대하여는 알 수 없는 영역이므로 시대적 담론으로 접근하여 정책적 대응을 해야 할 일이다.

3. 식생활 속의 독극물질

인간의 생명을 위협하는 독성물질 가운데는 유기인산 계열의 물질이 있다. 이런 물질을 살충제로 뿌리다 중독되거나 대기를 부유하는 에어로졸에 노출될 경우, 또는 살충제가 뿌려진 용기를 손으로 직접 접촉할 경우 특히 위험하다. 세계 도처에서 이 계열의 살충제인 파라티온을 접촉한 어린이들이 많이 희생되고 있다는 것은 이 물질이 면역력이 약한 인체에 얼마나 치명적이며 동시에 광범하게 사용되는지를 알 수 있게 한다. 파라티온은 살포한지 16일에서 19일 정도까지 잔류량이 있기 때문에 현장의 농민이나 노동자들에게도 치명적일 수 있지만 소비시장에 직송되어 싱싱한 채소와 과일을 선호하는 소비자들의 건강에도 매우 위험한 것이다. 그러한 이유에서 식용작물에는 사용이 금지되어 있지만 재배자나 상인들은 자기 상품의 경제적 가치를 높이려는 유혹을 떨치기 어렵다는 점을 경계해야 한다.

서로 다른 유기인산 계열의 살충제를 동시에 섞어 사용할 경우 심각한 중독현상을 보일 수 있고 그 독성이 수십 배로 증폭되어 치명적이라는 것이다.[6] 이 때문에 살충제를 혼합할 경우의 위험성이 무엇인가에 관하여 많은 연구가 진행되고 있다. 예를 들면, 샐러드를 만들기 위하여 여러 종의 채소를 섞다 보면 각 채소별로 살포된 유기 인산계열의 다른 약재들이 섞일 가능성이 있다. 따라서 채소 하나하나의 살충제 잔류량은 법적 허용치 안에 들어도 이것들이 합쳐질 경우 합산 총량보다 때로는 수백 배 그 이상의 강한 독성으로 증폭될 수 있기 때문에 매우 위험한 독약을 섭취하는 결과가 될 수 있다.

특히 침투성 살충제는 작물의 씨앗을 그 용액에 담그거나 탄소와 결합시킨 후 살포하면 싹튼 식물에 작용하여 그 식물을 먹는 해충에 독성을 입히게 되는 원리를 이용하는 것이다. 그런데 이런 씨앗을 담았던 포대를 사용한 작업자에게도 독성이 작용하여 간접적인 위해를 주는 경우가 생기기도 한다. 이 같은 농약을 꽃피기 전의 식물에 살포한 바 있는데, 그 꽃에서 채취된 벌꿀에서 독성이 발견되기도 하였다. 이것을 개나 소 등의 가축을 괴롭히는 벼룩 등의 해충을 방제하기 위하여 대규모의 목장에서 사용되기도 하는데 해당 가축의 혈액에 침투될 경우 그 해악은 마찬가지다.

이 밖에도 원하는 식물은 보호하고 잡초만을 빠르고 쉽게 제거할 목적으로 개발된 잡초 제거제(제초제)라는 것이 있다. 이것은 원래 해로운 식물만을 제거하고 동물에게는 아무런 해가 없는 것으로 알려져 왔었는데 사실과는 다르다. 잡초 제거제는 식물뿐 아니라 동물의 조직에도 영향을 미치는 다양한 화

6) 생활주변의 독극물질의 유해성에 관하여는 위의 책, pp. 5~69 참조.

학성분을 함유하고 있는 것이다.

제초제 가운데는 인체나 동물의 조직을 통하여 각종 종양을 일으키는 위험요인이 있다는 보고가 있고, 그 중에는 돌연변이를 일으키는가 하면 유전자 변형을 초래하는 등 예상치 못하는 위험한 현상들이 알려지고 있다. 이러한 증세들이 나타나기까지 그 잠복기간이 길어서 그 원인을 규명하기 어렵거나 오해될 가능성도 있는 경우에서 보이듯 살충제라는 이름의 다양한 화학물질은 용도 못지않게 그 해악의 가능성을 여러 경로를 통하여 면밀히 검토하지 않으면 안 될 것이다.

살충제는 일차적 용도에서 오는 위해성 외에도 그 독성이 거쳐 가는 모든 경로에서 독성으로 작용한다는 사실에 주목해야 한다. 살충제는 하천을 오염시킬 뿐 아니라 땅속에 빗물을 따라 흡수됨으로써 지하수를 심각하게 오염시키는 가장 큰 원인의 하나이다. 생태계를 정복한 인간이 먹이사슬의 전 과정마다에서 만나게 되는 독극물은 무수히 많다. 화학기술이 현대문명의 중심에 있는 한 위험하지 않은 것을 찾는 노력이 부질없을지도 모른다. 인류문명의 이기들이 지금 와서 갑자기 재앙의 적으로 돌변한 것은 아니다. 다만 우리가 알고 있는 것이 전부가 아니라는 사실 앞에 겸허해야 할 때이다.

V 환경문제 발생의 근본원인

1. 인간중심의 서구적 문명관

지구의 역사는 인간의 발생사에 앞선다. 자연으로서의 지구를 처음 만난 인간 종은 경외감에 사로잡힐 수밖에 없었을 것이다. 인간에게 두려움으로 다가오는 자연 앞에서 그들은 거룩함마저 느꼈을 것이다. 범신론의 기원이 이를 말해준다. 자연의 법칙에 대한 적응으로 시작된 인간의 삶의 방식은 그들의 뛰어난 지능으로 말미암아 자연을 소비의 대상으로 만들게 된다. 자연은 결국 인간에게 있어 공생의 관계에서 지배 착취의 관계로 전락되고 만다. 산업혁명은 자연과 인간과의 관계를 크게 변화시키는 계기를 만든다. 지구는 그 안에 존재하는 모든 자원과 함께 철저히 구획화되고 상품화되는 과정을 거치게 된다. 그 결과 인간은 하나의 생물학적 종(種)에서 지배자로 군림하게 된 반면, 자연은 인간의 삶을 풍요롭게 하기 위한 상업적 교환의 대상으로 굴러 떨어지게 되었다. 문명이라는 이름아래 인간은 산업화를 일으켜 지구 생태계를 장악하고 상품화하여 시장의 흥정거리로 만듦으로써 지구환경은 날로 황폐해져 오늘에 이른다. 이는 인류문명의 선순환이 아니라 인간문명의 쇠퇴의 길로 접어들게 하고 궁극적으로는 유일한 인간의 삶의 터전인 지구를 황폐화시키는 악순환의 고리를 만들고 있다.

인간에 의한 지구자연의 이러한 황폐화 현상은 16세기로부터 19세기 사이에 나타난 서구인들의 기계론적 자연관에서 비롯됨을 알 수 있다.

이와는 달리 동양적 자연관은 인간과 천지만물은 하나라는 말로 집약될 수 있다. 그러면서도 인간은 만물의 영장이므로 "천지가 만물을 변화시키고 양육하는 것을 도울 수 있다(贊天地之化育)"는 데서 출발한다. 이러한 관점에 기초하여 "만물은 함께 양육되면서도 서로 해치지 않는다(萬物並育而不相害)"는 공존관계 내지는 공생관계라는 정신이 싹트게 되는 것이다.[7] 물론 동양인이라 해서 자연자원을 전혀 이용하지 않을 수는 없기에 이용후생(利用厚生)이나 개물성무(開物成務)라는 관점이 설득력 있게 주장되기에 이르기도 하였다.

그럼에도 불구하고 동양에서는 '이용'을 어디까지나 사물의 본성에 따르는 일이며 인간은 만물의 자연적 존재성을 이해하고, '성무', 즉 사람에게 주어진 사명을 수행할 목적에서 물질을 개발해야 한다는 근본정신이 바탕을 이루

---

7) 자연과 인간간의 관계에 대한 동양적 인식에 관하여는 위잉스(余英時), 『동양적 가치의 재발견』, 김병환 옮김(서울: 동아시아, 2007) 참조.

고 있으며 물질을 대하는 인식도 어디까지나 그들과의 공존을 모색하는 것이지 정복의 대상으로 볼 수 없다는 점에서 큰 시각차를 보이고 있는 것이다.

더욱이 서구문명의 중심 가치는 무분별한 풍요의 추구와 무절제한 편의주의를 지향하는 데 있다는 점에서 동양의 그것과는 큰 차이를 보인다. 앞으로 서구적 방식의 산업화가 세계의 보편적 발전모델로 자리 잡은 이상 자연자원의 훼손과 지구환경의 황폐화는 피하기 어려울 것이다. 서구적 인간중심의 문명관은 개발의 목표를 물질적 풍요에 둔다. 개발의 목표를 빈곤퇴치에 두느냐 아니면 경제성장에 두느냐에 따라 지구 환경에 미치는 결과는 크게 달라진다. 전자의 경우 주로 후진국들의 빈곤현상을 개발을 통하여 탈피하자는 것이지만 후자의 경우처럼 경제성장에 집착하는 것이라면 '개발'은 영원히 멈출 수 없는 길이 된다. 지금으로서 이 두 가지의 길은 GDP의 개념으로 그 정도를 나타낸다.

선진국은 경제성장의 필요를 더 절실히 느낀다. 이는 정치적 선택의 문제이므로 항시 정부는 국민들로부터 성장 정책의 압력을 받기 마련이고 그에 실패할 경우 정부 주도권을 내놓아야 하는 문제로 귀결된다. 후진국의 경우 개발 절박성에 늘 시달린다. 가난한 국가들이 일정한 개발수준에 도달해도 선진국들의 생활수준이 선도적 역할을 하기 때문에 성장 이데올로기는 항시 그들의 욕구를 불태우게 되어 있다. 문제는 후진국들의 개발정책이 앞으로 선진국들의 과거 궤적을 얼마나 더 따라갈 수 있느냐이다. 온실가스 문제를 해결할 수 있는 기술개발과 기술이전이 적극적으로 추진되지 않으면 성장 이데올로기는 머지않아 인류사회가 포기해야 할 대상이 될 것이다.

2. 인구증가와 엔트로피

선진국은 인구가 감소되는 현상을 차단하기 위하여 출산 장려정책을 구사하고 있다. 그러나 대부분의 제3세계 후진국들의 경우 인구의 급증은 여전히 지구촌의 심각한 위협이 되고 있다. 이 지구가 균형적으로 감당할 수 없는 수준으로 인구가 지속적으로 과밀화된다면 생존에 필요한 많은 물자가 소요될 것이다. 필수 소비재를 비롯하여 많은 제품의 수요가 증대될 것이고, 이는 다시 생산 활동을 증가시키고 이는 당연히 에너지 소비량을 끌어 올리게 될 것이다. 여기서 두 가지의 부정적인 결과가 발생한다. 하나는 자원의 고갈이요, 다른 하나는 환경문제의 유발이라는 것이다. 달리 말하면 엔트로피는 그만큼 증대하게 된다는 것이다.

맬서스가 그의 대표적인 저서 『인구론』에서 밝힌 바와 같이 식량은 산술급수적으로 증가하는데 비해 인구는 기하급수적으로 늘어난다는 명제로 미루어 볼 때 식량문제는 지구적 범위에서 심각한 문제가 아닐 수 없을 것이다. 비록 선진국에서는 여러 가지 이유에서 인구증가가 둔화되거나 인구가 오히려 감소되는 경향도 있지만 해당 정부는 인구가 최소한 현상유지가 되도록 정책적으로 출산장려를 꾀하고 있기 때문에 지구 전체로 보아 인구는 줄어들 수 없는 특성이 있는 것이다.

식량의 부족은 곡물가나 기타 식품가격의 상승을 가져올 것이며 국가별로 식량수출 정책이 활성화되며 기후 변화나 전쟁으로 말미암아 식량의 생산량이 부족하게 될 경우 식량 전쟁으로도 이어질 개연성은 남아 있다. 수출작물의 대량재배는 화학비료와 농약 등의 사용에서 오는 직접적인 폐해 외에도 토양의 황폐화와 지하수 고갈이라는 문제를 초래하므로 지구의 사막화의 주요 원인중의 하나로 작용한다. 식량문제는 생물자원 전체의 체계에 결정적인 영향을 주는 것이기 때문에 모든 공해관련의 핵심 주제와 맞물려 있는 문제이기도 하다.

3. 과소비형 생활문화

20세기에 접어들면서 세계는 대량생산의 자본주의 경제 시스템은 대량소비의 조장이 없이는 성장이 지속될 수 없고 이러한 성장의 연속성이 어떤 요인에 의하여 장애를 만나면 어김없이 세계적인 공황으로 이어지기도 한 바 있다. 시장경제 체제 전반에 걸쳐 소비의 촉진은 대중매체를 중심으로 하는 미디어 체제의 발전을 가속화 하였고, 그 결과 대중의 기호는 시장사회의 핵심인 기업과 그를 뒷받침하는 정부정책에 의하여 좌우되는 경향을 띠게 된다. 그러나 정보사회 진행의 영향으로 소비자들의 의식이 고양되면서 이제는 생산자가 제품을 소비자의 요구에 맞추어 제공하는 접속의 시대에 접어들었다. 따라서 기업의 목표는 고객을 창출하는 데 있으므로 마케팅과 기업 혁신에 전념해야 하는 것이다. 다시 말해서 기업의 목표는 단순히 제품과 서비스를 생산하는 것에 그치지 않고 고객을 사로잡는 것이 된다.[8)]

소비가 생존의 단계에서 문화라는 만족추구의 단계로 발전해 갈 때 더욱 질 높은 재료를 찾기 위하여 자원은 더 필요하게 될 것이다. 풍요지향의 소비가 강조되는 이유이다. 이러한 현상은 문화라는 이름으로 이루어지는 모든 소비의 영역에서 발견되는 특성이다. 그러므로 모든 선진국형의 소비는 고품질 고물량의 에너지 의존형 패턴을 보이게 되는 것이다. 여기서 파생되는 원자재의 남획은 생태계를 파손하고 한정된 자원을 고갈시킨다.

풍요지향의 소비문화는 경제의 세계화를 통하여 세계의 구서구석까지 대기업들의 토지매입을 부추기고 있다. 현대판 '인클로져 운동(Enclosure)'이 도처에서 벌어지고 있다. 중남미 전역에서 폭스바겐이나 네슬레 같은 다국적 기업들이 광활한 열대 우림지대를 개발하여 목초지나 방목지를 만들어 육류 수출을 꾀하고 있다. 부유한 선진국의 소비자들을 위하여 브라질 식용 농산물의 44%가 가축사료로 전용된다. 수출용 쇠고기를 살찌우기 위하여 가난한

---

8) 브로델은 접속의 시기에는 서비스의 세부적인 내용을 알 필요가 없기 때문에 그 세계에 대하여 전문적 식견을 갖출 필요를 느끼지 못한다는 것이다. 결국 소비자들은 전문 대리인에 대한 의존도가 높아지고 소비의 속도는 가속화되게 된다는 것이다. Fernand Braudel, *The Structure of Everyday Life : The Limits of the Possible*(New York: Harper & Row, 1981), pp. 442-443.

사람들은 척박한 땅으로 내몰려 굶어 죽어가고 있다. 미국의 곡물회사들은 대규모 소 사육과 육류 포장공장을 소유하고 있는데 중남미의 삼림지대를 구획하여 소 사육 목장으로 만들어 이익을 취한다. 미국 곡물의 상당량은 늘어나는 소 사육 목적으로 중남미에 수출하고 있다. 문제는 목장에서 배출되는 메탄가스의 양이 기후변화에도 큰 영향을 미치고 삼림훼손으로 생태계를 파괴하는 결과를 가져온다는 것이다. 이처럼 왜곡된 불균형의 소비패턴이 인류사회를 빈부의 양극화로, 폭식하는 자와 굶어 죽는 자로 편가르는 비인간적인 현상을 만들고 있다는 것이다.9)

다른 한편으로는 공해유발이라는 또 다른 마이너스 효과를 발생시킨다. 공해요인의 중심에는 화석연료의 과소비가 자리하고 있다. 산업화 과정에서 가장 널리 쓰이는 대표적인 에너지는 석유, 석탄, 가스 등의 화석연료이다. 이들은 가장 경제적이고 열효율이 높은 데다 매장량도 비교적 풍부하기 때문에 가장 각광받아온 에너지 자원이다. 그러나 중심 에너지로서의 화석연료는 이산화탄소를 부산물로 방출한다는 근본적인 약점을 갖고 있다. 이산화탄소는 성층권의 오존층을 파괴함으로써 태양광선의 자외선을 통과시켜 지표온도를 상승시키고 지구 온난화를 조장함으로써 기후변화의 주범이 되어 왔다.

이러한 과소비를 부추김으로써 공해문제를 확산시키는 이유가운데 하나는 주인 없는 공유재의 무절제한 사용에서 기인되기도 한다. 물과 공기와 같은 공유재(公有財)는 환경재로서 그 사용대가를 지불하지 않는 자원이기 때문에 공유재는 사용자 개인에게는 이익을 주지만 공해라는 사회적 비용은 사회 전체에게 전가할 뿐이다.

4. 편의주의적 생산기술

앞서 살펴본 바와 같이 오늘 날의 일용품 생산방식은 합성, 비분해성의 물

9) 제레미 리프킨, 이정배 역, 앞의 책, pp. 87~90.

질중심의 생산기술에 크게 의존해 왔다. 문제는 각종 플라스틱 제품과 세제 등의 남용으로 물질자원의 순환이 차단된다는 것이다. 생태계는 자정능력을 통하여 모든 유기물질을 무기물질로 분해시킴으로써 자연계에 유입되는 모든 폐기물질을 없애주는 기능을 한다. 그러나 이 같은 화학물질들은 생태계 고유의 자정능력을 방해함으로써 각종 방사성 핵물질(요오드, 인, 세슘 등)과 살충제(DDT, 납, 수은, 카드뮴 함유) 등의 생물학적 농축의 원인 물질들이다. 이들은 모두 인체를 포함한 동물의 중추신경계를 마비시키는 물질이며 인체 내에 침투되면 우리 몸의 다양한 호르몬 시스템을 교란시킴으로써 다양한 성인병의 주원인으로 자용하는 것으로 알려져 있다.

생산기술이 인간의 편의주의를 만족시키는 데서 방향선회가 절실히 요구되는 시점이다. 모든 생태계가 자정능력을 회복하도록 생산기술 개발을 시장원리에 의존해서는 안 되며 인간이 생태계의 일부분임을 인식하여 공존하는 데 기여하는 과학기술의 패러다임으로 전환되어야 할 것이다.

5. 이기적 자원민족주의

환경문제가 심각하다는 사실을 어느 정도 인식하고 있음에도 불구하고 국가별 발전정책은 그동안 지구 환경 문제를 반영하는 데는 한계를 드러냈다.

2차 세계대전 이후 전 세계는 산업화의 본 궤도에 진입하기 시작한다. 에너지 수요는 급증하기에 이르렀고, 공장들은 공중으로 물속으로 온갖 독성 폐기물들을 배출하기 시작한다. 성장 후발국들이 산업화의 대열에 동참하면서 환경오염이 심각한 수준에 이르자 선진국들은 환경 훼손의 책임을 개발도상국에게 돌리려는 경향을 보이고, 반대로 후진국들은 환경문제는 그동안 산업화를 추진하여 경제성장을 달성한 선진국들의 책임이 크다고 맞서고 있다. 따라서 개발도상국을 포함한 대부분의 후진국들은 개발정책에 우선을 두는 데 반하여 선진국들은 이에 제동을 걸고 나서는 것이다.

국제사회에서 기후변화의 폐해에 대한 심각성을 인식하고 그 대응책을 논의하는 많은 국제협약의 체결이 추진되고 있으나 에너지를 가장 많이 사용하는 미국과 중국 등이 비준을 꺼리고 있어 그 실효성에 의문이 생기고 있다. 산업화의 결정요소는 자본과 기술이지만 공통적인 요건은 에너지 공급의 안정성 확보 문제이다. 초기에는 매장량이 대체로 풍부하고 가격이 저렴한 에너지로서 석탄에 관심이 집중된다.

그러나 석탄은 대체로 에너지 효율성이 낮고 채굴상의 문제로 인하여 대체 에너지를 찾넌 중 후발국들을 제외하고는 석유 소비를 늘리는 한편, 에너지 효율이 높은 원자력 발전을 선호하기 시작한다. 그러나 원자력 에너지는 시설비용과 위험성이라는 인식 때문에 1970년대 이후 그 이용도가 줄어들기 시작한다. 1980년대 이후 시장 규제가 완화되고 국가의 경제개입이 완화되면서 에너지 공급과정에서 비교적 자유로운 경쟁체제가 조성되면서 이른바 에너지 시장의 민영화가 개막된다. 에너지 공급의 효율성이 증대되면서 시장에서 전기와 석유물량이 넘쳐나자 에너지 생산 회사들이 신규 투자를 억제하기 시작하면서 에너지 공급은 수요를 따르지 못하게 된다. 석유파동과 함께 2000년대에 접어들면서 대다수 국가들이 에너지 관리에 직접 뛰어들게 되었다. 결국 국가적인 에너지 공급보호 정책으로의 회귀와 함께 석유와 천연 가스자원의 한계성을 새로이 인식하게 되고, 각국은 에너지 안보의 중요성을 재인식하게 되면서 외교적으로 민감한 반응을 보이기 시작하게 된다.

지금까지 화석에너지 의존도가 높은 미국을 비롯하여 유럽 연합, 일본 등의 선진 개발국들은 석유 공급선을 다변화하는데 집중하고 러시아는 자원 보유국으로서 이런 상황을 강대국 지위회복의 전기로 삼고자 한다.

지구촌의 자원 쟁탈전은 경제 후발국들인 브릭스(BRIC's : 브라질, 러시아, 인도, 중국)가 본격적인 개발 대열에 끼어들면서 더욱 고조되기 시작한다. 2007년 전 세계 천연가스 수요증가의 40%는 중국의 몫으로 돌아갔다. 중국이 현 상태로 에너지 정책을 유지한다면 앞으로 10년간 중국의 에너지 수요는 연간

6%씩 증가하게 될 것으로 전망된다. 중국은 자원외교정책을 매우 공격적으로 추진하고 있는 점으로 미루어 볼 때 에너지 블랙홀이 될 것이다. 중국은 베네수엘라는 물론, 아프리카의 석유매장 잠재국들과 중동의 산유국, 나아가서는 중앙아시아 등 석유가 매장되어 있는 지역은 어디든 사용기간을 별도로 정하여 유전을 통째로 구매하는 방식을 적용하고 있다. 중국의 자원 욕구는 비단 에너지 자원에 한정되지 않고 각종 비철류를 포함한 산업화 과정에서 소요되는 거의 모든 종류의 자원에 이르고 있다. 이러한 자원 러시현상은 정도의 차이는 있지만 인도를 포함한 수많은 후발국들에까지 영향을 미치고 있다. 특히 세계 최대 자원 수요국인 미국과 EU는 중국의 동향에 대하여 경계의 시선을 늦추지 않고 있다는 점에서 자원 확보 경쟁에 따른 국제적 분쟁의 가능성도 커지는 추세이다.

강대국들이 자원 확보와 관련된 미묘한 국제정치적 노선의 변화도 감지된다. 이란의 핵, 미사일 개발문제나 아프가니스탄 문제를 둘러싸고 미국과 EU의 입장에 대하여 중국과 러시아는 다른 입장을 취함으로써 국제정세는 신냉전체제로 회귀할 가능성마저 예측되고 있다. 이러한 정세변화의 이면에는 끝없는 에너지 자원에 대한 욕망이 자리 잡고 있는 것이다. 우리가 사는 생활방식과 에너지에 대한 새로운 패러다임이 정착되기 전까지 이와 같은 자원 쟁탈의 국면은 지속될 것이며 이는 곧 지구환경의 훼손과 오염이 더욱 심각해진다는 예측을 낳는다.

Ⅵ 지구환경의 정치담론

1. 들어가는 말

모든 생물체는 자신과 환경과의 상호관계를 통하여 살아간다. 21세기에 접어들면서 환경문제만큼 지구 공동체의 관심을 모으는 쟁점도 없을 것이다. 왜냐면 지구자원의 무절제한 파괴행위를 통해서는 더 이상 인간의 행복이 보장될 수 없다는 것을 깨닫기 시작하였고, 이러한 도전에 직면하여 어떻게 이를 극복할 것인가에 대한 공동목표에 대하여 어느 정도 세계적 공감대가 조성되고 있기 때문이다.

지난 세기까지의 인간은 대체로 지구 자원을 이용하여 물질적 욕구를 어떻게 충족할 것인가를 국정의 최고의 목표로 삼고 살아왔다. 산업화를 통한 물질적 궁핍으로부터의 해방에 이어 물질적 만족도의 극대화를 최고의 가치로 공유하고 있기 때문이다. 그러나 인류 생존의 문제는 기아와 궁핍만이 아니라 지구자연의 훼손과 공해로부터도 발생된다는 보다 근본적인 도전을 맞고 있다. 여기서 날로 악화되어가는 환경문제에도 불구하고 지속적 개발정책을 추진할 것이냐의 문제를 놓고 정치적 선택을 하지 않을 수 없는 기로에 놓여 있는 것이다. 이러한 문제의 차원은 국제적, 국가적, 지방적인 다차원의 문제로 제기되고 있으며, 그 해법은 이해관계에 따라 다양하고 상충적이기 때문에 결코 그 근본적 해결책을 찾기가 쉽지 않은 것이다.

이와 관련하여 제기되는 문제의 방향은 크게 두 가지 축으로 집약될 수 있다. 하나의 축은 개발론으로 그 핵심은 현실적 생존문제를 해결하기 위해서는 바다 메우기, 산 깎기, 핵 폐기장의 설치와 폐기물 처리장의 증설 등은 우선적인 정책과제라는 것이다. 반면에 환경론의 입장은 이제 공해를 막아 자연을 지켜야 하는 생존권을 보장하고 지구 생태계의 공멸을 더 이상 좌시할 수 없다는 것이다. 이는 단순한 타협의 성격과는 다른 이념성을 갖는 문제의 영역이기도 하다.

뒤편에서 보다 구체적으로 논의되겠지만 지구환경이라는 문제는 보편적 차원의 문제이므로 해결 역량의 구심력이 약하여 문제해결의 동기를 발견하기가 쉽지 않은 것이 사실이다. 따라서 환경 운동조직은 이를 이념적, 계층적 내지는 지역적인 문제로 몰아가는 경향이 크다. 이런 이유에서 환경운동의 정책들을 사실상 갈등극대화 전략이라고 말할 수 있다.

2. 환경문제의 특성

오늘날 환경문제는 다름 아닌 해결방법상의 문제라고 볼 수 있을 것이다. 인간이 직면한 환경의 모든 문제는 인간 자신들이 그것을 문제로 인식하지 못하는 사이에 오랜 과거부터 서서히 우리를 옥죄어 왔다고 보기 때문이다. 이제 더 이상 모른척 할 수도, 피할 수도 없는 단계에 도달했다는 것이 대다수 전문가들의 공통된 견해이다. 환경문제는 근본적으로 매우 복잡한 것이라서 쉽게 접근하기 어렵다. 문제 해법이 어려울 수밖에 없는 몇 가지 주된 원인을 살펴보면 다음과 같다.

1) 인식의 부족과 회의론

환경문제는 무엇보다도 인간사회에 대하여 장기적이고 간접적인 영향을 미치는 것이기 때문에 그 폐해가 얼마나 큰가를 계량화하기가 어려운 만큼 그로부터 발생하는 고통이나 불편은 물론 그 위험성을 즉각적으로 확인하기가 어려운 것이다. 더욱이 인간은 기존의 생활습성에 젖어 문제의 심각성을 무시하거나 외면하기 일쑤이다. 인류는 긴 갈등의 역사를 통하여 전쟁과 기근이라는 물리적 고통을 뼈저리게 체험해 왔기 때문에 당장 느끼는 고통이나 눈에 보이는 위험이 아닌 점진적인 위험의 도래나 그러한 예징에는 반응을 잘 보이지 않는 경향이 강하다. 과학적 발명이나 숨겨진 사실의 발견처럼 소수에 의하여 만들어진 변화가 아니므로 많은 사람이나 집단이 다 함께 느낄 수 있는 아픔으로 밀려오지 않는 한 위기를 위기로 받아들이기는 쉽지 않은 것이다.

지구 환경문제는 그 관련 전문분야만 해도 여러 가지로 복잡하게 얽혀 있다. 자연과학 분야만 해도 지구과학을 비롯하여 지질학, 생물학, 화학, 물리학, 화공학, 생태학, 원자력공학, 약학, 의학, 환경공학, 토목건축학, 해양학, 미생물학, 농학, 삼림학 등 관련분야의 범위는 매우 넓다. 자연과 문명이 만나서 이루어진 모든 현상에 관한 학문적 토대가 다 관련된다고 보면 될 것이다. 이와 같은 자연과학분야의 현상을 인간사회에 적용하여 그 원인을 규명하고 대책을 강구하려는 인문 사회과학의 각 영역이 또한 줄을 잇는다. 인문지리학, 정치학, 국제관계학, 행정학, 도시행정학, 경제학, 경영학, 법학, 철학, 사회심리학, 사회학, 사회복지학, 보건학, 언론홍보학, 지방자치학, 협상학 등 따라서 환경문제를 제대로 이해하기 위해서는 많은 분야에 걸친 박학한 지식체계가 필요하다. 단 하나의 오염문제를 다루는데도 이 모든 분야의 전문적 식견이 동원되어야 할 것이다.

어찌 그뿐이겠는가. 각 학문 분야별 이해관계로 말미암아 원인분석과 대응책을 논의하는 데는 복잡한 역학관계가 내재함을 잊어서는 안 된다. 과학적 분석 문제뿐 아니라 사회과학적 문제의식과 통찰이 요구되는 것이다. 이처럼 방대한 학문적 전문성을 체계적으로 통섭하고 관리하여 종합적 프로그램이나 연구 성과물을 내는 데도 적지 않은 시간과 자원이 필요하게 된다. 전문가들도 자기 영역에 대한 식견을 중시하기 때문에 통합적이고 균형적인 시각을 도출하는 데는 한계가 있다.

제일 큰 문제는 일반 대중들이 이 문제에 대한 인식수준이 매우 낮다는 것이다. 환경문제는 이들의 자각과 인식의 전환을 통한 협력이 받쳐주지 않으면 지구 환경의 보전은 기대하기 어려운 공염불에 지나지 않기 때문이다. 지구적 차원에서 대중에 대한 교육과 홍보는 광범하게 지속적으로 추진되어야 할 과제이다.

이 밖에도 지나칠 수 없는 문제가 있다. 일부 전문가들 가운데도 기후변화를 비롯한 지구 환경문제에 대하여 회의론적 태도를 보이는 사람들이 있어 세계적 수준에서의 공론형성에 장애가 되고 있는 것도 사실이다. 싱어(Fred Singer)와 에이버리(Dennis Avery)는 지구 온난화문제는 결코 심각한 것이 아니며 인간이 책임질 일도 아니라는 것이다. 그들은 또한 태양흑점의 변이로 인하여 기후변동이 있어 왔다는 일부 지질학자들의 견해에 동조하면서 이 시점은 그런 순환주기의 온난화 단계에 접어들었을 뿐, 정작 온난의 기후시대가 끝나면 빙하시대가 온다는 주장을 한다.

회의론의 입장에서는 지금 인류는 각종 '공포의 시대'를 살고 있으며, 기후변화의 징후군도 특별한 것은 못되며 이 또한 에이즈나 정체불명의 신종 바이러스나 세균을 비롯하여 작업장에서 나오는 독성물질에 이르기까지 다양한 위험요소들과 더불어 살아가야하는 일상의 문제에 불과하다는 것이다. 한마디로 회의론자들은 리스크가 크게 과장되었다는 입장이지만 이는 어디까지나 기후 변화론을 극복할 만한 이론적 영향력은 적은 것으로 보인다.

환경담론은 고도의 사회과학적, 생명 자연과학적 인과 관계로 말미암아 복잡성이 큰 만큼 그 해법을 위한 접근방식도 다양하고 복잡한 것이 현실이다. 따라서 환경문제는 인간세계의 어떤 문제보다도 그 원인규명이나 대안을 검토하는데 어려움이 많다는 데 주목해야 한다.

2) 지리적 광역성, 시차성의 문제

인간생활에서 빚어지는 다양한 공해의 근원은 초국가적 영향력을 갖는다. 즉 공해요소는 그 근원으로부터 지리적으로 멀리 떨어진 곳에까지 피해영역이 널리 확산되는 것이므로 일단 발생하면 수습하기가 어렵다는 것이 관계전문가들의 일치된 견해이다. 산성비와 온난화가 그 대표적인 예라 할 수 있다. 대기중의 비구름과 함께 돌아오는 산성비는 그 정도에 따라 인간의 감각으로 느껴지기도 어렵지만 극소량이라도 토양과 물속에 축적되기 때문에 그 효과는 실로 누적적이라 할 수 있다.

지구 온난화 문제도 하루 이틀에 발생되는 것은 아니지만 그 결과는 지구의 생태 지리를 완전히 바꿀 정도로 심각한 것이다. 농・수・축산물이나 특용 육류나 식자재만 해도 멀리 떨어진 지역이나 해외 시장에서의 호황이나 수요증대로 말미암아 원산지의 생태계가 파괴될 수 있는 문제이다. 일본인들의 기호식품인 고래의 남획으로 전 세계에 걸쳐 고래 생태계의 안전이 위협을 받기도 한다. 야생동물의 모피를 비롯하여 각종 건강식품으로 믿고 있는 한국인들의 음식문화나 행태도 이와 관련되는 문제이다. 광우병, 사스 등 가축이나 육류의 교역으로 비롯되는 무서운 재앙도 같은 맥락에서 이해해야 한다. 그 예로는 중국대륙에서 불어오는 황사의 피해도 이에 해당되는 것이다. 해류의 이동으로 대양 저편의 외국에서 공해오염물질이 발견되기도 한다. 한 예로 미국의 캘리포니아 연안에 포인트레이스(Pointrayes)라는 해변에 있는 해양박물관의 입구 정면에 특별 전시창이 있는데 이곳에 원산지 한국이라는 표지와 함께 사용 중 버려진 콜라병만한 크기의 주방 세제병 한 개가 전시되어 있다. 흐리지만 분명히 한글로 인쇄된 브랜드명이 거부할 수 없는 증거물이다. 그 설명문에는 이 폐기물이 한국 내에서 버려진 후 해류를 따라 이곳 캘리포니아 해변에까지 유입되었다는 점을 명시하고 있다. 무심코 버린 생활용품 하나가 먼 나라의 해안 생태계를 위협한다는 고발의 메시지로 이해되는 대목이다.

환경의 피해는 오염시점과 피해발견의 시점에 큰 격차가 발생할 수도 있는 문제이다. 달리 말하면 인간의 피해는 원인 제공의 시점으로부터 상당시간이 지난 뒤 다음 세대에 가서야 비로소 나타날 수도 있는 것이다. 따라서 원인과 결과 간의 발생시점이 너무 길고, 원인제공자와 피해자가 동시대인이 아니라는 점 때문에 폐해의 심각성을 느끼기 어렵게 된다는 점이 책임소재를 구분하기 어렵게 함으로써 해결방법을 찾는 데도 어려움이 따르게 된다.

3) 경제적 손익 구조

환경적으로 문제가 될 수 있는 생산 활동이 자신의 이해가 관련되는 영역 안에서 이루어질 경우 주민의 선택은 대체로 모순적이라는 데서 갈등이 발생하는 것이다. 모두는 물질적 이익을 추구하면서도 동시에 그것이 환경적으로 위험한 활동이라면 이를 결코 받아들이려 하지 않는 것이다. 환경적 피해도 나의 일이 아닌 경우에는 관심이 없고 나와 내 집에 관련된다면 참지 않는다. 님비(Not In My Back Yard) 현상이 환경문제 인식의 전형적인 형태이다. 국가나 지역사회도 마찬가지의 태도를 가진다. 따라서 이득은 적극 추구하지만 피해 가능성은 누구라도 이를 반대한다는 데 해법 찾기의 어려움이 존재하는 것이다. 이러한 극단적 이기주의로 인하여 모든 국가와 국민은 잠재적으로 환경의 피해자이면서 동시에 환경오염 요인의 생산자이며 수출자라 할 수 있는 것이다.

객관적 입장에서는 녹색정책은 생산자나 소비자 또는 부자나 가난한 자 모두에게 유익한 정책이기 때문에 당연히 받아들일 수 있는 것이다. 환경 영향 평가라는 엄격한 잣대를 통하여 개발에 제한을 가하게 될 때 환경이 그만큼 보존되기 때문에 모두에게 이득이 될 것이다. 그러나 개발을 함으로써 이득을 더 누릴 수 있다고 기대하는 개인이나 집단 또는 국가의 입장에서는 개발을 통해서 얻을 수 있는 이득이 감소되기 때문에 그런 정책에 반대할 것이 분명해지는 것이다.

그러나 현실적 측면에서 보면 개인이나 집단별 이해관계에 따라서 그 선택의 태도는 달라지는 것이 환경정책에 대한 일반적인 태도라 할 수 있다. 환경문제에 대한 정책적 대응에는 비용이 반드시 따르게 마련이므로 누군가는 부담을 지게 되어 있는 게임이 된다. 이런 의미에서 환경정치는 손익의 재분배 정치라고 할 수 있다. 승자와 패자, 즉 갑과 을 간에는 복잡한 정치적 계산을 위한 갈등과 타협이 모색되는 것이다. 세계 굴지의 엑슨(Eckson)사는 차드와 카메룬 간의 송유관 노선 변경을 시도하는 과정에서 250개의 국제 NGO들의 저항에 부닥친다. 이 때 개발을 요청하는 원주민들과의 협상에서 결국 세계은행에 엑슨사가 보증을 하고 1,209억 원을 차드에 지원하게 하는 선에서 합의에 도달한 바 있다.

EU는 최근 유럽연합에 대한 자동차, 전자 수출시장에 대하여 환경 부담금을 부과하기로 결정한 바 있다. 납, 수은, 카드뮴 수치를 제한하겠다는 결단이다. 이로 인하여 아직 준비가 되지 않은 한국산 자동차들이 막대한 시장손실을 보게 될 것으로 전망된다. 앞으로 에너지를 많이 쓰는 에너지 소비 대국들은 세계시장에서의 책임이 무거워질 것이다. 이로 인하여 세계 최대의 에너지 소비국인 미국 정부는 여전히 국제적인 환경정책에 대한 소극적 입장을 견지하고 있다.[10)]

Ⅶ 기후변화의 정치적 쟁점

1. 기후변화의 경고

지구온난화의 문제는 21세기의 중심화두로 자리 잡을 만큼 그 징후가 심각하다. 태양열은 지구로 흡수되는 에너지와 적외선 복사라는 형태로 외계로 방출되는 에너지로 구분된다. 푸리에는 그 차이를 계산하여 지표면의 온도가 빙점이하로 유지되어야 한다고 주장한다. 문제는 대기 중의 이산화탄소, 메탄가스, 수증기 등이 이 복사열을 대기권에 묶어둠으로써 지표면의 온도를 지속적으로 끌어올리고 있다는 것이다. 지난 150여 년 동안 대기 중의 이산화탄소 농도는 산업생산의 증가로 현격히 상승했으며 20세기 이래 지구의 연평균 기온은 매년 섭씨 0.74도씩 상승하고 있다. 2008년 초에는 이산화탄소 농도가 387ppm에 이르렀고 매년 2ppm 정도의 증가를 보이고 있다.[11)]

---

10) 부시 행정부의 반환경정책은 ① 교토의정서 탈퇴(02년 3월), ② 고연비 자동차 개발계획 폐지(02년 1월), ③ 온실가스 자율규제안 발표(02년 2월), ④ 네바다 주 핵 폐기물 저장시설 건설 발표, ⑤ 유독성 폐기물 개혁안 발표, ⑥ 앨라스카국립야생생물 보호구역내 석유개발 사업 추진 등이 포함되어 있다.

11) 지구온난화의 위험성에 관하여는 Anthony Giddens, *The Politics of Climate Change*, 홍욱희

지구 온난화는 육지에서 더 많이 일어나지만 최근에는 대양에서의 기온상승이 빠른 속도로 일어나고 있다는 데 유의해야 한다. 대양의 수온상승은 바닷물의 산성도를 높여 해양 생태계에 큰 영향을 끼치게 된다. 수온 상승은 물속의 이산화탄소의 배출을 유발하여 지구 온난화를 가속화시킨다. 유엔 산하의 기후변화에 관한 정부 간 위원회(IPCC)에 의하면 기후변화가 이대로 지속한다면 금세기 말경에는 연평균 기온이 1.1도 내지 2.9도씨가 더 오를 것이고 그에 따라 해수면의 수위는 18~38센티미터 이상으로 상승할 것으로 예측된다. 해수면의 상승은 지구 저지대의 침수로 이어져 대양에 자리한 섬나라나 해안지대의 국가들은 국토의 상당부분이 침수되는 사태를 당하게 될 것이며 기후변화의 속도에 따라서는 예상외로 범지구적 재난이 예상되기도 한다.

기후변화는 진행속도에 따라 완만형과 급속형으로 나누어지는데 IPCC 같은 유엔 기구는 완만한 기온변화의 추세를 전망하는가 하면 후자의 경우처럼 변화요인의 작용이 일정한 수준에 도달하면 급격히 상승하는 급진적 변화현상도 오늘날 광범위하게 관측되고 있다. 예를 들면, 그린랜드와 남극대륙의 빙하나 시베리아 툰드라지역과 아마존 열대우림, 엘리뇨 현상 등이 이 경우에 해당한다. 이미 알려진 것처럼 각 지역의 빙하지대나 영구 툰드라지대의 토양층에는 탄소 함량이 막대하다. 이들이 얼음과 함께 녹으면서 이산화탄소뿐 아니라 메탄가스도 방출한다. 메탄가스는 실제로 이산화탄소보다 훨씬 큰 온실효과를 발생하는 것으로 알려져 있다.

이 밖에도 엘리뇨 현상은 인도양과 적도 태평양사이의 기압변동으로 발생하는 것으로 알려져 있는데, 에콰도르와 페루해안을 따라서 태평양연안의 수온이 비정상적으로 상승하는 현상이다. 이 현상은 3년 내지 5년 주기로 발생하는데 일부 지역에 따라서는 심한 폭풍을 동반한 집중폭우로 극심한 재해를 불러오고 있는 반면 그 밖의 지역에서는 한발의 피해로 나타나는 현상이다.

역, 『기후변화의 정치학』(서울, 에코리브르, 2009), pp. 31~56 참조.

아직 엘리뇨 발생의 정확한 원인에 대하여는 과학적으로 밝혀지지는 않고 있으나 엘리뇨가 기상변화를 가져오는 한 요인이라는 데는 이견이 없다.

이미 환경재앙의 징조가 경고단계를 지나 명백한 현상으로 다가왔는데도 지구촌 사회는 여전히 그의 심각한 대가를 어떻게 지불해야 하는지 온전히 깨닫지 못하고 있는 것이 가장 큰 문제일 것이다.12)

2. 기후변화의 정치적 과제

1) 개발도상국의 입장

기후변화를 제자리로 돌리는 일은 결코 쉽지 않을 것이다. 무책이 상책일 수도 없는 노릇이다. 온실가스를 어떻게 저감하느냐 하는 데 지구적 관심이 쏠리는 것도 이 문제의 중요성을 반영한다. 문제는 국가별로 해결 방식을 놓고 입장을 조율하기가 쉽지 않다는 것이다. 인구 1인당 가스 배출량을 기준으로 보면 개발도상국은 선진 산업국에 훨씬 못미친다. 여기에 과거로부터 현재까지의 축적된 배출량을 포함한다면 그 차이는 더욱 벌어질 것이다. 그러나 가스 배출량만을 기준으로 보면 문제해결의 방향을 모호하게 할 수도 있다. 기후변화의 주요인을 가스배출에서만 찾는다면 가스를 흡수하는 삼림을 훼손하는 문제는 도외시될 수 있다는 사실을 바로 보아야 한다. 그러므로 가

12) 다운스는 환경문제에 대한 여론의 관심의 흐름을 중시하고 여론은 새로운 국가적 아젠다가 중심에 등장할 경우 그 관심이 소멸된다고 우려하면서 환경재앙에 대한 여론변화의 단계를 ① 문제이전의 단계 : 전문가와 이익집단들이 문제의식을 갖지만 아직 여론의 반응은 없는 단계, ② 경고된 재앙의 발견과 여론비등의 단계 : 극적인 사태와 흥분의 도가니 속에서 여론이 집중되고 문제해결을 위하여 공공의 열정이 집중되는 단계, ③ 심각한 대가의 인지단계 : 이 단계에서는 대중의 실망으로 열정적 관심이 꺼지는 단계, ④ 대중적 관심쇠퇴의 단계 : 해결의 결과를 알기 때문에 쟁점에 대해 실증을 느끼며 언론의 조명이 퇴조하는 단계이며, ⑤ 문제 이후의 단계 : 쟁점이 다른 문제에 대한 관심의 전이로 잊혀지는 단계를 말한다. Anthony Downs, "Up and Down with Ecology : The Issue-Attention Cycle", *Public Interest*, 28 : pp. 38-50.

스 배출 행위와 삼림 파괴 행위는 같은 비중으로 다루어져야 마땅할 것이다. 가장 대표적인 예로 인도네시아의 경우 삼림파괴를 포함하면 인구 1인당 온실가스 배출량은 세계 6위로 뛰어 오른다.

최근 들어 개발도상국들이 산업화 정책을 강력히 추진함에 따라 온실가스 배출상황이 크게 달라지고 있다. 그 가운데서도 인구와 면적 면에서 대국이랄 수 있는 중국, 인도, 브라질 등의 신흥 산업국들이 경제 개발을 가속화함에 따라 이들 국가의 온실가스 배출량도 급격히 증가하고 있어 국제사회의 우려를 낳고 있다. 특히 중국은 국민 1인당 가스 배출량은 아직도 낮다고 주장하고 있지만 전체 배출량 면에서는 세계 최고의 배출국이 되었다. 중국 한 나라만 해도 1990년 이후 배출량의 증가율이 무려 73%에 달한다. 중국의 배출량이 증가율이 높은 이유는 첫째로 과거 사회주의권에 속하던 국가들의 큰 기업들이 대부분 국유기업인데 이들 기업의 산업 생산성에 비해 에너지효율이 떨어진다는 것이다. 이 말은 에너지 사용량에 비해 생산효과는 작다는 것이다. 그만큼 공해배출이 많다는 것이다. 또 다른 이유로는 경제성장으로 은행보유 자본이 급속히 늘어나면서 안전한 투자 책으로 국유기업들에 대출이 집중됨으로써 에너지 관리에 노력할 필요를 못 느낀다는 것이다.

인도의 경우도 에너지 증가율이 50%를 웃돌고 있고, 브라질의 경우는 다른 나라와는 달리 전체 에너지 소비량 가운데 재생에너지의 비율이 40%에 이르지만 바이오연료 생산이 아마존 유역의 삼림 훼손을 통해 이루어졌다는 사실이 알려지면서 그에 대한 평가가 낮아졌다.

온실가스의 감축문제는 더 이상 대응을 미룰 수 없는 지구적 차원의 문제이다. 그러나 경제성장이 최우선의 국가적 과제인 개발도상국들의 입장은 다르다. 기후변화의 문제는 그동안 환경문제를 도외시한 채 경제개발만을 추진해온 선진국들에게 전적인 책임이 있다는 주장이다. 지금에 와서 빈곤해소가 시급한 상황에서 온실가스 배출을 저감하는 기술력도 없는 후진국들로서는 경제성장에 지장을 주는 어떤 조치도 받아들이기 어려운 것이 현실적인 입장이라는 것이다.

앞으로 경제성장을 국가정책의 우선목표로 두고 있는 상당수의 후진국들이 산업화의 길을 모색해 나아가게 되면 지구환경의 오염문제는 더욱 심각한 과제로 떠오르게 될 것이다. 산업화의 기술적 패러다임이 급속히 변화되기 어려운 상황에서 모든 여건을 기반으로 판단해 볼 때 기후 변화문제의 대안을 찾기가 쉽지 않아 보인다. 선후진국간의 대타협이 이루어져야 한다는 데는 다른 입장이 없을 것이다.

2) 선진산업국의 입장

기후변화라는 지구적 재앙을 완화하려는 목적에서 국제협력이 본격화된 것은 비교적 최근의 일이다. 1987년 유엔이 주도한 몬트리얼 의정서가 최초의 사례라 할 수 있다. 이 협정으로 국제사회는 대기오염으로 인한 지구의 오존층 파괴문제를 개선할 획기적인 계기가 마련되면서 큰 기대를 불러일으켰다.

처음에는 이 협정으로 오존층 파괴의 추세가 크게 역전되리라 기대한 것도 사실이다.

1992년에 유엔 기후변화 협약에 서명한 국가는 166개국에 이르렀고 현재는 188개국으로 늘어났다. 그러나 미국을 비롯한 일부 국가들은 온실가스 규제치를 확정하는데 강력히 반대하였다. 다만 참가국들은 자기나라의 온실가스 배출량을 매년 보고서 형식으로 발간하자는 데 동의를 받았고, 기후변화문제의 완화를 위해서 공동의 차별화된 책임을 감당하자는 데도 합의한 바 있다. 이 협정에서 에너지의 최대사용국인 미국의 동참을 이끌어내지 못함으로써 정치적 효과는 반감된 셈이다. 다른 소극적인 태도를 보이는 에너지 과다 소비국들에 대한 설득의 명분이 약하기 때문이다. 그럼에도 불구하고 이 협정이 어느 정도의 목표는 달성했다는 평가를 받을 수 있다. 그것은 참가국들이 매년 온실가스 배출량을 보고서 형식으로나마 발간하기로 합의한 점이다. 이 조치는 비록 작은 것일지 모르지만 온실가수 저감을 위한 가장 귀중한 최초의 합의이기 때문이다. 또한 "공동의 차별화된 책임"을 감당한다는 선후진국들 간에 놓인 가장 큰 장애를 극복했다는 데 의의가 있는 것이다. 이 두 가지 핵심 쟁점에 대한 합의는 앞으로 국제사회가 직면하게 될 어떤 공동의 과제도 해결할 수 있다는 가능성을 확인했다는 데 또 다른 의의가 있는 것이다. 그 후 일본 교토에서 개최된 기후변화 회의에서는 오랜 협상 끝에 선진국들이 2008~2012년 사이에 1990년 대비 온실가스 배출량을 평균 5.2% 감축한다는데 합의하였다. 결국 미국과 오스트레일리아를 제외한 모든 선진국과 그 밖의 대다수 국가들은 이른바 교토의정서에 서명하였다.

교토의정서에서 합의한 목표는 지구 온난화의 해결에 필요한 수준에는 미치지 못하였다. 이런 합의가 여의치 않은 것은 각국이 자기 나라가 추구하는 국가이익을 전제로 이 지구적 문제에 접근하였기 때문에 그 해결이 그만큼 어려운 것이다.

교토의정서는 청정개발체제(CLEAN Development Mechanism)를 채택하였는데, 이는 산업국가들이 온실가스 감축목표를 달성하기 위하여 개발도상국들의 청정에너지사업을 지원함으로써 온실가스 감축분을 확보하려는 제도이다. 2007년 중반까지 약 700개의 CDM사업이 승인되었으며 그 대부분은 중국, 인도, 브라질, 남아프리카공화국 등 4개국에 집중되었다.[13)]

CDM은 기대와는 달리 선진산업국과 개발도상국에게 다 같이 혜택을 주는 윈윈 게임이 아니다. 선진국들은 온실가스 감축노력을 하지 않고서도 자신들의 목표달성을 할 수 있기 때문이다.

이러한 청정개발 제도의 효율적인 운영방식에 대해서는 아무런 관심이 없는데 이는 정치적인 이해관계가 그 바탕에 깔려 있기 때문이다. 환경론자들은 이 제도가 개발도상국을 직접 지원하는 단 하나의 방법이라는 점에서 크게 반대하고 있지 않고 있다. 특히 중국과 같이 이 제도의 실질적인 수혜자가

13) Robert Henson, *The Rough Guide to Climate Change*(London: Rough Guides, 2008), pp. 292-293.

되는 일부 국가에게는 외국 투자를 쉽게 끌어들이는 수단이 될 수도 있다.

그렇다면 교토의정서를 실행하는 데는 다음과 같은 문제가 고려되어야 할 것이다.[14] 첫째, 모든 관련국들의 참가 하에 구속력 있는 온실가스 감축목표를 설정해야 한다는 점이다. 합의된 감축목표가 지켜지지 않을 경우 제재할 방법이 마땅하지 않기 때문이며 그렇지 못하면 합의의 공신력이 저하된다. 둘째, 탄소배출권의 통합적 거래 제도를 도입해야 한다. 끝으로 가난한 개발도상국들의 협력을 이끌어내기 위한 경제적 보상 등이 있다. 경제보상에 대한 할당의 기준설정이 쉽지 않을 수 있으므로 공정한 원칙의 수립이 요청된다.

오존층 파괴를 방지하기 위한 협약은 그것을 보장해주는 작동 메커니즘이 있었기 때문에 목표달성에 성공할 수 있었겠지만 기후변화의 경우에는 온실가스 배출에 영향을 미칠 수 있는 요인이 다양하고 복합적이다. 뿐만 아니라 정부로서도 그러한 과정을 통지하는데 한계가 있다. 그러므로 실질적인 온실가스 감축을 위해서는 교토 의정서라는 접근방식으로는 성공적인 목표달성을 기대하기가 어려울 것이다. 가장 큰 문제는 이 의정서에는 에너지 안보문제가 고려의 대상에 포함되지 않았다는 점이다.

2007년 1월 유럽 위원회는 지구온난화 문제에 대응하여 보다 강화된 전략을 발표하였다. 이 전략의 핵심은 선진국들이 2020년까지 1990년 온실 가스 배출량 기준으로 평균 30%를 감축해야한다는 것이다. 유럽연합은 20%를 우선 감축함으로써 선도 역할을 할 것이며 그 밖의 산업국들이 여기에 동참할 때 그 감축 비율을 30%로 상향 조정할 것이라고 기대하였다.

유럽연합은 앞으로 10년 동안 개발도상국들이 스스로의 배출량을 최대한 억제해야 하고 2020~2050년부터는 감축비율을 30%로 상향 조정해야 한다는 입장이다. 이 같은 대승적인 목표를 달성하기 위해서는 정해진 일정한 로드맵이 요구하는 조건들을 당장부터 갖추어 나아가지 않으면 안 된다. 우선 요

14) 교토의정에 관해서는 정준금, 『환경정책론』, 대영문화사, 2010, pp. 442~444.

구되는 문제는 삼림파괴를 막는 문제이며 그로부터 파생되는 에너지 부족은 재생에너지로 해결될 수 있을 것이다.

둘째로는 바이오 연료를 10% 이상 사용할 것을 의무화한다는 것이다. 바이오 연료의 수요가 늘어나면 국제 식량가격의 상승을 초래하기 때문에 이에 대한 대책이 강구되어야 할 것이다.

교토의정서에 나타나 있는 바와 같이 국제탄소시장의 운영문제는 가장 실효성 있는 대안이며 이 방식과 관련, 산업국별로 온실가스 감축단위를 서로 매매할 수 있게 하여 개발도상국으로부터 선진국이 그것을 매입하면 자국의 감축목표를 달성하는데 기여하는 방향으로 계산되도록 한다는 데 합의하였다. 미국은 교토의정서 서명국은 아니지만 탄소거래제 구상에는 반대하지 않았다. 따라서 미국도 탄소시장을 구축하기 위한 조처를 자국에 대한 충격을 줄이기 위하여 단계적 접근방법을 채택할 것으로 보인다.

Ⅷ 환경문제의 해결책

1. 인식과 접근의 다양성

1) 정치 행정적 접근

(1) 접근방식

환경문제의 해결은 무엇보다도 정부가 수행해야 할 중요한 업무의 하나이다. 환경정책은 환경오염이라는 사회문제를 해결하기 위하여 개선목표를 설정하고 이를 달성하기 위한 환경정책 수단을 결정하는 정부의 방침을 의미한다.[15)]

15) 정정길, 정책학원론, 대명출판사, 2003, p. 54.

환경문제에 대한 정치 행정적 접근은 정책 형성과 결정과정 그리고 집행과정 등 전체의 정치과정에 참여하는 행위자들이 주체가 되어 해결하게 된다. 공식적인 정책과정의 주체는 의사를 결정하는 의회, 이를 집행하는 행정부, 분쟁의 최후 해결자인 사법부로 구성된다. 그러나 이 과정의 단계마다 개입하여 영향을 미치는 요소들이 있는데 여론관련 기구인 시민사회 단체, 언론기관, 기업인 단체, 노동자조합 등의 이익단체들이 있다. 이들은 환경문제에 대한 자신들의 이해관계와 판단에 따라 여러 형태의 제안, 건의, 로비 등의 압력수단을 동원하여 정부의 전 과정에 영향을 행사하여 자신들의 목표가 국정에 반영되도록 하는 것이다.

정부의 정책과정은 우선 환경문제를 정책의제로 채택하는 단계에서부터 시작된다. 정책의제란 환경문제 가운데 정부가 해결하기로 선택한 것을 의미한다. 아무리 국민의 입장에서 중대한 문제라 하더라도 일단 의제로 선택이 안 되면 무의미한 것이 된다. 의제는 행정부에서 발의하여 의회에 회부되는 것도 있고 의회자체에서 개발된 의제도 있으나 전문성이 있는 행정부에서 넘어오는 것이 대다수를 이룬다. 결정 전 단계인 의제화 단계가 중요한 것도 이 때문이다.

둘째로는 환경정책의 결정단계로서 의제화된 문제를 선정한 후 그 목표와 집행수단을 결정하는 것을 의미한다. 결정은 중요한 문제는 의회의 의결을 거쳐야 되지만 시행령 수준의 정책은 부령수준에서 행정부가 직접 결정한다. 이 과정에서 문제가 될 수 있는 것은 의회나 행정부에서 우선순위를 정할 때 이해관계에 따라서 소극적 결정을 하는 경우도 있다는 것이다. 여론이 비등하여 마지못해서 상정은 하였으나 여러 가지 사정을 들어 계류시키는 행위도 여기에 해당된다. 기업이나 특정 개인 또는 세력의 로비나 압력에 정부가 굴복하여 정책이 무산되는 일이 많다.

셋째로는 환경정책의 집행단계이다. 환경정책이 생명력을 가지고 환경문제를 적극적으로 해소하기까지는 복잡한 메커니즘을 거쳐야 된다. 환경정칙은 행정만을 국한하여 보면 환경부가 주무부서이다. 환경부는 중앙 환경 분쟁조정위원회, 국립환경과학원, 지방 환경관서를 통괄하면서 업무를 수행하지만 그 밖에도 관련 행정 부처들이 많고 또 지방자치 단체와의 협조사항도 많다.[16] 왜냐면 실제로 환경행정의 집행은 지방자치 단체에서 이루어지기 때문이다. 그의 소속기관정책이 결정되었다고 해서 모두가 집행되는 것은 아니다. 사소해 보이는 환경정책 하나가 경우에 따라서는 국가의 경제정책에 제동을 걸게 되는 경우도 있을 수 있다. 일반적으로는 검토과정에서 여과되기도 하지만 그러지 못한 경우에는 정책 간의 충돌을 일으키기도 한다. 결과적으로 결정된 정책이 집행단계에서 소멸되는 경우도 있고, 예산부족이나 오염세력들(예 : 철강업계, 의료업계, 수출산업체 등)의 강력한 반발로 규모가 축소된 채 소극적으로 집행되는 경우 그리고 적극적으로 집행이 이루어지는 경우 등으로 나누어 볼 수 있다. 예를 들면, 미국의 의회는 1970년에 환경보호국을 설치했다. 그러나 산업체를 규제하기 위해서 설치된 규제 기관들이 결국 산업체들로부터 조종을 당하는 사례가 나타나기도 했다. 이를 방지하기 위하여 의회는 청정 대기법, 수질오염 규제법, 유해물질 규제법 등의 다양한 시행법규들을 만들게 되었다. 이처럼 선진국들이 오염억제를 위하여 널리 사용해온 수단은 규제 장치였다. 오염문제는 단순히 행정기구의 관여로 끝나는 것이 아니라 오염규제의 엄격성문제를 두고 법정공방을 하기 마련이다. 이에 대비하여 경우에 따라서는 중앙정부 조직으로 중앙 환경 분쟁 중재위원회를 두고 환경 분쟁을 조정하는 나라도 있다. 이만큼 정책이란 복잡한 변수들의 복합체이므로 정부에만 의지할 수 없는 문제라는 국민적 인식이 필요하다.

(2) 정치 행정적 접근의 한계

앞에서 살펴본 바와 같이 환경행정은 복잡한 정치과정을 통하여 합의된 의

16) 정준금, 앞의 책, p. 65.

제를 집행하게 된다. 행정정책의 내용은 모든 사회구성원들 각자의 환경행위에 대하여 상벌로 보상함으로써 환경오염을 방지하게 되는 것이다. 자발적으로 규제를 할 경우에는 포상이나 인센티브제로, 반대로 법규를 위반할 경우에는 규제조치를 취하는 것이다. 문제는 행정 관료들은 집행과정에서 경제적이고 손쉬운 권위주의적 방식에 의존하고 싶어 하는 유혹을 받기 쉽다는 것이다. 이것이 행정규제가 갖고 있는 약점들이다.

2) 행정적 접근의 한계성

가. 시행상의 결함

첫째, 환경문제를 행정적 접근을 통하여 해결함에 있어 나타나는 문제는 시행상의 결함이라고 할 수 있다. 이는 고위 의사결정 단계에서 결정된 사항들이 집행과정에서 기내지 않은 일들로 인하여 기대했던 성과를 거두지 못하는 경우에 해당된다. 초기에는 눈에 보이는 문제에 대한 시행이므로 많은 관심을 받기 때문에 쉽게 해결되는 경향이 있으나 그 다음 조치로 비록 사소하지만 중대한 문제의 근원이 될 수 있는 문제가 나오면 여론의 관심은 점점 멀어지기 시작한다. 일종의 여론의 속성으로서 '관심체감의 법칙'이 적용되기 때문이다. 또한 행정 부서 간의 부서 이기주의나 부서 간 책임전가라는 관행으로 인하여 집행실무자들 사이의 간극이 있어 처음과 중후반의 사업결과에 상당한 괴리가 생기기 일쑤이다. 이런 문제들이 환경정책의 시행에 지장을 줄 수 있는 문제 군에 속한다.

둘째, 행정적 접근방법이 제 기능을 하려면 과학적이고 합리적인 산출근거에 의하여 정책이 결정되고 집행되어야 하는데, 여러 가지 정치적 압력이 개입하게 된다면 행정의 결과는 부정적일 수밖에 없게 된다. 부정과 부패가 관습적으로 용인되는 사회는 말할 것도 없고 유·무형의 영향력에 대하여 경계해야 된다. 오늘날 미국 등 선진국들은 사회적 전문화의 확산을 바탕으로 화석자원 외에 다양한 생태 자원을 관리하기 위한 정부지원을 받는 연구기관과 행정적 관리기관들이 제도화되어 왔다. 이런 기관들은 정치적 통제와 사법적 감시로부터 상당한 자율성이 보장되기도 한다. 그러나 그 어떤 경우에도 채취산업계의 정치적 영향으로부터 자유롭지는 못한 조건하에 있다. 이 말은 전문가들의 객관적이고 양심적인 판단이 자본이나 기업의 영향을 벗어나지 못한다는 것을 의미한다. 환경문제에 대한 정의로운 접근이 막힐 수 있는 이유이다.

나. 중앙 집중방식의 관료구조의 한계

첫째, 합리주의를 근간으로 하는 행정적 접근에서 제기되는 문제는 권력과 전문지식 모두가 행정적 위계구조의 정점에 집중된다는 것이다. 그러기 때문에 조직상의 하위 요원들보다 조직의 정상에 있는 결정자들이 해당업무의 수행과정에서 발생하는 문제들을 더 잘 조정할 수 있다는 믿음을 가지고 있다. 그러나 실제로 복잡한 문제들이 발견될 경우 이러한 중앙집중 방식으로는 문제가 해결되기 매우 어렵다는 것이 일반적 경험이다.

제니크(Martin Jaenicke)의 연구결과를 보면 환경관련기관의 제도화가 환경정책의 성공을 보장하지 못한다는 것이다. 이와는 대조적으로 일본, 네덜란드, 스웨덴의 사례에서 볼 수 있듯이 생태문제가 정치 발전에 강력한 동기를 제공한다는 것이다. 생태에 대한 높은 관심이 시민의 참여와 분권화를 장려하고 자율과 시민사회의 관여의 중요성을 높여준다는 것이다. 이것이 의사결정 모델에 있어 중앙집중형의 한계를 반증하는 것이다.[17] 이의 대안으로 제시된 방식이 이른바 포퍼 식의 열린 조직의 운영, 즉 각 부문 상호 간의 자유로운 의사소통방식이다. 과학적 전문사회가 효과를 거두기 위해서는 전문지

17) Martin Jaenicke, "Democracy as a condition for Environmental Policy Success : the Importance of non-institutional factors", William M. Lafferty ,et.al., eds., *Democract and the Environment* (Cheltenham,UK.: Edward Elgar, 1996), pp. 73-75.

식에 기초한 권위가 아니라 열린사회 행정지도나 감독 등의 규제방식은 현장의 사정에 밝지 못한 공무원들의 판단을 왜곡시킬 수 있다. 특히 철저한 단속을 위해서는 많은 인력이 투입되어야 하므로 결국 정부예산에 부담을 줄 수 있다.

둘째, 이러한 구조는 행정실무자들의 현장에 대한 지도와 감독방식에서도 그대로 나타난다. 행정지도나 감독 등의 규제방식은 현장의 사정에 밝지 못한 공무원들의 판단을 왜곡시킬 수 있다. 특히 철저한 단속을 위해서는 많은 인력이 투입되어야 하므로 결국 정부예산에 부담을 줄 수 있다.

다. 정치우선의 판단

그러나 실제로 복잡한 문제는 행정적 의사결정체계 안에서 만나게 되는 다양한 요인들과 그들 간의 상호자용이 너무 많아서 개별 기능이 작동하기가 매우 어렵다는 것이다. 그러므로 여기서 행정적 합리주의에 의하여 영향을 받기 보다는 오히려 정치적 우선순위로부터 더 큰 영향을 받게 된다는 것이다. 이 과정에서 오히려 관련 기구 간의 주도권 다툼이 치열해질 수가 있으므로 우선순위 설정문제를 두고 더 복잡한 양상을 띠게 되는 것이다. 각 부서별 업무통합이 잘 이루어지지 않아서 영국의 경우처럼 오염조사국으로 통폐합을 추진해서 발족했으나 이마저도 기업의 대기오염, 쓰레기, 방사능, 수질 등을 다루는 각각 다른 기능들로 나뉘게 되었다.

행정적 합리주의에 입각한 조직편성에서 여전히 드러나는 결함들의 원인은 결정된 정책에 대한 순응을 여러 모양으로 거부한다는 데 있다. 순응은 우선 일선 행정실무자들이 법규준수와 상위부서의 지시에 충실해야 하고 그 다음은 환경오염자, 개발추진자 및 자원이용자들이 행정기관의 지침을 따라 주어야 되는 것이다. 그러나 대부분의 경우 이런 행위자들은 행정기관의 관련 법규나 지침 또는 지시사항을 따르기보다는 오히려 타협적으로 접근하려는 경향이 강하다는 것이다. 예를 들면, 오염감소의 정도, 설정된 오염 감소량의 이행일정, 설치할 장비의 종류 등의 문제를 놓고 자기의 이익과 편의를 위하여 협상을 제의한다는 것이다. 때로는 개발옹호자들이 환경행정의 규제조치에 대하여 명령이나 통제라고 비난하는 일도 발생한다.

라. 환경기준의 공정성 결여

첫째, 규제행정이 효율성을 발휘하기 위해서는 합리적인 환경기준을 설정해야 한다. 그러려면 정확하고도 방대한 자료수집이 전제되어야 할 것이다.[18] 판단자료에 객관성, 공정성이 담보되려면 문제의 분야와 관련지역, 그리고 기업이나 업소의 규모와 자산, 그리고 취급하는 상품의 특성과 다양성 등에 관한 철저한 조사를 통하여 타당성이 인정되어야 할 것이다. 그러나 조사 과정에서부터 판단단계에 이르기까지 비합리적인 전례와 관행 등이 판단의 기준이 되는 경우도 없지 않아서 규제효과를 거두기 어렵다

둘째, 기업이나 업소에 획일적인 기준이 적용될 경우 부작용의 우려가 있고 관련기업들의 투자의욕을 손상시키는 문제가 발생할 수도 있을 것이다.

오늘날 언론 매체를 통한 각종 리스크 보도가 실제로 추정되는 리스크의 심각성을 반영하지 못하고 있다는 것이 많은 연구자들이 우려하는 바다. 대중의 속성상 낮은 비율의 변화량에 대해서는 별 의미가 없는 것으로 인식하려는 경향이 있고 이는 사람 개인에게 가해지는 피해의 가능성은 무시해도 되는 수준이라는 인식을 낳게 되기 마련이다. 미디어의 보도태도는 이처럼 대중적 인식에 영합하거나 극적으로 왜곡하기도 한다. 이처럼 기후변화와 관련하여 그 리스크를 정치적으로나 대중적으로 관리할 경우 상당수의 대중은 지구온난화 문제를 실질적인 위협으로 받아들이지 않고 오히려 식상한 태도를 보이게 한다.

---

18) 정준금, 앞의 책, p. 160.

이러한 행정행위와 관련된 문제점 외에도 자유주의적 시장경제를 중심축으로 운영되는 자본주의 자체가 걸림돌이 되는 경우도 있다. 행정이란 그 틀 안에서만 작동하게 되어 있으므로 이미 결정된 정책에 대하여 이의제기가 불가능하다는 것이다. 즉 행정적 합리주의는 정치적 비합리주의를 시정하기에는 너무 미약하다는 것이다. 시장이라는 맥락에서 작동하는 자본주의 체제의 정책문화는 현실적, 잠재적 투자자들의 움직임에 민감한 반응을 보이지 않을 수 없다. 왜냐면 오염 방지법과 규제와 관련된 환경영향 평가라는 잣대를 엄격하게 적용할 경우 투자자들은 자본을 회수하여 규제와 영향이 보다 약하거나 유연한 지역으로 투자선을 바꾸려 하므로 이는 결국 유권자의 지지율을 떨어뜨리는 결과를 가져오기 때문이다.

그러나 분명한 것은 선진국에서 보여준 행정적 합리주의의 적극적 개입이 없었다면 오늘의 환경수준도 유지해내기 어려웠을 것이라는 판단이다.

3) 경제적 접근

(1) 접근 방식

가. 시장의 통제

민주적 실용주의자들이 선호하는 자유민주주의의 정치유형은 주로 시장자유주의, 고전적 자유주의, 신자유주의 등의 이념적 분포를 보인다. 이들은 국가가 처한 상황에 따라 그 해결을 강조하는 방식으로 영국에서는 대처리즘, 미국에서는 '레이거노믹스'로 나타난다. 이들은 다 같이 포드주의나 케인즈주의에 기초한 복정국가의 한계를 극복하기 위한 신자유주의적 대안이라는 데 공통점이 있다. 즉 작은 정부를 통한 시장원리의 강화로 경제의 활력을 회복하자는 것이 핵심요지이다. 이것이 경제 합리주의이며 환경문제도 시장의 원리에 충실히 따르면 된다는 입장이다.

그런 의미에서 관료들의 정치적 의도성이 강하게 작용하는 행정적 합리주의에 대하여 경제적 합리주의는 적대적 태도를 보이는 것이 특징이다. 경제가 시장에 집중한다는 것은 이념적 스펙트럼에서 본다면 보수요, 우파에 속한다. 그럼에도 불구하고 좌파나 녹색지향적인 인사들도 때로는 환경문제를 해결함에 있어 시장논리에 의지하는 경우도 있고, 사회민주주의 정부에서도 환경정책과 관련하여 시장논리를 차용하는 경우도 있다. 시장은 정부의 정책도 구속하는 힘을 갖고 있다. 시장의 절대적 명령과 다른 가치(예를 들어, 생태운동)들 사이에서 갈등이 발생하면 다른 가치들은 시장의 절대가치에 종속되는 것이 일반적인 현상임을 감안할 때 환경문제가 경제적으로 접근할 경우 그 한계는 분명해지는 것이다. 이런 제약들은 최근 신자유주의적 세계화 추세가 강화되는 현실에서 더욱 심해지고 있다. 시장자유주의자들 입장에서는 자본의 발전 없이는 환경개선도 기대되기 어렵다는 주장도 서슴지 않는다. 이는 결국 개발이 환경에 우선한다는 논리이다. 반대로 녹색근본주의자나 생태적 근대화론자들은 이에 동의할 수 없을 것이다. 최근 들어 환경 분야에서 경제적 접근이 힘을 발휘하는 이유도 시장의 힘이 때로는 정치적 장애를 쉽고 효과적으로 극복할 수 있는 수단이 될 수 있다는 잠재력 때문이다.[19] 이것이 바로 시장주의자들이 정치보다 시장을 항상 선호하는 이유이기도 하다. 그러나 이러한 배경에는 정부의 조직 안에 돈만을 중시하는 개인들이 포진해 있다는 지적을 하기도 한다. 경제적 접근은 환경문제를 둘러싸고 있는 집단 행위자들 사이의 관계가 기본적으로는 경쟁적이라는 관점을 전제로 하고 있다는 것이다. 그러므로 민주적 실용주의가 추구하는 협력에 의한 해결방식은 끼어들기 어렵게 되는 것이다.

---

19) 미국의 조지 부시 대통령 시절 환경보존재단의 이사장을 지낸 레일리(William Reilly)는 시장이라는 공간이 가진 힘은 개인과 제도의 행동양식을 바꾸는 강력한 수단으로 일단 바르게 정착되면 전통적 규제방식으로 접근했을 경우보다 더 적은 비용과 더 적은 저항을 통하여 환경적 목표를 달성할 수 있다고 말한 바 있다. Bruce Yandle, “Community Markets to Cotrol Nonpoint Source polution”, in Roger E. Meiners and Bruc Yandle(eds.), *Taking the Environment Seriously*(Lanham, Md.: Rowman and Littlefield, 1993), pp. 185-207 참조.

나. 소유제의 힘

사적 재산권과 시장의 원리 간에는 어떤 관계가 있는가? 사람은 대체로 다른 사람들과 공유하는 것보다 사적으로 소유하는 것에 더 많은 관심과 보호 의지를 가지려는 경향이 있다. 개인의 정원보다 공원에 쓰레기가 더 많고, 공용 목초지가 사유지보다 토양의 질이 더 안 좋다는 이유이다. 미국과 같이 국토면적이 광대한 나라의 경우 국유지 관리문제가 쟁점이 되는 예가 많다. 자유 시장 환경론자들은 국유지 쟁점에 늘 민감하다. 그들은 연방정부의 각 기관에 의하여 국유지가 관리되고 있는 현실에서 이들 기관들의 특정 이해관계에 따라서 토지가 남용되는 통로가 되기 때문이다. 예컨대 임차 목장주들은 시장가보다 낮은 가격에 방목용 토지를 이용하고 있음에도 그 땅의 황폐화를 막는 데는 소홀하다. 이것은 결국 정부가 야생지 파손을 장려하는 셈이다. 정부지원에 힘입어서 국립공원에 대한 대중접근성이 강화됨에 따라 관광객이 몰리고 생태계의 파괴는 가속화된다.

경제주의자들은 토지를 개인이 소유할 경우 자기 소유의 목장 주들은 땅위에서의 가축 방목을 자제할 것이며 토양관리와 목초보존에 더 투자하게 될 것이다. 시장주의자들의 견해는 토지, 물, 공기 등의 환경자원은 사유화될 경우 발생되는 모든 환경문제를 해결하는 데 도움이 될 수 있다는 것이다.

그러나 경제 발전이 오히려 환경보호에 긍정적이라는 주장도 있다. 그 예로 경제선진국의 경우에서 볼 수 있듯이 산업생산부문의 고용인구가 감소하고 대신 서비스 산업부문의 고용인구가 증가하므로 상품소비는 줄어들고 정보와 삶의 질은 향상된다는 것이다.

경제주의적 관점이 주장하는 것처럼 사유화가 환경문제 해결에 도움이 되려면 몇 가지 전제조건이 있어야 한다. 첫째, 토지 소유주들이 환경문제를 우선시해야 한다는 것이다. 둘째, 토지 소유주는 개발가치가 없을 경우에만 개발을 연기할 것이다. 소유주는 가치증식을 위해서는 처분권을 가지고 있기 때문에 개발 지향적이라는 것이 합리적 판단이다. 소유주에게서 이런 전제조건을 찾기는 결코 쉽지 않다는 점에서 경제주의적 환경정책은 한계가 있다고 생각된다.

다. 오염배출권

공기나 물 오염과 관련된 합리적 경제조치는 공기와 물에 대한 재산권을 설정하고 이에 대하여 개별적인 관리책임을 묻는 것이 될 수 있을 것이다. 그러나 이는 쉽게 해결되기 어려운 성질의 문제이다. 그 대신 정부는 시장관리방식으로 접근하는 것이 더 용이하고 효과적이다. 환경 분야에서 가장 널리 이용하는 시장관리 방식은 오염배출권을 활용하는 것이다.[20] 이는 정부가 지역별 대기 구역이나 하천의 유역 구간을 설정하여 허용 가능한 최대 오염수준을 설정하고 이를 수준별로 여러 권리로 나눈 다음 그 권리를 경매에 부쳐 최고 입찰자에게 낙찰되게 하는 방법이다. 쉽고 값싼 방법으로 오염배출을 줄일 수 있는 사람은 오염배출권을 사는데 지출하지 않고 오히려 오염을 줄이려 할 것이다. 그와는 반대로 배출량 감소에 비용이 많이 들거나 배출량을 더 늘려야 할 오염자나 업체는 배출권을 필요한 만큼 사들이면 되는 것이다. 이처럼 정부가 지정하는 오염 감축 수준은 오염자들의 손익계산의 합리적 결정수준에서 가장 효율적인 방식으로 달성될 수 있게 되는 것이다. 여기서 오염 감축량을 더 늘려야 한다고 주장하는 환경주의자들은 오염 할당량을 모두 사들여서 오염자들이 배출권을 전혀 사들일 수 없게 함으로써 오염원 자체를 줄일 수도 있다. 이런 제도는 미국을 비롯한 선진국에서 일부 도입한 사례가 있다.

이와 같은 배출권 거래 방식은 오염 배출량이 많은 석탄 발전소에까지 확대하여 실시하기도 한 바 있다. 이런 방식은 자원 보호 대상인 어족자원에도 적용되어 정부가 할당량을 정하고 정해진 할당량은 시장에서 매매가 가능하

20) John S. Dryzek, 지구환경 정치학 담론, 정승진 역, 에코 리브르, 2005, p. 197.

다. 국가별로는 어족자원의 보호 등 해양생태계의 보존과 관련하여 치어분양이나 어장관리 등의 가능한 장기적 정책을 통하여 해양생태계를 보존하려는 노력을 기울이고 있다. 이와는 반대로 세계 도처의 공유수면에서는 어류의 남획, 어종의 고갈 등 해양자원의 이기적 목적의 개발을 위한 투자가 이루어지고 있다.

오염배출권이라는 녹색 세제에 대한 시장주의자들의 주장은 근본적으로 오염감축의 비용은 얼마나 들며 어떤 기술이 적용되어야 하는가에 대한 결정권을 오염자의 손에 맡긴다는 것이다. 그런 의미에서 이 제도는 지극히 자본주의적이고 합리적이 할 수 있다. 그러나 오염자는 금전상의 손해를 감수하고서라도 오염물질 배출의 필요성을 느낀다면 오염을 선택할 것이다. 비용때문에 오염을 피한다는 것은 근본적인 환경 철학이 아닌 거래의 논리이기 때문에 근본적인 오염방지와는 거리가 멀게 된다. 돈으로 샀기 때문에 양심에 거리낌 없이 오염물질을 배출할 수도 있기 때문이다. 특히 오염자는 오염을 줄이려는 목적에서가 아니라 다만 비용손익이라는 기준에 의하여 정책의 우선순위를 정할 것이다. 오염감축 방식의 비용이 비쌀 때에는 부담금을 내고 오염물질을 배출하려 할 것이다. 영국의 경우에서는 재무당국이 녹색세제를 주로 국고를 늘리는 관점에서 보고, 환경당국과는 업무협조도 없이 결정한다는 것이다. 따라서 오염이 많이 발생할수록 정부의 재정수입이 늘어가게 되기 때문에 녹색세제는 정부에게 오염에 대한 기득권을 안겨 주는 결과가 되고 만다.

(2) 경제적 접근의 한계성

경제적 접근은 시장논리에 의해 환경문제를 해결하려는 시각에서 출발하므로 경제우선의 해결책이라고 봐야 한다. 경제의 효율성을 저해하는 어떤 대안도 환경문제 해결책으로 받아들일 수 없다는 말과 같은 것이다. 이런 관점에서 환경정책과 관련된 경제적 접근에는 한계가 따를 수밖에 없을 것이다.

첫째, 시장적 인센티브를 통하여 환경을 규제한다는 논리는 환경윤리의 차원에서 설득력을 잃는다. 환경오염행위 자체를 불법시하고 비인간적 행위로 보는 환경운동 단체들의 입장에서 보면 '돈으로 오염권을 산다'는 발상 자체를 용납하지 않으려 할 것이므로 설득과 합의라는 민주적 행정행위라는 관점과는 거리가 멀 것이다.

둘째, 물가상승의 원인을 제공한다. 기업들에 대한 경제적 제재수단은 곧 기업생산의 원가부담을 압박하는 결과를 가져오므로 이럴 경우 기업은 생산단가를 인상하려 할 것이고, 이는 곧 생산비용을 소비자가격에 반영하여 그 손실액을 소비자에게 부담시키는 결과를 가져올 것이다. 더욱이 환경오염을 발생하는 문제의 제품이 주로 저소득층 소비자들을 주 고객으로 하는 것이라면 그 피해는 고스란히 가난한 사람들에게 돌아갈 것이다. 이는 소비 공정성에 위배되는 행위이다.

셋째, 해결수단이 복잡해지고 비용 상승을 촉발한다. 경제적 해결은 제도적으로 금지된 행위를 방지하는 조처가 아니라 경제적인 방법으로 해결한다는 것이다. 경제적 해결이란 경제적 수단으로 보상 또는 배상한다는 것이지 근본적인 대안을 찾는다는 것을 반드시 의미하는 것은 아니다. 환경위반행위를 경제적으로 보상, 배상을 하기 위해서는 먼저 적정선의 환경재 가격을 결정해야 되는데 그것을 판정하는 시간적 기준을 언제로 할 것이냐 하는 문제에서부터 제품 이동과정의 단계마다 발생하는 가격 변동요인을 모두 계산하여 반영한다는 일이 매우 복잡하다. 이 때문에 행정 담당자와 오염 배출자 간에 결국 적당한 선에서 타협하게 될 것이므로 부정의 소지가 개입될 수 있으며 또한 오염배출 기업이나 당사들에게도 방지시설물을 설치하는 데 상당한 비용이 소요될 것이다. 이 모든 절차는 복잡하고 전문 인력도 많이 소요되며 시간소모적인 것이므로 환경문제의 근본적인 해결에 효과적인 방법으로는 적합하지 못하다.

이처럼 환경정책에 있어 경제적인 접근방식은 신중하게 결정해야 되는 것이므로 모든 관련 주체들은 이러한 특성을 먼저 이해하고 다양한 조건에서 대안을 마련하도록 노력해야 한다.

2. 환경문제의 정책적 선택

1) 민주적 선택

환경문제는 민주주의와 연계하여 이해할 때 문제의 본질이 드러날 뿐 아니라 그 해결책 또한 바르게 모색될 수 있는 것이다. 지구위에 사는 모는 인간은 환경의 혜택과 피해의 공유자이다. 그러면서도 동시에 환경오염의 주범이라 할 수 있다. 이런 관점에서 본다면 민주적인 인식이 아니라면 환경문제는 늘 겉돌 수밖에 없는 문제영역이라고 볼 수 있다.

민주주의의 정당한 운영은 집단적 토론과 타협 및 합법적 의사결정제도에 의하여 정책이 선택되는 체제라는 데 있다. 민주적 체제가 비민주적 체제, 즉 권위주의체제에 비해 과연 환경문제를 더 잘 해결할 수 있는가에 대하여는 이론이 있을 수 있다. 그럼에도 불구하고 정상적인 민주정치의 과정이 보장된다면 각종 사회문제가 쟁점화 되고 정책화로 이어질 수 있는 시공간적 여건이 마련될 것이다. 무엇보다도 민주적 정치과정에서는 환경문제의 근원이 드러날 수 있는 개방된 커뮤니케이션 수단이 확보될 수 있기 때문에 공론화가 가능하다. 공론화는 이 문제의 근본원인이 어디에 있으며 이를 해소하기 위해서는 어떤 전략과 정책이 유효한가를 찾아내고 그 책임은 어떻게 분담하여 해결할까 하는 등의 논의의 장을 의미한다. 문제의 근원이 한 국가단위 안에 있을 경우 일정한 대의 영역(선거구), 즉 손익관계를 대표하는 경계가 있다. 그러나 환경문제는 피해당사자가 원인제공자를 찾아 피해보상을 요구할 수 있는 제도화의 범위 밖에 존재한다.[21] 예를 들면 스칸디나비아 반도의 호수들의 황산화의 근원은 영국이며 체르노빌 원자로 사고로 인한 방사능 피

21) William Lafferty, eds. *op.cit*.

폭지역은 영국의 웨일즈까지 포함된다. 더 가까운 예로 중국의 황사발원지로부터 날아온 황사피해로 한국 국민의 건강상의 피해는 갈수록 심각해지고 있다. 이런 고의성이 없는 문제를 국제적으로 고발할 수 있는 제도가 없다는 것이다. 이럴 경우 피해국이 원인제공국에 보상요구를 하거나 정치문제화 할 수 있는 제도적 장치가 없다는 것이다.

환경문제는 '부담의 외재화(저자 주 : 현대문명의 편리함은 내부자가 향유하고 그 피해는 외부자에게 전가한다는 뜻, 예를 들면 차내 에어컨 가동으로 운전자는 쾌적함을 느끼는 대신 그 뜨거운 배기가스는 고스란히 보행자가 마시게 되는 경우)'라는 문제를 발생하고 있으며 이는 범지구적인 공론의 장에서 해결을 하지 않으면 달리 해결되기 어려운 문제이다.

현실적으로 환경행정을 민주화해야 한다는 주된 이유는 보다 광범한 대중을 포괄함으로써 각 결정의 합법성을 보장해야 할 필요성이 절실하기 때문이다. 이것이 행정행위에 대한 공공성 확보의 문제와 직결되는 것이다. 환경행정의 민주화는 지속적 발전의 민주적 기반을 조성하는 데 중요한 요소가 된다. 환경정책이 효과적으로 수행되기 위해서는 세 가지 능력이 배양되어야 한다. 이 능력의 범주화하면 다음과 같다.

첫째, 지식 정보능력이다. 여기에는 생태문제에 대한 미디어의 개방성, 적합한 인식구조, 관련행위자의 전문성 등이 포함된다. 둘째, 참여능력이다. 정책과정에 있어서의 투입구조의 개방성, 정책 네트워크의 포괄성, 환경문제에 대한 시민사회의 관여를 위한 법적, 물적 인프라의 구축 등이 포함된다. 셋째, 통합능력이다. 정책연합체 내의 또는 연합체 상호간의 합의 지향적 정치문화와 협력적 정책 스타일에 의해 지원을 이끌어내는 능력을 말한다.

이와 같은 세 가지 능력은 환경문제의 효율적 해결을 위한 민주적 거버넌스를 구축하여 지속적 발전체계를 도출해 낼 수 있는 조건이라 할 수 있다.[22)]

---

22) Roger E. Meiners, eds., *op.cit.*, pp. 80-81.

이러한 조건이 이루어진 다음 절차가 이른바 환경영향 평가이다. 이는 어떤 사업제안이 환경에 미칠 가능한 영향들을 세부적으로 검토하여 작성한 일종의 보고서이다. 환경영향 평가에는 그 결과물로서의 문서에 대중들이 공개적으로 평가할 기회가 뒤따른다. 이 평가서에 참여하는 행위 단위들에는 주무 정부기관을 비롯하여 관련기관, 환경관련 시민단체, 관심 있는 기업, 자원의 사용자, 그리고 평범한 서민에 이르기까지 다양하다. 따라서 환경영향 평가는 행정부를 민주적이면서도 환경적으로 더욱 민감한 반응을 보이게 만드는 데 기여한다.

둘째, 분쟁의 중재이다. 이 방법은 장기화한 법정 소송으로도 소송비용만 들어갔지 결과는 기대에 못미치는 경우의 대안으로 고려되는 것이다. 분쟁당사자들이 우선 각자의 차이점을 충분히 설득하고 모든 개인의 이익에 부합되도록 중립적인 제3자가 개입하여 중재하는 것이다. 중재는 재판을 대체하는 방법이면서 동시에 정부기관의 사업계획이 주민들의 저항에 부닥칠 경우 중재를 활용할 수 있다. 그러므로 중재는 단순히 분쟁해결에만 국한되는 것이 아니고 정책결정 과정에도 참여하여 중재안을 작성하여 제시할 수도 있다. 분쟁의 중재가 자칫 정부의 요청에 의하여 결정될 때 정부는 정치적 부담을 안게 될 수도 있어 중재는 매우 신중해야 하며 쌍방에 공정하고 신뢰를 확보해야 효율적으로 중재가 가능하다.

셋째, 설득과 토론을 통한 합의 도달은 정책적 쟁점을 해결하는 데 효과적일 수 있다. 이는 농업, 에너지, 어업, 임업, 제조업, 광산, 관광 등 여러 분야에서 정책추천을 받으려는 일련의 토론과정에 전국적인 주요 환경단체와 관련 산업대표들을 초청한데서 비롯된 바 있다. 정책토론의 방식에는 주민투표와 전문가의 기용, 정기적인 세미나와 공식적인 집회 등이 포함된다. 또 다른 예는 제안자와 반대자들이 다 같이 한자리에 모여 논쟁을 벌일 수 있는 공개적인 포럼도 여기에 포함될 수 있다.

이 같은 민주적 선택의 방식은 무엇이 공공의 이익에 부합되는 것인가의 개념을 규정하는 데도 유효하다. 공익에 대한 개념규정에는 보는 이의 관점에 따라서는 경제적 효율성일 수도 있고, 분배적 형평성일 수도 있으며 온전한 생태 보존이나 사회적 융합일 수도 있을 것이다.

2) 지속가능한 발전

산업화 이후 세계는 삶의 질적 조건의 개선 방향을 물질적 풍요에 두고 있다. 이는 경제발전을 전제로 하며 경제발전은 불가피하게 자연환경의 개발정책과 밀접한 관계 안에서 모색되는 것이다. 세계 각국은 1980년대에 접어들면서 비로소 무절제한 개발정책이 심각한 환경훼손을 가져온다는 사실을 깨닫게 되면서 이 문제에 대한 지구적 공론화의 물고가 트이기 시작하였다.

그동안 개발이라는 테제(These)는 산업사회 건설의 기본요소로 간주되어 왔기 때문에 아무도 그 모순을 염두에 두지 못했던 것이 사실이다. 그러나 기본 테제로서의 개발정책은 환경훼손이라는 인간의 유일한 삶의 터전을 희생시키지 않고는 불가능한 것이었다. 하나 밖에 없는 지구환경을 훼손하는 일은 더 이상 방치할 수 없다는 절박한 뉘우침을 일깨워주는 심각한 재앙들이 나타나기 시작하면서 환경문제는 안티테제(Antithese)로 떠오르기 시작하였다. 여기서 이 두 가지의 모순됨을 지양시키려는 개념으로서 지속가능한 발전(sustainable development)이라는 새로운 개념이 그에 대한 진테제(Synthese)로서 선택되기 시작한 것이다.

1987년 브룬트란트가 이끄는 세계 환경 개발위원회의 보고서가 나오면서 이 개념은 시대적 담론으로서 주목을 받기 시작한다. 이 보고서는 국제적 차원의 경제, 인구, 식량, 에너지, 제조업, 도시, 제도변화와 관련된 사항들을 포함하고 있다. 이 보고서는 경제성장과 환경개선, 인구안정, 평화, 세계평등을 동시에 서로 간에 보강해주는 방향으로 추진하는 미래상을 제안하고 있다. 지속가능한 발전이란 자원의 이용과 투자의 방향, 기술발전의 지향, 제도적 변화가 모두 조화를 이루고, 인간의 필요와 열망을 충족시켜주는 현재적 가능성과 미래적 잠재능력을 동시에 증진시켜줄 수 있는 변화의 과정이라는 뜻을 함축한다.23) 이 개념은 아직 완전히 입증된 것이 아닌 하나의 주장이라고 보는 것이 옳을 것이다.

지속가능 발전이란 개념이 지향하는 궁극적 목표는 인류의 복지증진과 환경보전, 미래세대에 대한 배려, 빈부격차 해소, 나아가서는 모든 관련자의 동참과 상호의존적 활동전개이다. 이 개념이 미치는 범역은 지구 전체의 인류 공동체이며 미래세대에까지 배려하는 장기 프로그램이어야 하며 자연생태계가 포함되는 자연과 인간의 공동운명체라는 정체성의 확대가 포함된다. 따라서 발전의 개념과 목표가 다를 수밖에 없는 선·후진국 간의 상호협력이 필수적이며 이를 위해서 후진국이 당면한 경제적 현실 문제를 해결하는데 선진개발국들이 적극 동참해야 할 것이다.

그러나 지속가능 발전은 각자의 이해관계에 따라 개념의 폭이 상당히 다르다. 제3세계의 경우 대외적으로는 세계적 차원에서 벌전과 저발전의 구조적 모순을 해소해야 한다고 주장할 것이고 한편, 국내의 기업집단과 자본은 주로 지속적인 경제성장에 초점을 맞추고자 한다. 개발도상국의 구조적 관점에서 보면 지속가능한 사회란 기하급수적 인구증가와 자본의 성장을 유발하는 양적 시스템에 대하여 정보 및 관련 행위자 상호간의 제도적 견제 메커니즘을 갖추고 있는 사회라고 할 수 있을 것이다. 즉 걷잡을 수 없는 인구증가를 방치하고는 자본의 성장이 불가능하므로 이 양자 간의 상호작용을 시장의 원리에만 맡기지 않고 제도적 장치를 통하여 조정하는 적극적 개념의 인식전환이라 할 수 있다.

3) 지속가능 발전의 과제와 전망

지속가능 발전의 핵심개념은 인류사회의 열망은 이미 선진국들이 성취한

23) 세계환경개발위원회, 1987, 앤서니 기든스, 홍욱희 역, 『기후변화의 정치학』, 에코, 2009, p. 96에서 재인용.

성장의 발자취를 모든 나라가 그대로 따라가서는 결코 이룰 수 없다는 인식에서 출발한다. 실제로 경제성장은 전 세계 빈민의 합법적인 요구를 만족시키는데 반드시 필요한 것이다.

개발이라는 개념을 단순히 경제성장에만 초점을 맞추어 GDP라는 지표로 측정하는 것이라면 선후진국을 막론하고 개발정책을 영원히 중단할 수 없게 될 것이다.[24] 지구사회가 경제성장을 멈추어야 한다는 것이 아니라 무절제한 경제개발이 불러오는 여러 가지 결과를 생각해보지 않는 무조건적인 성장개념을 재고해야 한다는 것이다. GDP라는 개념으로는 인간사회의 질적인 성장개념을 측정하는 데는 문제가 있다는 것이 오늘날의 주류 학설이다. GDP는 한 국가의 경제적 불평등을 전혀 반영하지 못하는 것은 물론 성장의 개념에 온실가스 배출이라는 문제를 고려할 수도 없는 개념이다. 또한 단순한 GDP는 복지의 척도가 될 수도 없다. 한 사회가 경제성장의 결과로 인하여 얼마나 살기가 좋아졌는가의 문제를 평가할 수 없다는 것이다. 그래서 복지지표를 측정하는데 쓰이는 지속가능 사회지수(sustaiable society index)라는 것이 2006에[25] 나왔다. 이 지수는 많은 환경관련 요소들이 포함되는데 습지, 삼림, 농경지, 재생불능의 자원 등에 영향을 미치는 자원결핍도, 탄소배출량 및 오존층 파괴물질 등이 그것들이다.

이와 같이 선진국들은 국민생활수준이라는 개념에 크게 연연하지 않는다. 그러나 후진국들의 입장은 다를 수밖에 없다. 이들에게는 개발에 대한 절박감이 지배적이다. 인구성장과 경제성장은 서로 물려 있는 문제이므로 가난을 더욱 부채질한다. 이들에게 있어 환경이나 기후문제는 빈곤문제 해소와 나란히 다루어질 수 없는 이유이기도 하다.

빈곤완화는 환경파괴의 가장 기본적인 원인의 하나를 개선하는 방법이다. 빈민은 개인이든 집단이든 자기지역의 환경을 남용할 수밖에 없기 때문이다.

---

24) 앤서니 기든스, 홍욱희 역, 앞의 책, p. 98.

25) 지속가능사회지수에 관하여는 지속가능사회재단(Sustainable Society Fund)의 홈페이지 참조.

빈곤의 문제는 사회적으로나 환경적으로 공정한 방법을 통하여 해소되어야 한다. 분배문제는 현 세대뿐 아니라 미래세대까지도 포함되는 것이므로 환경문제라는 변수가 개입될 경우 이는 장기적 전망에서 고려되어야 하는 것이다. 지속가능 발전이라는 과제는 비단 후진국에 국한되는 것이 아니라 선진국의 미래 전략과도 관련이 되는 것이며 그들이 과거 산업화 과정에서 지구환경에 미친 영향을 고려해야 한다.

여기서 지구오염이라는 책임문제를 규명한다는 것은 쉬운 일이 아니다. 다만 역사적으로 볼 때 선진 문명권 국가들은 오랜 기간에 걸쳐 산업화 과정을 거쳐 오늘에 이르고 있다. 그들이 지금까지 오염시킨 누적총량은 물론 현재도 심각한 오염 배출량을 보이고 있으며 더 나아가서 그들이 개발한 기술문명으로 지난날의 식민화 과정을 통하여 후진국에 오염 발생도가 높은 에너지 이용 기술을 확산하였다는 점에서 그 책임으로부터 결코 자유롭지 못할 것이다. 또한 지난 20년 동안 서구 선진국에서 제조업은 계속 쇠퇴해 왔다. 그 이유는 이들 선진국의 중산층 이하 소비자들이 중국을 포함한 개발도상국들에서 만든 소비제품들에 의존하는 비율이 크게 증대하였다는 사실에 주목해야 한다. 선진국들의 공해배출 산업시설들이 후진국으로 이전되었다는 것은 이들 국가로의 온실가스 배출 이전이 없었더라면 지금쯤 선진국들의 온실가스 배출량은 훨씬 더 많았을 것이다.

이렇게 본다면 현존하는 산업기술을 통하여 후진국들이 선진국의 사회발전수준을 따라가는 데는 결코 한계가 있어야 할 것이다. 여기서 세계는 지구환경을 더 이상 오염시킬 수 없다는 데 인식을 같이 하고 적어도 화석에너지, 즉 탄소배출량을 획기적으로 저감하자는 데 공식적으로 합의해야 될 것이다. 여기서 가장 합리적인 선택은 선진국들이 먼저 자국의 온실가스 배출을 획기적으로 저감하자는 데 합의하고 후진국들에게는 일정기간 발전속도에 따라서 그 조치를 유보하면서 그들의 개발정책을 도와서 점진적인 지구온난화 시책에 동참하도록 설득하고 유도하는 것이 되어야 할 것이다.

지속가능 발전의 체계에서는 문제 상호간의 중요도의 차이는 없다. 그럼에도 불구하고 이는 인간 중심적인 가치의 지배를 받는 것이기에 인간안보를 위한 지속가능성이지 자연보호개념상의 지속가능은 아니라는 점에서 한계가 있다. 물론 관련 기구 가운데 국제 자연보호연맹, 유엔 환경계획, 세계 야생생물 기금 등이 존재하지만 결국 이들 역시 궁극적으로는 인간생존을 위한 기관들이라는 것이다.

한편, 지속가능한 발전은 국가가 아니라 주로 세계 시민사회에서 제기된 담론으로부터 시작된 것이다. 세계시민사회는 관리적 성격이 아니라 민주적 특성을 띠는 것이므로 자유시장의 이념에 지배되기 마련이다. 이런 점 때문에 국제 NGO는 대체로 소속 정부의 정책의 기조를 능가하기 어려우므로 환경적 통제를 희생하여 무역확대나 경제성장에 우선을 두는 데 기울여 온 것이 사실이다.

지속가능한 발전의 개념이 환경문제와 관련하여 초국가적 담론으로 자리매김되어 왔지만 실제적으로 국제적 차원이든 국가적 또는 지방적 차원이든 실천적인 정책으로 집행된 예는 거의 없는 실정이다. 이와는 달리 초국가적 자본주의는 팽창을 거듭하면서 세계무역기구를 중심으로 하는 자유무역의 새 시대를 열기 시작하였다. WTO의 주요기능은 자유무역, 자본의 유동성, 나아가서는 세계 각국의 시장개방 체제에의 참여로 말미암아 이러한 경제성장 방식은 지속가능한 발전에 정면으로 도전하는 것이다. 세계 시민사회는 이런 추세에 맞서 힘써 싸워 왔지만 전 지구적으로 거대한 경제구조에 대항하는 데는 한계가 있을 것으로 보인다.

특히 환경 현안에 관한 정치적 해결방식이 가장 일반적인 방식인데 정치는 위험 요인들의 생산, 배치, 개선, 및 분배라는 차원에서 해결하기 보다는 오히려 보상을 통하여 쉽게 마무리 지으려는 방식을 선호한다. 이는 위험사회에 대처하는 방식이 민주적 원리에 의해서라기보다는 계급적 배분방식에 따른다는 것이다. 즉 유독물질과 같은 유해시설은 빈곤층 거주지나 소수민족 또는 사회적 소외계층들의 거주구역의 인근에 배치하게 된다는 것이다. 국제사회에서도 같은 논리에서 가난한 나라들에 공해시설과 폐기물을 수출하거나 그런 나라들에서 자원을 지속가능하지 않은 방식으로 개발하고 착취하는 사례들이 쉽게 끊이지 않을 것으로 보인다.

이러한 사실들에 비추어 지금으로서 가장 합리적인 대안으로 보이는 지속가능한 발전은 환경주의가 기업의 이윤 및 경제발전과 양립될 수 있다는 사실을 입증해내지 못하면 성공하기 어렵다는 주장이 설득력을 갖는다.

Ⅸ 생태계 위기와 국가적 대응

1. 위기대응책으로서의 녹색문화

1) 녹색문화운동

기후변화의 위기는 전반적인 생태계위기에 다름이 아니다. 기후변화의 원인을 온실가스의 급증에서 찾는 것처럼 온실가스 문제를 해결하기 위해서는 근원적인 생태계의 회복이라는 의식전환에서 찾아야 한다는 것이다.

녹색은 생명을 의미하며 생태계를 상징하는 것이기도 하다. 인간이성이 과학이라는 이름으로 자연을 소비하기 전까지만 해도 사람들은 자연을 경외의 대상으로 여기며 살아왔다. 만물의 영장이라는 자임은 인간이 자연계의 일부가 아닌 자연의 주인이라는 인식을 확인해주는 계기로 작용하였다. 그러나 자연에 대한 인간의 남용이 얼마나 무서운 결과를 가져올 것인가에 대한 두려움을 예감하면서 인간은 국가의 주권자로부터 생태계의 시민권자임을 인식하기 시작하였다. 이러한 인식태도의 변화의 배경에는 개인들이 자연공간을 마음대로 변형시키는 것이 아니라 그 공간의 시민임을 겸허히 배워가야 한다는 자성이 깔려있는 것이다.

녹색문화란 다양한 의미가 함축된 개념이라 할 수 있다. 즉 녹색운동을 비롯하여 생태계라는 새로운 시민사회의 담론영역을 통틀어서 일컫는 문제영역을 말한다. 구체적인 예를 들면 유기농 채소를 먹는 일을 비롯하여 미생물에 의해 분해되는 세정제를 사용하는 것, 재생섬유로 만든 화장지를 사용하는 것, 그리고 동물실험을 거치지 않은 의약품을 구입하는 것 등이 이 범주에 속한다. 또한 화석연료로 인한 공해를 일으키는 자동차 대신 자전거 타기, 화학비료 대신 퇴비를 사용하여 작물을 기르기, 재활용을 철저히 지키기, 그리고 육식을 피하고 채식 위주의 식생활을 하기 등이다. 이런 행동들은 사실 환경을 지키는 장점 외에도 건강생활에도 유익한 것으로 알려져 있다. 문제는 이러한 가치들이 가격구조 등의 문제로 인하여 자본주의 시장의 상품화과정에 아직까지 적응을 못하고 있다는 것이다.

넓은 의미로 녹색문화 운동으로 대표되는 이러한 생태보호 운동은 일반대중이나 주도층과의 합의에 의해 이루지는 것이 아니므로 전 지구적인 자유주의적 자본주의 정치경제라는 구조의 억압에서 자유로울 수 없다는 데 한계가 있다. 지구 온난화문제를 중심으로 한 국제사회의 압박이 현실화 되면서 대체로 에너지 자원이 풍부한 나라나 수요가 큰 나라들은 환경정책보다 자연자원의 효율적인 관리가 더 중요한 관심사가 되어왔다. 그러나 화석연료 자원에 대한 엔트로피를 느끼기 시작하면서 이제는 자원의 보다 효율적인 채취와 이용을 위해서 정부기관과의 연계 하에서 합리적이고 과학적인 관리가 필요하다는 인식이 싹트기 시작하였다. 이러한 인식은 야생의 보호나 오염저감 문제에 대한 관심보다 오히려 숲이나 하천의 유역 등 자원의 지속적인 산출량을 보장하는 데 일차적인 관심을 보여 왔다.

정치가 역점을 두는 것은 공동체 안에서의 생산, 배치, 개선 및 분배에 관한 합리적 조처라기보다는 물질적 보상의 분배라는 것이다. 위험사회가 도래할 경우에도 그 위험의 폐해는 계급에 따라 분배될 수 있다. 예를 들면, 불가피한 혐오시설이나 핵폐기물과 같은 유해물 처리장 같은 시설물들은 결국 가난한 사람들이나 소수민족 또는 소외계층의 거주지에 배치될 가능성이 크다는 것이다. 핵폐기물을 빈국에 매각하려는 시도가 주변관련국들의 압력에 의하여 저지된 사례도 있다(예 : 타이완의 핵발전소 폐기물을 북한에 매각하려는 비밀거래가 드러나 한국정부의 외교적 압력으로 저지된 사례가 있었음). 핵폐기물이나 독극물질을 공해상에 투기하는 사례는 흔히 일어나는 관행처럼 되어 있다. 러시아는 동해의 공해상에 이를 투기하여 한국의 항의에 부딪쳤지만 굽히지 않았다. 이런 원리는 지구촌이라는 시스템에서도 마찬가지이다. 가난한 나라에 공해유발 시설과 폐기물을 수출하거나 자원개발을 통하여 환경과 생태계를 파괴한다는 것이다. 오늘날 자유무역과 시장규제 완화에 집중하는 국가군들의 경우 생태적 근대화나 지속가능발전의 개념에 쉽게 적응하지 못하리라는 예측이 가능한 이유이다.

녹색운동은 두 갈래의 흐름으로 나누어져 있는데, 하나는 녹색 낭만주의이고 다른 하나는 녹색 합리주의이다. 녹색운동 주류의 분절은 녹색운동의 이상과 현실의 융합이 어려운 특성을 잘 반영하고 있다.

2. 생태 담론

생태담론은 녹색문화를 정착시킨다는 비전 아래 생태계 전반의 본질문제를 아우르는 살아 숨 쉬는 논의의 공간이며 녹색운동을 포함한 폭넓고 다양한 이데올로기로 다양한 정치조직과도 연계되어 그 활동의 폭이 매우 넓으며 크게 보아 녹색 낭만주의와 합리주의로 나누어 볼 수 있다.

1) 녹색 낭만주의

녹색 낭만주의의 사상적 계보는 합리와 진보를 강조하는 전통적 낭만주의를 거부한다. 녹색 낭만주의는 인간과 자연을 대할 때 이성적 판단과 같은 인위적 도덕적 판단보다는 자신의 감정에 충실하고자 하는 특성이 있다. 서구사회 근대운동의 동력이 계몽주의에서 나오는 만큼 녹색 낭만주의도 계몽의 근본원리를 받아들이면서도 인간의 오만에 의하여 휘둘리는 과학기술이 무절제한 환경오염과 파괴를 불러왔다는 비판과 함께 합리주의적 계몽성향과는 일정한 거리를 두고 있다.

에머슨의 자연주의 철학과 헨리 쏘로우(Henry Thoreau)의 사상에 영향을 받은 미국의 녹색 낭만주의가 이 계열 운동의 중심을 이루고 있다. 쏘로우의 월든(Walden)은 이 운동의 상징으로 자리 잡았다. 이 이론의 중심이 되는 심층 생태론은 놀웨이의 나에스(Arne Naess)에 의하여 체계화되었으며 두 가지 원리로 구성되어 있다.[26] 하나는 자아실현이고 다른 하나는 생명 중심의 평등이념이다. 전자는 인간존재는 각자의 자아개념을 넘어서 넓은 의미의 유기체적 자아와 동일시된다. 즉 인간은 자아를 넘어서 모든 개체가 얽혀있는 하나의 생태 시스템 안에서 역동적 관계를 통하여 살아간다는 것이다. 이 가운데 어느 하나의 결핍은 다른 것의 존재를 손상시키는 것이므로 그 자체가 일종의 부조리인 셈이다. 따라서 인간은 다른 생태기능들을 자신의 생명의 일부로 인식하고 돌봄으로써 자기 삶을 완성해 간다는 것이다.

환경문제에 대한 대부분의 담론은 주로 정치, 경제, 사회적인 제도와 실천을 재구성하는데 미치는 영향을 모색해 보자는 것인데 반하여 녹색 낭만주의는 인간이 달라지기를 바라고 또 사람이 달라지면 세계의 많은 일들이 변화된다는 기대를 갖고 있는 것 같다. 결과적으로 녹색 낭만주의는 정치적 색채를 최대한 배제하는 문화운동이라서 구체적인 전략수립에 한계를 드러낸다는 점에 비판의 여지가 있다. 그러나 제도의 힘보다 의식의 힘이 크다는 점을 생각한다면 환경문제가 심각히 대두되는 상황에서 그 생명력이 더욱 두드러질 것으로 보인다.

---

26) Arne Naess, "The Swallow and the Deep, Long-range Ecology Movement : A Summary", *Inquiry*, 16, pp. 95-100, 권헌영 앞의 책, p. 275 참조.

2) 녹색 합리주의

근대 시민사상은 인간 개인의 이성에 기초하고 있으며 이에 근거한 과학기술은 인간의 도구적 이성에 대한 실현을 가능케 하리라는 믿음으로 나타났다.

사실 녹색 낭만주의의 입장이 개인의 의식이 바뀌면 인간의 정치적, 사회적, 경제적인 문제들이 제자리로 돌아가게 된다는 낙관론을 펴는 것과는 달리 녹색합리주의는 생태적 현안들을 사회적 차원, 즉 다양한 민주적 제도와 시장의 원리들을 고려하여 검토해야 한다는 것이다. 여기서 파생된 이론적 기초는 사회생태론, 환경정의운동 그리고 사회적 에코 페미니즘 등이 있다.

사회생태의 개념은 생태 아나키스트로 잘 알려진 북친(Murray Bookchin)에 의하여 잘 설명되고 있다.[27] 북친에 의하면 인간사회는 지배를 속성으로 하는 계층구조로 이루어져 있기 때문에 이로부터 모든 사회악과 착취가 발생한다는 것이다. 그러나 같은 계층구조라 해도 자연생태계의 경우 먹이사슬은 생태계의 생명활동 유지에 필수적인 사회관계라는 것이다. 그러나 인간사회의 계층구조는 영주의 농노지배, 남성의 여성지배, 도시의 시골지배, 인간의 자연지배, 국가의 사회지배, 자본의 노동지배, 정신의 육체지배 등에서 볼 수 있듯이 조화로운 협조관계가 아니라 지배 내지는 과도한 경쟁관계이기 때문에 갈등과 반목이 지속될 수밖에 없다는 것이다.

이러한 이기적 관계의 끝은 사회적 불평등으로 이어질 수밖에 없고 자의적 소비행태를 초래하게 될 것이다. 그 결과 사회적으로 불평등하고 환경적으로 파괴적인 특성을 갖게 되는 것이다. 이에 대한 궁극적 대안은 정치 이념과 조직의 힘이라는 인식에서 유럽에서는 처음으로 독일 녹색당이 창설된다. 녹색 운동가들은 그 세력을 조직화하면서 1992년 리우정상회담이 열리기 직전에 80여 개국의 운동대표들이 모여 세계 녹색운동연대(Global Green Network)

27) Marray Bookchin, *Remaking Society : Pathway to a Green Future*(Boston, Mass.,: South end Press, 1990), 정승진, 앞의 책, p. 307 참조.

를 조직하기에 이른다.[28] 여기서 채택된 강령의 원칙은 녹색 합리주의의 이념과 행동 프로그램이 압축적으로 표현되어 있다.

첫째, 생태적 지혜는 녹색 합리주의가 지향하는 이성적 가치를 통하여 자연과의 조화로운 삶을 구현하자는 기본정신이 잘 드러나는 부분이다. 그러기 위해서는 세계를 지속가능한 사회를 만들어가야 한다는 것이다.

둘째, 사회정의가 세워져야 한다는 것이다. 녹색 합리주의가 강조하는 정의는 인간과 자연의 조화로운 공존에서 출발하는 개념이다. 그러므로 자연훼손은 곧 사회정의의 훼손과 동일시되는 것이다. 그러나 국가와 권력은 인간중심의 정의의 깃발아래 성장 위주의 발전정책을 추진한 결과 자연자원의 고갈, 지구 생태계의 파괴로 지구 온난화가 지속되고 있기 때문에 이는 불의라고 보는 것이다.

셋째, 참여민주주의을 지향해야 한다. 정치권력에 대한 불신을 토대로 그 대안을 참여민주주의와 분권화에서 찾고자 한다. 권력은 분산되어야 균형과 견제가 가능하여 집중에 의한 폐해를 방지한다는 초기 공화사상이 그 원류이다. 녹색합리주의자들은 그러한 이유에서 철저히 분권화를 원하며 분권사회에서 최대한 개인과 생활공동체 중심의 참여정치를 통하여 녹색공동체를 만들 수 있다는 것이다. 녹색합리주의가 새로운 사회를 구축하기 위한 전략 가운데는 탈 중심이라는 분권화의 노력들이 있다. 예컨대, 공동체 활동가들의 연대, 정책대안을 제시하는 정치포럼, 풀뿌리 민주주의의 실험, 사회 생태적 자치주의 등이 폭넓은 자치공간에 대한 스펙트럼을 넓혀줄 수 있을 것으로 기대된다.

끝으로, 비폭력사회를 구현한다. 비폭력은 자연의 평화가 주는 불변의 메시지이다. 녹색당은 그들이 다른 조직이나 세력들과의 관계에서나 행동강령을 실천하는 과정에서 철저한 비폭력을 강조한다. 마찬가지로 국가의 어떤

28) 앤서니 기든스, 홍욱희 역, 앞의 책, p. 82.

폭력행위도 부정하는 입장이다.

환경담론은 다양한 형태의 녹색사상과 운동의 집합이다. 따라서 환경담론이 지향해야 할 방향은 자본주의 성장이데올로기에 저항하는 합리적인 전략을 논의하기에 앞서 민주적인 담론을 이끌어 낼 수 있는 폭넓은 공론장을 확보하기 위한 노력에 집중하면서 지구의 황폐화를 막을 수 있는 근본적인 대안을 마련하기 위하여 지구적 관심을 결속해야 할 것이다.

3. 국가의 대응

우리는 앞장에서 기후변화와 관련하여 다양한 시각을 통하여 그 원인과 문제점을 검토해 보았다. 기업은 시장원리를 내세워 기업의 이익을 극대화하려는 속성이 있기 때문에 납득할 만한 어떤 동기가 주어지지 않는 한 생태나 환경문제를 긍정적으로 고려하지 않을 것이다.

환경문제는 특정의 개인이나 집단 또는 국가의 의지만으로는 개선을 위한 변화를 가져올 수 없는 일이다. 결국 범지구적 대응 외에는 다른 대안이 통하기 어려운 난제 중의 난제인 것이다. 그렇다면 과연 어떤 행위자가 이 문제의 중심에 서야 하느냐가 관건이 아닐 수 없다. NGO와 산업계를 비롯하여 많은 기관과 기구들이 국제적 네트워크를 형성하여 지구 살리기 운동을 지속적으로 밀고가야 한다는 의견이 지배적이다.

그러나 어떤 경우이든 지금으로서는 국가가 문제의 중심에 서야 보다 효율적인 시행이 가능하다는 데는 이견이 있기 어렵다. 그렇다면 국가의 실질적 역할은 무엇이어야 하며 이는 구체적으로 어떤 조치들로 구성되어야 하는가? 이처럼 복잡하고 지구적 차원의 광범한 문제일수록 구성원들의 민주적 자유와 권리라는 맥락에서 시민들의 광범한 지지를 바탕으로 국가가 기획과 조정자로서의 역할을 담당해야 할 것이다. 이를 위하여 보다 구체적인 정책과 전략을 구축하기 위해서는 다음과 같은 고려가 전제되어야 할 것이다.

첫째, 정치, 경제적 통합을 이루어야 한다.

먼저 효율적인 기후변화와 에너지 정책을 수립하기 위해서는 정치적, 경제적 통합이 안정적으로 이루어져야 한다. 여기에는 저탄소 경제로 나아가기 위한 사회적, 경제적 구조조정도 포함된다. 기후변화를 억제하기 위한 선택으로서의 저탄소 경제로의 전환은 지금으로서 중요한 대안이다. 지구온난화에 대처하는 문제는 매우 추상적일 수 있는 문제인데다 눈앞에서 전개되는 상황이 아니라 미래에 일어난다는 개연성의 문제이므로 사람들의 일상적 관심대상에서 멀리 느껴지기 때문이다. 정치통합이 우선되는 이유도 여기에 있다.

정치통합은 합의되기 어려운 경제정책에 대한 기본적 합의를 이끌어내는데 효과적인 전초작업이 된다. 특히 에너지안보 에너지 수급계획, 기술혁신, 소득의 재분배, 나아가서는 생활방식의 전환 등의 문제는 기후변화를 억제하는 정책과정에서 반드시 조정되어야 하는 핵심적인 문제영역이지만 쉽게 조정하기 어려운 영역이다. 예를 들면 차량은 경제적으로나 문화생활면에서 매우 중요한 삶의 수단이 된다. 그러나 교통체증현상은 기동력은 떨어지고 이산화탄소 배출은 늘어나서 부정적 효과는 가중된다. 현대 문명사회는 이른바 '부담의 외재현상'에 의존하는 사회이다. 자신이나 자기집단의 편익을 위해서 타인이나 타 집단에 그 부담을 떠넘기며 산다는 것이다. 이를 해소하는 대안은 대중교통 수단의 확충이다. 이러한 결정은 정치적, 경제적 차원에서의 국민의 합의가 없이는 해결하기가 어려운 문제이다.

또한 경제적 경쟁력을 유지하면서도 저탄소 지향의 기술개발을 추진하는 과제가 균형을 이루어야 한다. 그러기 위해서는 국민통합이라는 최종단계에 이르기에 앞서 정부, 산업계, 환경단체, 과학자 등이 연대하여 경제발전의 방향을 수정하는데 합의해야 할 것이다. 기후변화 대응에 있어 관련분야 당사자들 간에 '윈윈'할 수 있으면 좋겠지만 이는 쉬운 일이 아니다. 그러므로 상호타협이 이루어질 수 있도록 정치력을 동원해야 하는 것이다.

둘째, 오염자 부담의 원칙이 제도화되어야 한다.

이 원칙은 환경오염의 원인제공자이며 수혜자인 오염 배출자가 그 오염이 사회적으로 끼친 폐해만큼의 비용을 부담해야 한다는 의미이다.[29] 이 원칙은 과거 오염을 가장 많이 배출해온 산업선진국들이 감축에 대한 책임도 많이 져야 한다는 논리이다. 지금으로서는 기후변화의 피해는 보험회사나 국가기관 또는 그 책임이 드러나는 당사자가 부담하고 있다. 그러나 홍수나 태풍, 가뭄의 피해 등 자연재해의 근본원인 제공자를 구별하는 일은 극히 어려운 일이다. 만일 가해자를 찾아내지 못할 경우 그 피해에 대한 부담은 국가기관이 지게 되며 이는 결과적으로 고스란히 국민의 세금에 계상되기 마련이다. 보험으로 충당하는 경우에도 보험 가입자들의 부담증가에 의존하게 되는 것이다. 그러므로 오염자 부담의 원칙은 선진국과 개발도상국 간의 오염배출에 대한 책임문제를 결정하는 데도 유용하게 될 것이며 이는 사람들의 행동변화를 가져올 수 있는 계기가 될 수도 있다.

셋째, 저탄소 정책을 최우선의 정치의제로 한다.

기후변화가 몰고 올 재앙을 상상해 본다면 인간으로서 어떤 조치를 취하지 못할 것도 없을 것이다. 모든 국가가 국정의 최우선 과제로 이 문제를 선택할 때 지구온난화 문제는 반드시 해소될 수 있을 것이다. 물론 후진국들의 경우 개발의 절박성 때문에 개발과 성장을 최우선으로 하려는 의지가 강하여 미래 문제가 현재의 절박성을 능가하기는 어려운 상황이 될 수 있다. 이런 경우 일정기간의 단계를 설정하여 온실가스 배출의 양을 유보하는 방안이 옳을 것이다. 또한 온실가스 배출을 스스로 줄이려는 노력에 대한 보상 차원의 지원도 가능할 것으로 본다.

정치적 의제 설정은 먼저 대중의제 단계에서 시작되는데, 시민대중 차원에서 환경문제의 중요성을 절감하고 그에 대한 정책적 요구를 제기하는 단계로 아래로부터의 여론형성과 관계되는 민주적 의사결정과정의 대표적인 경우이

29) 위의 책, p. 103.

다. 그 다음이 정부 의제 단계로 의회와 정부의 관련부서 간에 저탄소정책과 관계되는 논의와 협의과정이 뒤따른다. 이 단계에서는 특히 행정당국의 전문적 기획능력과 그 타당성이 의회의 여야 대표들에게 받아들여질 때 집행에 유리한 탄력을 받게 되는 것이다. 마지막으로 의사결정 의제 단계인데, 이는 실제로 의회 내의 주관 상임위원회를 거쳐 입법화가 추진되는 의회의 결정단계를 말한다.

실제로 하나의 의제가 최종 단계까지 살아남아서 정책으로 결정되는 데는 많은 어려움이 따르게 되어 있다. 각 의제들 상호간에 치열한 경쟁이 이루어지기 때문이며 단계마다 이익단체를 비롯한 많은 개인과 집단들이 입법로비 등을 펼침으로써 최종 채택되는 정책의제는 제한적일 수밖에 없게 된다. 또한 일단 결정의제 단계를 지나가고 나면 돌이키기 어려운 일들이 많다. 그러므로 비효율적이고 예산이 많이 드는 의제는 대중의제 단계나 그 이전의 단계에서 포기하도록 하는 것이 현명한 조처이다. 그 기회를 놓치고 나면 이미 예산집행이 이루어지고 이미 사업진척도 어느 정도 이루어지게 되므로 사업철회를 단행하기에는 과도한 비용이 들기 때문에 원점으로 되돌릴 수도 없게 된다.

결국 환경문제는 지구의 생존문제인 만큼 개인과 시민사회, 관련되는 모든 사회단체, 그리고 기업과 국가가 소통으로 하나 되어 효과적인 거버넌스를 구축함으로써 문제에 대한 인식과 해결방법에 대한 의제선정과 집행에 이르기까지 충분한 설득과 합의를 거쳐 해결해야만 되는 최우선 과제이다.

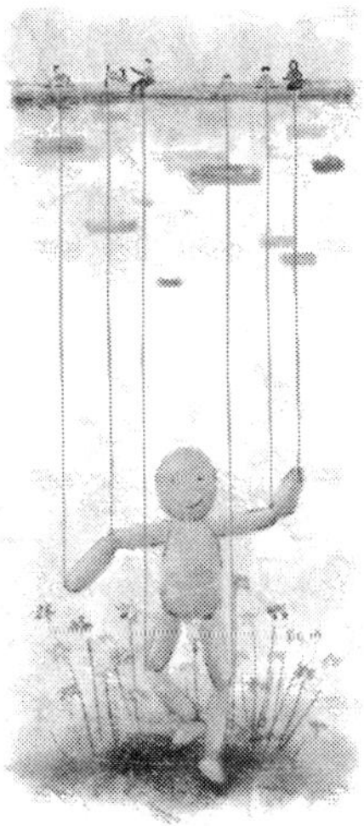

4 스포츠와 정치

I 스포츠의 기원과 변천과정

1. 들어가는 말

인간은 육신을 가진 존재이기 때문에 건강한 신체를 가지는 것은 생명활동을 보장하는 필수조건이 된다. 또한 육체의 건강은 정신건강의 전제가 된다는 점에서 볼 때 이는 건강한 인격체를 이루는 바탕이 되기도 한다. 병약한 개인은 정신력이 약할 뿐만 아니라 건전한 인격형성에도 장애가 된다는 것이다.

이와 유사한 개념에는 레크리에이션(recreation)이라는 말이 있다. 스포츠는 신체의 각 부위를 유기적, 체계적으로 움직임으로써 육신과 정신의 활성화를 도모한다는 점에서 가치나 재화생산에 목적을 둔 노동과는 구분되는 것이다. 한편 레크리에이션은 스포츠와 형식은 많이 다를 수 있으나 기본적으로 추구하는 목적은 유사하다.

스포츠와 레크리에이션은 다 같이 고도로 조직화되고 능률을 추구하는 현대 산업사회의 일상이 빚어내는 긴장과 권태의 부조화로부터 해방감을 맛보게 한다는 점에서 삶의 질적 향상에 기여하는 바가 크다. 이러한 각박한 사회생활이 주는 일상의 권태와 무기력 그리고 긴장의 연속된 삶의 형태 속에서 인간이 피폐화됨을 막고 생활의 리듬을 회복하며 에너지를 재충전하는 것이 넓은 의미의 오락이라 할 것이다. 이를 다른 말로 놀이라고 표현할 수 있다. 스포츠는 놀이보다 높은 단계로서 규칙, 조직, 제도, 경쟁이라는 측면에서 신체기능을 다양하게 활용하는 행위라고 규정할 수 있을 것이다.[1)]

현대생활은 기계화와 자동화로 일의 노동 강도는 많이 약화되는 대신 일이 주는 사회적 스트레스는 엄청난 양으로 증가해가고 있다. 이로 말미암아 인간의 삶은 더욱 무의미해지기 쉬우며 각종의 육체적 정신적 질환이 인간의

---

1) 한태룡 외, 『스포츠 사회학』, 레인보우북스, 2010, p. 6.

생명과 가치를 위협하고 있어 사회적 관심이 요구되고 있다. 분명한 것은 이러한 문제가 더 이상 개인적인 것이 아니라 국가 사회적 차원에서 대응해야 할 만큼 복잡하다는 것이다.

2. 스포츠의 기원

인간은 사회적 동물로서 본성을 좇아 경쟁을 좋아한다. 경쟁은 사회생활의 모든 면에서 발생한다. 이는 공동체 구성원들 사이에서 서열을 정하기 위한 핵심질서라 할 수 있다. 사회생활을 하는 동물 가운데 비교적 군집생활을 하는 개미나 벌과 같은 것들은 태생적으로 서열이 정해져서 태어나지만 포유동물과 같은 고등동물은 경쟁을 통하여 위계질서가 수립된다. 경쟁의 기본요소는 힘 곧 체력의 싸움이다. 이 힘은 식욕과 성욕을 중심으로 발휘되는 것으로 수컷들은 싸움을 통하여 자신의 씨를 퍼뜨리려는 속성을 가지며 먹이 배분의 서열이 정해짐으로써 공동체의 질서가 유지되는 기제이면서 동시에 우세한 종이 살아남기 위한 자연계의 적자생존의 원리이기도 하다. 경쟁에서 패한 개체는 도태되거나 소외된 채 위계질서의 하위에 머무르면서 순응을 통하여 공동체내에서 생존의 길을 갈 것이다.

경쟁은 이런 관점에서 볼 때 외부의 도전과 불리한 환경조건을 극복하기 위한 동물 집단의 치열한 자기강화 시스템이자 효율화의 메커니즘이라 할 수 있다. 이 같은 기제를 통하여 동물 개체의 종은 야생에서의 악조건을 견뎌낼 만큼 강인해질 뿐 아니라 포식자들은 먹이사슬의 고리에서 만나는 약자들을 제압하게 되고, 약한 동물들은 천적들의 공격으로부터 살아남게 되는 것이다.

스포츠의 기원을 이해하기 위해서는 인간의 수렵채취적인 삶의 양식으로부터 출발해야 한다. 호모 사피엔스는 동물의 사체나 우연적인 채취의 시기를 지나면서 영양학적인 변화를 통하여 고기를 더 많이 섭취하게 되고 식량을 얻기 위한 보다 효율적인 수단을 찾기 시작한다. 이들은 도구를 사용하게 되고 무리를 이루어 사냥에 나서면서 분업의 효율성을 터득하게 된다. 사냥꾼에게는 힘과 지구력이 요구되고, 단거리를 주파하는 힘과 때로는 중장거리를 지속적으로 달릴 수 있는 유산소적인 작업이 요구되기도 한다. 이 과정에서 충분한 양의 단백질과 지방섭취가 필요하며 또한 생리적으로 사지의 골격이 커지고 근육도 늘어나면서 다른 짐승을 추격하는 기능이 진화되기도 한다. 이런 과정은 다른 포식자들과 경쟁을 해야 하고 때로는 그들의 위협으로부터 생명을 지켜내야 하므로 이들의 육체적 기민성은 더욱 향상되기에 이르렀을 것이다.

사냥과 채취를 위한 분업과 기본적인 사회조직, 의사소통의 증가 그리고 두뇌용량의 증대 등을 통하여 인간 종은 다른 어떤 포식자들을 능가하는 지능과 기지와 계책을 갖추게 된다. 이 시기에 갈고 닦인 기술 가운데는 돌을 목표물에 겨냥하여 던져 맞추는 기술, 근접전투에서 사냥감을 제압하는 기술 등이 발전하게 되고, 물고기를 잡기 위하여 빠른 수영과 다이빙 기술도 개발되었을 것으로 유추되고 있다. 인간의 지력은 조직생활의 필요를 느끼게 되면서 사냥기술의 숙련성이 요구되었고, 고도의 숙련된 기술자가 지도자가 되는 일은 어쩌면 당연한 귀결이었을 것이다. 정착시대에 들어오면서 충분한 육류의 확보가 요구되고 인구가 늘어나면서 그 수요는 더욱 증대되었다. 여기서 수렵채취로 충당할 수 없는 육류확보를 위하여 가축증식이 시작되고 파종을 통한 식량재배가 시작되었을 것이다. 가축의 형태는 초지의 유무에 따라 가축이냐 목축이냐로 결정되고 어느 쪽이든 짐승을 다루는 기술은 필수적인 것이었다. 양치기(목자)의 개념이 생기는 단계이다. 그러나 짐승을 기르는 기술과 사냥의 기술은 다를 수밖에 없으므로 축생이라는 관리술이 요구되는 시점에서는 더 이상 사냥술은 일상적인 것은 될 수 없었을 것이다. 사냥술이 퇴화되는 이유이다. 그러나 인간은 이러한 사냥의 본성을 운동경기로 재현하려는 문화적 욕구를 통하여 새로운 세계를 발견한다.

3. 변천과정

1) 고대의 스포츠 : 제전화(祭典化)

수렵채취의 시기가 200만 년 이상 지속되었다고 본다면 그에 적응된 생활방식은 단순한 일상이라는 개념을 떠나 하나의 유전적 본성으로 발전되었으리라는 점은 쉽게 유추될 수 있다. 사냥에 필요한 야성적 긴장과 쾌감은 본성 안에 깊이 자리 잡아 어떤 형태로든 표출되지 않으면 안 되는 것이다. 사냥이 필요 없는 시대가 도래하였지만 그 잠재된 본성의 표출에 대한 대응이 사냥으로 재현되는 것이다. 사냥감을 형상해 놓고 서로 힘과 기량을 겨루고 용감성과 결단력 같은 탁월한 속성들이 보상을 받는 상황을 재현하는 것이다. 사냥을 통하여 먹이를 확보한다는 본래의 목적은 사라졌지만 관습적인 기량과 기술 그리고 습성들이 여전히 간직된 상황에서 그것은 사소하지만 중요한 반응인 것이다.

새로운 사냥의 동기는 식량을 구하는 것이 아니라 이제는 새로운 도전을 추구하는 것이 된다. 즉 팀원의 조정, 시합에서 이기려는 지략과 전술, 대담성과 용맹성 등의 가치가 사냥감의 획득, 즉 승리의 쟁취보다 더 값진 것이 된다. 스포츠는 삶의 과정에 사냥의 긴장과 흥분을 재도입하려는 시도와 맥락을 같이 하는 데서 더욱 발전의 계기를 얻게 된다.

고대 그리스 문명에는 신화적 요소와 세속적인 요소가 공존하고 있음을 알 수 있다. 그리스 문명은 일반적인 스포츠적 요소, 즉 경쟁을 시민생활에 포함시킨 최초의 문명으로 간주된다. 그들은 왕성한 체력과 강인한 육신이 신을 기쁘게 한다고 믿고 있었으며 다른 사람들과의 경쟁을 통하여 자신의 육체적 우월성을 인정받으려는 충동을 아곤(agon)이라 하여 존중하였다.[2)]

그리스인들의 스포츠에 대한 관점은 오락차원이 아니라 제전(祭典)의 성격

2) Ellis Cashmore, Making Sense of Sports, 정준영 역, 『스포츠, 그 열광의 사회학』(서울: 한울아카데미, 2001), p. 93 참조.

과 일치되는 것이어서 매우 엄숙할 뿐 아니라 도시국가의 중요한 이벤트로 치러지는 것이었다. 그러므로 그 조직이나 절차가 엄격하여 오늘날의 올림픽 행사나 기타 체육행사의 전형이 되고 있는 것이다. 기원전 776년에 시작된 올림픽경기가 이를 명확하게 대변해 주고 있다. 올림픽은 스포츠를 국가적인 최대 규모의 축제로 만드는 데 기여하였고, 시민통합에 결정적인 기회로 활용되었다.[3] 오늘날처럼 정치적으로 이용하려는 의도에서 조작되는 행사가 아니었음에도 많은 관중이 자발적으로 동원될 수 있었던 것도 이런 성격 때문이었던 것으로 보인다. 그리스 시민들은 4년마다 올림픽을 개최하여 여러 종족과 다양한 선수들이 한 장소에서 상호 교류함으로써 스스로의 통합된 국민임을 확인하는 것이었다. 경기 종목별로 보면 근대 이후의 경기 양식에서처럼 정밀하게 규격화되어 있지는 않았지만 일정한 거리와 점수제가 도입되고 기록이 유지되기도 하였다.

이 경기를 위해서 관련자들은 훈련에 전념하기도 하였고 우수한 선수에게는 시상제가 존재하여 오늘날의 상타기(메달 경쟁)를 중심으로 성립되는 선수(athlon : athletes)라는 개념이 발생하였다. 이처럼 경쟁에서 기인되는 체형과 체력 그리고 강인한 정신력은 군사적 속성과 동일시됨으로써 스파르타 같은 도시국가의 경우 군사적 조련술로 스포츠의 훈련방식이 그대로 적용되기도 하였다. 스포츠가 군사훈련과 접목됨으로써 종교적 기복의식으로부터 힘을 받으면서 사회적 신분이동의 통로가 되는 것은 자연스러운 결과이기도 하다.

체력의 강화는 사회폭력을 조장하는 심리적 기저를 만들 수 있다는 특성이 있다. 그리스의 각 도시국가는 민주적 질서를 확립하기 위하여 국가는 폭력에 대한 정당한 독점을 확보하고, 사회통제의 장치로서 시민들의 행위규범을 통제할 수 있는 수단들을 마련하게 된다.

스포츠는 그리스 문명에서 핵심적 위치를 차지하는 것이다. 그리스인들에

---

3) 위의 책, p. 94.

게는 문명화과정 자체가 폭력의 자기통제를 의미하는 것이다.[4] 강화된 육체의 힘과 조련된 싸움의 기술은 감정적으로 표출되기 쉬운 도구가 된다. 그러므로 체력의 표출행위를 제례(祭禮)로 끌어올려 폭력적 에너지를 공익을 위하여 사용할 뿐 아니라 스스로의 사회적 교양으로 승화시키는 정서적 모티브가 되게 한다는 것이다.

로마시대에 들어와 스포츠는 그리스인들이 부여한 가치와는 다른 형태로 변화되어 간다. 그들은 정복자로서의 검투사들을 양성하고 또한 죄수와 전쟁노예들을 이용하여 맹수들과 격투를 벌이게 하여 관중들을 콜로세움과 운동장으로 끌어 모았다. 고대의 사냥술이 운동장으로 옮겨지면서 관중들을 피를 부르는 흥분의 도가니로 몰아넣었다.

그 후 기독교세가 로마를 지배하기 시작하면서 잔혹한 스포츠의 중심이 되어 왔던 검투사 교육장은 그들의 반대로 폐쇄되고 그 대신 전차경주로 대체된다. 전차경주는 조를 이루어 진행되는 것으로 승자에게는 상당한 명예와 포상이 주어졌고, 로마시민들은 이 경주에 열광하였다. 당시 광대한 제국을 이루었던 로마는 이러한 관중스포츠를 사회적 불만을 해소하고 민심을 달래는 수단으로 이용하였다.

현대 스포츠 경기에서 찾아볼 수 있는 수많은 종목들 가운데서 육상의 트랙경주, 창던지기, 양궁, 펜싱, 권투, 레슬링 등의 투기경기 더 나아가서는 승마와 마장 마술 등은 모두 원시시대 호모사피엔스의 사냥과 생업의 연장선에서 이어진 운동이라고 볼 수 있다. 달리 말해서 사냥의 재현이라고 할 수 있다. 이 밖에도 각종 민속 경기는 그 나라 민족의 전통적인 생업과 관련되는 것들이 많음을 알 수 있다. 카누경기나 벌목경기 등은 삼림자원이 풍성한 북유럽지역의 핀란드와 같은 나라에서 유래되었음을 볼 때 인간의 스포츠는 생업의 연장선상에서 생산 장려를 위한 기술합리화 차원에서 비롯된 경우도 찾

4) 후이징가(Huizinga)와 엘리아스(Elias)는 문명화과정이 폭력의 자기 통제화에 다름 아님을 주장하고 있다. Ellis Cashmore, 위의 책 참조.

아볼 수 있다.

2) 중세 스포츠의 폭력성

일반적으로 민속에서 유래된 스포츠가 더 폭력적 경향이 강하다는 점에서 볼 때 폭력적 도락은 윤리적 제약에도 불구하고 인간의 역사 속에서 지속적인 인기를 누려왔던 것으로 알 수 있다. 축구의 전신이 삶의 폭력적 성향을 반영하고 있다는 점을 일깨워주는 것도 생각해 볼 문제이다. 이러한 민속게임은 참여에 기본 동기가 있었다. 때로는 이러한 참여는 관중과 선수의 구분이 없었으며 오늘날 축구경기장마다 문제가 되고 있는 훌리건의 전형 또한 이런 역사적 흐름에서 찾아 볼 수 있다. 초기의 축구는 그 근원을 알 수 없을 정도로 지역마다 문화마다 다양한 형태로 존재했으며 일정한 룰이 없을 만큼 그 폭력성이 심각하였던 것으로 알려져 있다.

18세기 초 귀족과 상류계급 안에서 인기를 누리던 곳 중에는 런던의 제임스 피그(James Figg) 경기장이 있다. 이곳은 검투사 출신인 피그가 1719년에 개장한 것으로 알려져 있는데 경기 종목에는 칼, 주먹, 봉을 사용하여 상대를 공격하기도 하고, 때로는 동물을 학대하는 시합이기도 하였다. 이 경기는 남성 대 남성, 여성 대 여성 또는 남성 대 여성 등의 경기로 진행되기도 하는 것으로 오늘날의 격투기 형식을 띠는 것이었다. 약간의 룰은 있었으나 실제 경기에서는 시간이나 회수 등의 제약이 없어서 어느 한쪽의 투사가 시합을 계속할 수 없는 상태에 도달해야 비로소 게임이 끝나는 잔인하고 과격한 경기였다.[5)]

본래 야생의 먹이사슬 체계에서 자유로웠던 인간의 공격성은 스포츠라고 하는 일종의 대리전을 통하여 발산되는 특성이 있다. 스포츠는 인간생활이 여유로워지면서 다양한 형태로 발전되기 시작하였다. 19세기 이전 영국의 대

5) 위의 책, p. 104.

중 스포츠는 주로 황소 학대놀이, 투견, 투계, 쥐잡기, 맨주먹 권투시합, 폭력축구 등 난폭한 경기(bloody sports)라는 특징을 띠는 것들이었고, 이는 대부분 봉건귀족이나 상류계급들의 여가수단으로 이용되기 마련이었다.

이와 같은 난폭한 스포츠는 20세기에 들어와서도 그 자취를 찾아 볼 수 있는데, 화가인 조지 벨로스의 작품(1909)인 [샤키의 수컷들]에서 볼 수 있는 바와 같이 권투의 링에 올라 목숨을 내던지는 사내들의 죽음을 부르는 격투장면과 피에 주린 관중들의 광란과 탄식을 잘 묘사해주고 있는 것이다. 당시에는 관중 대다수가 처절한 내기권투를 통하여 스트레스를 풀고자 하는 노동계급이라는 점이 중세 스포츠와는 다른 점이라 생각된다.

3) 근대 스포츠의 제도화

근대사회는 신흥 부르주아계급이 주축이 되어 정치적으로는 자유민주주의의 기치를 세우고 경제적으로는 사유재산제를 앞세운 시장경제를 주창하기 시작하던 시기이다. 이들 부르주아는 인간의 이성을 강조하고 질서를 숭상하며 국가권력을 억지함으로써 인간의 이성을 통한 자주적 사회변혁을 추구하였으며 스포츠도 예외는 아니었다. 무엇보다도 사회개혁의 주체세력으로서의 신흥 부르주아는 난폭한 스포츠를 비이성적 게임으로 규정하고 이를 저지하기 시작한다. 그러므로 근대 스포츠는 근대 합리주의의 영향아래 게임의 규칙을 개발하고 여가생활을 합리적으로 활용하도록 이끌어 가기 시작한다. 요컨대 근대 스포츠는 신흥 부르주아계급이 근대 산업자본주의 체제를 만들기 위하여 중세의 봉건주의 체제를 와해시키는 혁명의 도구가 된 셈이다.

근대 스포츠의 세계가 보여주는 가장 두드러진 특징은 스포츠가 규율, 정확성, 통제에 역점을 둠으로써 산업사회가 요구하는 노동의 가치를 구현하는 수단이 되는 것이다. 이러한 목표의식에서 개인 간의 협력과 집단에의 충성심이 강조되어 경기에서 조직적 플레이, 팀워크의 중시, 스포츠맨십과 페어플레이 등 오늘날 스포츠의 기본정신을 구성하는 요소가 포함되는 것이었다.

사실 이러한 산업사회의 스포츠 동기는 청소년의 넘치는 열정을 흡수하여 노동외적으로 발산시킴으로써 저항의지를 제어하여 노동자를 순화시키고, 궁극적으로는 경쟁자본주의의 생활규범을 내면화시켜 노동생산성을 향상시키자는 것이다.

중세의 스포츠가 봉건귀족을 위한 도락이 목적이었다면 근대 스포츠의 중심에는 자본가 계급, 즉 부르주아가 있다. 다만 자본주의의 사회적 특성이 심화되기 전까지 부르주아의 핵심은 중산층이었으며 이들은 절대왕권이나 국가권력을 약화시킴으로써 모든 시민계급은 그만큼 개인의 자유를 누릴 수 있다고 믿고 있었다. 이들은 또한 개인이 획득한 자유를 지키기 위해서는 사회안에 질서가 유지되어야 한다고 생각하고, 이는 인간 개인이 갖고 있는 이성의 힘을 발휘하여 남의 자유를 침해하지 않는 범위 안에서 각자의 자유를 지키는 일이었다. 18세기 후반 시민혁명을 계기로 절대 권력을 무너뜨린 부르주아는 정치적으로는 작은 정부를 통하여 개인의 자유를 최대한 누릴 수 있기를 원했다. 인간이성이 사회질서유지의 기반이 될 것이므로 최소한의 질서유지 기능 외에는 국가를 필요로 하지 않는 것이었다.

경제도 자유로운 개인의 창의력을 바탕으로 정부의 간섭 없이 시장의 원리에 맡기면 '아담 스미스가 말한 바와 같이 '보이지 않는 손'에 의하여 수급이 조절되면서 성장하리라는 낙관론이 지배하였다. 신흥부르주아들에게 중요한 것은 노동력이었다. 봉건사회의 영주와 지주들로부터 노동력을 끌어내어 산업체제로 재배치하는 것이 주목표였다. 이는 봉건체제의 정신적 · 물적 기반을 깨지 않고는 불가능한 일이었기 때문에 새 시대의 주역인 신흥 부르주아들은 봉건체제의 물적 기반인 농노제도를 혁파하기 시작한다. 이러한 목적에 부르주아를 중심으로 한 노동자 농민 등이 계급적 연대를 이루어 부르주아혁명을 성사시킨다. 이들은 우선 농노제도의 비인간성과 봉건사회의 비도덕성을 공격하고 무질서한 사회를 이성이 지키는 질서의 사회로 바꾸는데 집중한다. 여기서 스포츠의 합리화를 통하여 사회질서 전반의 제도화가 시작된다.

개인의 가치를 중시하는 근대에 있어 중심은 교육에 있었다. 교육을 통하여 인간 개인의 가치는 질적으로 향상될 수 있다는 믿음 때문이다. 근대 교육의 우선적 목표는 육체적으로 건강하고 정신적으로 건전한 인격함양에 있었다. 서구 세계의 교육은 기독교적 세계관의 영향이 컸기 때문에 강건한 기독주의가 그 중심에 있었던 것으로 보인다. 그동안 의미 없는 몸짓으로만 여겨져 오던 운동이 기독교적 윤리 체계 안에 모순 없이 용납될 뿐 아니라 육신의 강건함이 신의 축복으로 인정됨으로써 스포츠로서 합리화되기에 이르렀다. 이로부터 권투나 과격한 민속 구기시합의 분위기와는 달리 영국의 공립학교는 경건한 기독교 윤리가 스포츠교육의 방향을 조정해가게 된다. 그리고 이들은 경기에서 발현되는 도덕적 행위에 주목하면서 스포츠를 통하여 표출되는 공덕심, 정의감, 건강 등의 요소를 기독교의 교의에 일치되는 것으로 인정하고 스포츠 프로그램을 교과과정에 반영하기 시작하였다.[6] 당시 기독교 교의가 유럽사회를 지탱하던 시기였던 만큼 스포츠와 기독교와의 만남은 스포츠가 교과과정에 반영됨으로써 사회화하는 중대한 발전의 모태가 된 것이다.

그 후 수십 년에 걸쳐서 스포츠는 영국의 주요 수출품목의 하나로 자리 잡으면서 영국의 축구는 북미로 건너가서 미식축구로 변형되기에 이르렀다. 축구는 강건한 기독교 정신에 힘입어 노동자들에 대한 선교수단이 되면서 오늘날의 축구리그 구단의 4분의 1이 한때 기독교 교회가 설립 운영하던 구단들이다.

스포츠는 산업 노동력에 규율을 주입하는 강력한 수단이 되기도 한다. 노동과 여가는 산업사회의 질서를 유지하는 중요한 요소이다. 기계처럼 단조롭게 움직일 수밖에 없는 노동자들에게는 잠시의 해방감을 주는 스포츠야말로 새로운 에너지의 충전을 위해서 긴요한 것이기도 하였다. 관념으로서의 스포츠는 노동계급으로 하여금 부르주아 문화에 대한 저항과 투쟁의식을 고취하

---

6) 한태룡 외, 앞의 책, 2010, p. 35.

기보다는 오히려 그에 통합되도록 도와주는 것이었다. 실제로 스포츠를 통하여 얻어낸 질서와 규율, 시간과 장소에 대한 감각은 스포츠가 노동생활을 보완함과 동시에 지원하는데 기여하였다.

산업사회가 진전됨에 따라 스포츠도 그에 따라 성격이 변화해 갔다. 시합시간이 정해지고, 경기시간도 시간측정기에 의해서 정밀하게 측정되었다. 팀경기는 스포츠의 분업화로 이어졌고 선수각자가 역할에 따라 맡는 위치가 구분되며 그 역할에 적합한 전문적 기술이 개발되었다. 스포츠와 노동은 늘 함께 공존하면서 노동자들의 여가를 채워주는 중요한 기능을 하게 되었다.

4) 현대스포츠의 상업성

20세기 후반에 접어들면서 관람될 수 있는 모든 스포츠는 상업적 잠재력을 가지게 된다. 19세기만 해도 아마추어는 스포츠에서 선으로 상징되었다. 상대적으로 프로 스포츠는 돈으로 치러지는 속물로 취급되었다. 유럽에서 산업은 확대 발전되면서 금융과 상업주의로 이어졌다. 이와 함께 산업의 형태도 제조업에서 3차 산업인 관광산업, 스포츠 산업, 레저산업 등으로 다양화되기 시작하였다. 상업주의의 논리가 공산품 외에 여가의 영역에 침투하기 시작한 것이다.

경기 관람료를 중심으로 하여 스포츠로 돈을 벌 수 있다는 가정은 경기관람이 주는 즐거움만으로도 사람들은 돈을 기꺼이 치를 것이라는 판단에 기초하는 것이다. 여기에 자신이 좋아하는 선수와의 동일시 감정의 표출, 경기 관람으로 충족되는 대리 만족감, 도박의 흥분감 등이 스포츠를 열광의 도가니로 만드는 군중심리가 스포츠 비지니즈의 동인이 되는 것이다.[7] 스포츠 기업의 효시는 1743년 런던 원형경기장에서 열린 격투기로 알려져 있으며 제임스 피그(James Figg)는 최초의 프로모터가 되었다. 당시 권투는 은행이 돈을 대

7) 스포츠의 프로화로 선수, 기술, 스피드, 전략, 용감성, 스타성 등이 모두 상품가치로 변화된다. 위의 책, p. 85.

고 주 정부에 의해 주선된 하나의 사업이 되었다. 20세기에 이르러 스포츠는 대중매체와의 결속을 통하여 대규모 사업으로 성장하였고 프로모터나 구단주 또는 스포츠 종사자들의 영향력 바탕으로 독특한 집합적 사업으로 바뀌었다. 20세기 후반에 들어 테드 터너(Ted Turner)는 구단주가 되고 CNN을 사들여 텔레비전과 스포츠의 복합기업을 만든다. 고전하던 방송사도 스포츠 중계와 연결하여 미디어 스포츠 네트워크로 성장시켰다. 머독의 노력에 힘입어 미디어 회사들은 1990년대 말에 야구, 미식축구, 농구, 하키 등 20개의 최고의 구단들을 소유하게 된다.

1880년대부터 축구는 영국노동자들에게 생활의 일부가 되어 있었고, 축구경기에 대한 뉴스는 시민들의 주된 관심이 될 만큼 보편적 호기심의 대상이 된 것이다. 이러한 대중의 축구 등에 대한 관심의 증대는 축구관련 산업의 태동을 자극하기에 충분하였다. 축구잡지, 축구신문, 나아가서는 축구복권이 발행되기도 하였다. 정부도 이에 편승하여 간접적인 수입증대에 관심을 보였다. 관객 스포츠로서의 축구는 이러한 흐름을 타고 월드컵을 탄생시켰고, 여기에 매스미디어가 동참함으로써 축구산업이라는 표현까지 등장하게 되었다. 이미 20세기는 축구의 세기였고, 축구는 이제 스포츠의 영역을 넘어 정치, 경제, 사회, 문화 등 사회 각 영역에 큰 변화의 계기를 제공하기에 이르렀다.

이처럼 스포츠의 정체성은 이제 아마추어리즘에서 벗어나 미디어와 결속하고 자본으로 무장함으로써 거대기업으로 변신하게 되었다. 한 걸음 더 나아가 스포츠 마케팅은 스포츠를 상업주의의 대하로 끌어들이고, 대중은 스포츠의 생산자가 아닌 소비자로 전락하게 된다.

5) 스포츠 마케팅

인간사회는 다양한 문화적 형태로 유지되고 그에 따라 독립성과 주체성을 확보하고 있다. 인간생활의 모든 영역에 상업성이 개입하면서 그 독자적 개체성은 더 이상 보전되기 어려운 것이 현실이다. 스포츠의 현실도 마찬가지이다. 상업주의의 침투력은 미디어의 힘에 의하여 매개되면서 엄청난 파괴력을 발휘한다. 특히 스포츠는 상업주의와 결합되면서 놀라운 힘을 발휘해 온 대표적인 예가 될 것이다.

스포츠는 자본의 개입으로 그 가치가 확대 재생산된다. 신문, 라디오, 텔레비전, 인터넷, 유선텔레비전, 및 위성방송과 각각 결합되면서 혁명적인 가치 확대를 가져왔다. 한마디로 요약하면 스포츠는 자본의 이윤추구라는 속성과 결합되어 문화산업 복합체로 구조화되었다. 더욱이 각종 매체들 간의 시청률 경쟁 속에서 컨텐츠 역할을 하게 된 스포츠는 미디어 스포츠라는 단계를 넘어 '쇼우 스포츠(Show Sports)' 단계로 접어들게 된 것이다. 결과적으로 스포츠는 순수한 문화의 한 영역이 아니라 전문화, 자본화된 프로 스포츠로 변해 버린 것이다. 이 과정에서 스포츠 마케팅이라는 전문 비즈니스 용어가 파생되기도 한다.

스포츠 마케팅은 대중적 관심이 큰 스포츠나 인기 선수들과 후원계약을 체결함으로써 광고효과를 이용하여 자기기업과 자사제품의 이미지나 명성을 높임으로써 이윤확보를 극대화한다는 데 그 목적이 있다.[8] 그러므로 스포츠 마케팅의 핵심기술은 스포츠와 전파매체의 결합을 통하여 가장 효과적인 컨텐츠를 다양하게 개발함으로써 사회적 친밀성을 높이며 스포츠 컨텐츠를 산업차원으로 끌어 올리느냐에 관심을 집중한다. 이처럼 기업커뮤니케이션의

---

8) 스포츠마케팅의 실제사례는 다음의 예에서 찾아볼 수 있다.

① 한국의 모기업이 주최하여 열리는 국제규모의 축구경기인 피스컵 축구에 참가한 에인트 호멘에 엘지 모바일이 자사의 로고 유니폼을 입게 하는 계약조건으로 수백억 원이 지급되고,

② 삼성전자는 첼시와의 계약조건으로 5년간 900억 원을 제공하였으며,

③ 국제적인 큰 경기가 열리는 경기장 주변의 광고판도 수백억 원의 스폰서 계약금이 걸린다.

④ 한편, 스타 선수의 경우도 마찬가지이다. 타이거 우즈의 경우 나이키사로부터 2005년 한 해 동안 250억 원의 스폰서 계약이 있었고, 2004년 한 해 총소득 1,000억 원 중에서 상금의 비중은 10%에 불과하고 나머지는 광고 모델과 관련된 수입이라는 것이다.

⑤ 이 밖에도 공식용품 스폰서 계약으로 경기주최 기관(IOC, FIFA 등)들은 막대한 수입을 챙기게 된다.

전략적 도구가 된 스포츠 마케팅은 방송사의 경영전략과 어떻게 조화를 이루느냐에 생명이 달려 있는 부분이다.

스포츠는 오늘날 정보통신기술의 다양한 발달에 힘입어 시공간적 한계를 넘어 디지털 컨텐츠로 한 걸음 더 나아가고 있다. 이처럼 스포츠, 기업, 미디어 등 3자 간의 관계발전은 스포츠 마케팅의 영역을 확실히 구축하는 중요한 계기를 만들었다. 이에 따라서 미디어는 스포츠를 컨텐츠 개발의 새로운 원천으로 삼고, 대중의 시청률을 끌어 올리는데 집중하고 있다. 기업은 이러한 활동공간을 자사와 제품이미지 제고의 기회로 최대한 활용하며 스포츠단체는 소속선수들의 기량향상을 위한 물질적 인센티브를 제공하기 위한 재원확보의 수단으로 인식하면서 서로 간의 의존도를 높이고 있다. 스포츠는 이러한 관점에서 순수한 문화의 영역에서 벗어나 이제는 산업으로 변모하였음을 알 수 있는 것이다.

Ⅱ 스포츠의 이론

1. 스포츠와 사회통합

18세기 산업혁명은 산업화와 도시화로 이어졌다. 그보다 앞서 영국에서는 16세기에 인클로저 운동으로 농민들이 경작지로부터 쫓겨나왔고 도시로 들어가 노동자로 변신한다. 산업의 형태가 정착농업에서 제조산업으로 전환되기 시작하였다. 산업화 시대의 특징은 도시화이며 혼잡한 도시는 범죄와 같은 일탈행위가 만연되고 열악한 노동조건은 파업과 스트라이크를 촉발하기 일쑤였고, 이는 계급 간 대립과 분쟁으로 치달아 온 사회가 혼란에 빠져들고 있었다. 이러한 사회적 환경에서 사회의 급격한 변화로 인하여 초래된 사회불안 요인을 어떻게 통제할 것인가에 지성의 관심이 집중되었다. 이 가운데

아우구스트 꽁트와 에밀 뒤르껭 같은 근대 사회학자들을 중심으로 사회의 불평등과 불안요소들을 통제하여 통합되고 안정된 사회를 만들어야 한다는 문제의식 아래 나온 것이 이른바 구조기능주의 이론이다.

사회는 하나의 유기체로서 각자의 기능들이 상호 작용을 통하여 하나의 목적에 통합된다는 것이다. 즉 사회는 정치, 경제, 가정, 종교, 문화, 스포츠 등의 모든 기능들이 합하여 사회의 항상성을 유지하면서 발전해 나간다는 것이다.

스포츠 사회이론 가운데서 구조기능주의 이론은 스포츠의 사회통합기능을 설명하는데 유용한 도구가 된다. 사회체계가 효율적으로 작동하기 위해서는 그 사회가 요구하는 기본가치를 교육해야 하며 적응을 못하는 일탈자에게는 육체적, 정서적 안정을 찾도록 도와주면서 재적응하도록 인도해야 한다는 것이다. 또한 사회구성원은 상호간의 차이를 극복하고 응집될 수 있도록 통합하는 기능이 요구되며 사회 내적으로는 질서유지, 외적으로는 환경변화에 따른 대응기능을 갖춰야 되는 것이다. 바로 이러한 기능이 스포츠가 갖고 있는 속성이라는 것이다.

1) 사회적 인격형성 및 사회화 기능

인간은 생물학적 개체로 태어나 사회적 인격체로 성숙해가는 존재이다. 이는 사회화라는 제도를 통해 가능해진다. 그 사회가 요구하는 개인적 소양과 자질을 구비하여 사회가 요구하는 사명을 잘 수행함으로써 사회는 개인과 개인의 적절한 기능과 역할이 합성하여 최선을 이루게 된다는 것이다. 스포츠가 내포하고 있는 소양들, 즉 정정당당한 페어플레이 정신, 협동심과 열심히 싸우는 근면성, 자신의 역할을 다하는 책임감, 팀에 대한 충성심 등의 가치들은 스포츠에 참여함으로써 얻게 되는 소양이라는 것이다. 또한 스포츠는 보는 것만으로도 이러한 소양을 습득할 수 있게 된다고 보는 것이다. 사회적 일탈자에 대한 재교육과정에서 스포츠 치료기법은 이러한 역할의 한 형태가 된다.

근대 시기부터 스포츠는 규칙, 규율을 기초로 하여 조직화되고 체계화되기 시작하였다. 이른바 베버가 말하는 현대성의 기본요소인 합리성이 초기의 유희적 자유를 대체한 것이다. 이는 한 마디로 노력, 인내, 절제와 자기통제라는 프로테스탄트의 윤리와 일치되는 것이며 결과적으로는 자본주의의 기본정신과 일치된다. 자본주의 사회건설에 스포츠 정신이 사회화 매체로서 기여하기 시작한 근거이다.

2) 질서유지 및 통합기능

스포츠는 단순한 것이다. 선수나 관객 모두는 사회적 신분이나 이해관계의 구분 없이 동질적인 분위기에 동화되어 일체감을 갖게 한다. 이런 일체감을 조성하는 스포츠를 통하여 사회적 갈등이나 불안요인을 잠재우는 기능을 정치체계가 최대한 활용을 하는 것이다. 스포츠행사에는 입장과 게임진행 등 처음부터 끝까지 질서유지가 안 되면 이루어질 수 없는 특성이 있다. 이러한 행사에 참여한다는 자체가 전체적 목적에 순응하는 것이며 이를 통하여 자유로운 개인은 조직이나 체제에 순응하도록 사회화됨으로써 사회질서 유지에 기여하게 된다. 질서의 유지는 통합을 촉진하는 요소이며 역으로 사회통합은 질서의 교란을 사전에 차단하는 기제가 되어 상승작용을 하게 된다.

2. 스포츠의 계급성

19세기 중엽 칼 마르크스에 의하면 자본주의는 생산수단의 소유주인 부르주아의 이해관계에 의해 움직이는 체제라고 할 수 있다. 스포츠에 대하여 마르크스 자신이 언급한 예는 없으나 그의 사상적 후예들이 그의 이론적 관점을 문화 정치적 차원, 특히 스포츠관계에 적용하여 해석한 산물은 도처에서 발견된다. 이 같은 입장의 좌파계열 이론들을 계급적 관점에서 하나로 묶어 정리해 보면 자본주의 사회에서 스포츠가 차지하는 비중과 그 전망을 이해하는데 도움이 된다.

하그리브즈(J. Hargreaves)는 자본주의 사회에서의 스포츠의 기능을 다음과 같이 네 가지로 나누어 설명한다.[9)]

1) 노동력 순화기능

근대 이후의 스포츠는 조직적 특성이 강하여 산업사회에서 요구하는 노동규율에 순응하도록 길들이는 데 기여한다. 스포츠와 노동은 다 같이 고된 노력을 요구한다는 점에서 공통성을 띤다. 하그리브즈는 스포츠와 산업을 비교함으로써 몇 가지 공통성을 도출하였다. 이 가운데는 고도의 전문화와 표준화, 위계화한 관료주의적 행정, 과학기술에 대한 의존의 증가, 생산성의 극대화 나아가서는 실행의 물량화 등이 있다. 이는 노동자들이 스포츠를 직간접적으로 체험하거나 또는 최소한 스포츠 문화 자체에 적응함으로써 스포츠를 통하여 노동의 규범을 내면화하게 된다는 것이다. 이로 말미암아 현대 자본주의는 특별한 학습 등 의도적 수단을 빌지 않고도 노동자로 하여금 높아지는 노동 강도에 적응하도록 할 수 있다는 것이다.

2) 상업화 기능

자본주의 사회의 대표적 특성의 하나는 상업성이다. 무엇이든 상품화 가치가 인정되면 시장에 내다 팔아 가치교환이 발생하는 것이다. 근대 이후의 스포츠는 자본주의 발전과 함께 상품화과정을 거치면서 시장의 힘에 지배되기 시작하였다. 자본주의 사회는 스포츠의 소비촉진 기능을 앞세워 대중화, 프로화 되면서 시장경제의 시스템을 적극 이용한다. 또한 스포츠 자체를 상품화하기도 한다.[10)] 그러나 현대 상업주의가 시장을 주도하면서 스포츠 이벤트

9) J. Hargreaves,(ed.), *Sport, Culture and Ideology*, London: Rouledge and Kegan Paul, 1982, pp. 40-42 참조.

10) 한태룡 외, 앞의 책, p. 58.

와 선수들은 마치 기업이 생산하는 상품처럼 정체성의 변화를 겪게 되었다. 스포츠는 막대한 이윤을 내며 상품이 시장에서 거래되는 것처럼 기획, 생산되고 포장되어 팔린다. 선수들의 이동이나 트레이드 과정은 '상품화'의 전형을 보여준다.

3) 이데올로기적 기능

스포츠는 자본주의 이데올로기를 강력히 표현하는 기능을 갖고 있다는 것이다. 마르크스주의 이론가들은 그들이 스포츠의 속성가운데서 자본주의의 그것과 동일시하는 것에는 공격적 개인주의, 무자비한 경쟁, 동등한 기회의 부여, 고도의 엘리트주의, 국수주의적 성격, 성차별주의 및 민족주의 등이다. 스포츠에서 이런 속성들은 모두 찬양, 고무되는 것들이다. 스포츠가 조직적인 것이면서도 그 내부를 들여다보면 개별적인 힘과 기예가 정상을 능가하기 위해서는 끊임없는 기록갱신이 요구되는 것이다. 매스미디어는 이러한 인간의 '바벨탑' 욕망을 심리적으로 부추기면서 이를 가치화하여 상업주의적 생산 소비과정에 끼워 넣는다. 이 모든 것들은 하나같이 경쟁을 통하여 얻어지는 산물이므로 경쟁의 '판'을 짜기 위하여 성적, 민족적 차별화를 이용하기도 한다.

4) 국가화 기능

스포츠에 대한 국가의 개입은 모든 스포츠 참가를 자본주의의 요구와 연계시키려는 시도와 맞물려 있다는 것이다. 마르크스주의에 따르면 국가는 자본가계급의 이익을 대변하는 도구이므로 관료행정 체제를 그 하수인으로 보며 스포츠를 관리하기 위해서는 관료주의 행정이 이를 통제해야 하는 것이다. 왜냐하면 사회구성체의 원리에서 볼 때 상부구조로서의 관료체제는 당연히 자본가의 이익을 옹호하기 때문이라는 것이다. 이러한 논리의 연장선에서 국가에 의한 스포츠 개입은 스포츠의 운영을 자본주의 체제의 요구와 일치시키기 위한 것으로 인식하게 된다.

이 밖에도 후기 마르크스주의적 관점에서 장 마리 브롱은 [스포츠 : 시간측정의 감옥[A Prison of Measured Time, 1978]에서 스포츠는 제도적이고 규칙 지배적이며 고도로 조직화한 현대스포츠의 구조는 자본주의 이익집단에 의해 형성되었다고 주장한다. 스포츠는 노동을 대체할 수 있는 것도 아니고 더욱이 노동으로부터의 도피는 아니다. 왜냐하면 직업적 스포츠는 본래의 목적인 신체적 자유와 창의적 자발성, 미학적 차원 그리고 유쾌한 충동을 모두 제거하기 때문이라는 것이다. 선수는 마치 수감자처럼 그의 육체적·정신적 생활이 통제되고, 운동의 수행은 시간적으로 기록되며 평가된다. 이는 푸코가 말하는 '판옵티콘'처럼 통제되고 감시당하는 체제와 동일시된다. 시장경제에서 살아남기 위해서 모든 상품과 생산자는 고도의 경쟁력을 갖춰야 하듯 스포츠 선수는 그 소속집단과 함께 신체가 조련되고 극기해야 하는 끝없는 생산노동에 투입되지 않으면 안 되는 것이다. 즉 스포츠는 자본주의의 형상에 따라 결정된다는 것이다.

그러나 이러한 협소한 계급사회적 인식론만으로는 스포츠의 다면성을 모두 이해하는 데 한계가 있다. 스포츠는 자본주의의 이데올로기를 재생산하는 데 기여하는 측면도 있지만 노동계급의 집단들 상호간 또는 그 내부의 연대성을 강화하는 데 유용한 도구가 된다는 점을 간과해서는 안 된다. 이러한 결속력은 자본가나 사용자 나아가서는 지배적 이익집단에 대한 저항의지를 표출하는 에너지결집의 촉매제 역할을 하기도 하는 것이다. 다만 기업적 성격으로 변모한 프로스포츠는 자본주의의 자유 시장논리에 따라 적응하고 발전한다는 특성에 유의해야 할 것이다.

3. 문화 권력으로서의 스포츠

스포츠는 양면적 성격을 띤다. 하나는 어떤 형태의 육체적 구속으로부터의 인간해방이라는 것으로 여기에는 물리적, 심리적 차원이 포함된다고 볼 수 있다. 다른 하나는 이와는 반대로 인간의 육신을 사회적 목적달성을 위한 특정한 수단으로 이용하려 한다는 점에서 오히려 인간의 육신을 속박한다고 보는 입장이다.

이는 마치 인간은 자유롭게 태어났지만 사회 도처에서 사슬로 얽매여 있다는 루소의 주장을 대변하는 것 같다. 후자의 경우 자본주의 사회에서 스포츠는 모든 사물의 존재양식을 뒷받침한다는 논리와 일치되는 부분이다. 스포츠가 제도적 형태 안에서 더욱 구조화되어감에 따라서 그에 참여하는 사람들을 해방시키기 보다는 오히려 구속하고 규제하게 된다는 것이다.

1) 문화적 전이

민주화가 상당히 진행된 현대자본주의 사회에서는 지배집단이 직접적인 경제적 강제나 또는 군사적 폭력 등의 직접적 수단에 의존하여 그들의 지배권력을 유지하는 것이 아니라 그들의 일상생활 가운데 친숙해진 문화라는 소프트 파워에 의해 지탱되고 있다는 것이다.[11] 이와 관련하여 나이슨은 [Sports and the American Empire] (1972)에서 체육행사는 미 제국주의의 메커니즘을 반영하고 이는 전후 미국의 정치 경제가 국제화되는 데 이바지하였다고 말하고 있다. 스토다트도 [Sport, Cultural Imperialism, and Colonial Response in the British Empire] (1988)에서 스포츠를 통하여 사회적 행위, 표준, 관계 그리고 순응성 등 영국의 지배적인 신념체계가 식민지에 전이되었다고 주장하고 있다.

11) 문화 권력에 관하여 안토니오 그람시(Antonio Gramsci)는 헤게모니(hegemony)라는 개념으로 설명하고 있다. 그에 의하면 헤게모니는 인위적 장치는 아니며 시민 사회 안에서 느껴지는 신념과 사상, 가치, 원칙 등의 체계로 구성되며 이는 법과 정치제도, 교육, 미디어, 종교기관 및 사회단체 등의 사회화 매체들에 의하여 확산되고 정착됨으로써 결국 일상화된다는 것이다. 그러므로 정부로 대표되는 국가권력이 와해되어도 체제로서의 자본주의가 무너지기를 기대하기 어렵다는 것이다.

그렇다면 식민정부는 왜 자국의 문화를 식민지 사회에 이전하려고 하였으며 그 효과를 높이기 위하여 어떤 방법을 적용하였는가를 알아볼 필요가 있다. 식민지 경략의 제일 목표는 경제적 이익기반의 확보에 있고, 이를 가능하게 하기 위해서는 행정통제장치의 확보가 요구된다. 문제는 전통사회의 저항요소가 많을 경우 유능한 기제가 있어도 그 기능을 발휘하기 어렵다는 것이다. 무력으로 제압할 수는 있지만, 이는 전통사회의 단합을 촉진하여 저항요인을 더욱 강화시키는 빌미를 제공하는 단초가 되기 쉽다. 시간은 다소 걸려도 문화적 방식으로 접근하려는 경향이 보편화된 것도 이 때문이다. 특히 기존의 민족문화가 굳게 뿌리내려 있는 전통사회에 대하여 서구의 이질문화가 침투하기는 쉬운 일이 아니다.

서구문화가 전통사회의 벽을 뚫고 들어가기 위해서는 기존의 가치체계를 와해시켜야 하며 그러기 위해서는 이분법적인 설득의 논리가 주효했을 것으로 보인다. 서구문화는 합리적이고, 과학적이라면 전통사회는 비합리적이고 야만적이라는 사실을 그들에게 확인시켜야 했을 것이다.

산업화 시대의 과학기술이야말로 이를 입증하는 가장 유력한 근거가 되었으며 이로부터 서구문화의 주체들은 후진사회를 이른바 근대화하는 것이 자신들의 책무라고 인식하고 이를 당연시하게 된 것이다. 이른바 백인의 의무(white man's burden)라는 작위적 소명의식은 여기에 근거를 두는 것이다.

스포츠는 종교와 함께 서구문화를 다른 세계에 이전하는 주요 전달수단이었다. 영국의 경우 식민지에 파송되는 교사는 한 가지 이상의 스포츠 종목에 대한 지도자 자격증을 구비하도록 요구되었다. 실제로 스포츠에 참여함으로써 미국과 영국의 지배문화 안에 들어오면 팀워크와 권위에 대한 복종, 역경을 이겨내는 용기, 팀에 대한 충성심 그리고 무엇보다도 규칙의 준수 등의 가치를 받아들이고 이에 적응이 요구되었다. 스포츠는 토착민들이 식민통치에 순응하도록 사회화하는 가장 유용한 수단인 것이다.

2) 문화적 동화

전 세계에 걸쳐 광범하게 흩어져 있는 식민지들을 효과적으로 장악하는 데는 군사전략적 방법이 적용되기 쉬울 것이다. 그러나 이 방법은 식민지 민족의 단합을 촉진하고 저항세력에 힘을 실어주는 결과를 가져오기 쉽다. 폭압과 강제는 국제사회의 여론을 자극할 수 있고, 또 장기적으로는 비경제적이라서 실패하기 쉬운 것이다. 스포츠는 영국의 식민 지배를 용이하게 할 가치와 이념을 식민지 주민들에게 심어주는 가장 효과적인 방법을 제공하였다. 스포츠는 미 식민주의에 대한 저항의지를 무마하고 미국의 문화와 가치의 이전을 성공적으로 달성하는 기제가 되어 주었다. 스포츠양식의 수출은 통치세력과 피치 대중과를 연결하는 교량이 되었고, 사회적 구성요소가 각기 다른 식민지 주민들을 하나로 통합시키는 매체역할을 하였다.

3) 식민주의 극복의 대체효과

식민지의 경우 일부 귀족이나 친 식민세력의 자녀들에게는 식민 종주국에서의 유학의 기회가 열려 고급 인문 사회과학의 이론을 공부할 수 있었으나 일반 대중들의 경우 스포츠가 사회적 두각을 나타낼 수 있는 인기분야이다. 미국과 영국의 식민지배 아래 있던 서인도제도의 크리켓 선수들, 남아공화국의 럭비 선수들, 호주의 크리켓이나 테니스 같은 종목의 선수들은 종주국 선수들을 능가하는 기량의 향상을 보이면서 종주국 리그에 진출하기도 하였다. 당시 식민세력들은 문화적 동화정책의 성공을 자부하기도 하였으나 그와는 달리 식민지에 따라서는 오히려 식민주의 극복의 심리적 보상효과를 노리는 경향도 있었다. 올림픽을 비롯한 각종 국제대회에 종주국의 대표선수로 출전한 식민지 선수들의 선전을 계기로 식민지 민족주의가 표출되는 사례가 발생하기도 하였다. 이러한 경향은 해방 이후 반제국주의, 반식민주의의 깃발아래 식민통치의 역사에 대한 청산의 과정에서 더욱 두드러진다. 일본의 식민

지배의 역사로 민족적 자긍심에 상처를 갖고 있는 한국인들의 대일 스포츠 경기에 대한 태도가 이를 뒷받침한다.

Ⅲ 스포츠와 정치 이데올로기

1. 정지석 성격

스포츠는 기본적으로 정치와 유사한 성격을 띠고 있다. 이러한 성격은 정치가 사회 안에서 수행하는 기능을 통하여 더욱 명료하게 드러난다. 몇 가지 중요한 측면을 정리해 보면 다음과 같다.

첫째, 일체회의 성향이 강하다는 것이다.

스포츠는 가상의 일체성을 만들어 소속 성원들 간의 사회적 통합을 촉진함으로써 현실사회 안에서 발생하거나 또는 잠재되어 있는 모순과 부조리를 은폐하거나 혹은 그 때문에 빚어질 수 있는 갈등 국면을 전환시키는 정치전략 수단으로서의 기능을 가지고 있다. 이는 스포츠나 문화적 요소가 내재하고 있는 정치 사회화의 대표적인 기능 가운데 하나이다.

복합사회나 다원사회의 경우 성원들 간에 일체감을 확인하기는 쉽지 않다. 이들이 스포츠를 통하여 가상의 '우리집단'이 만들어지면 그를 중심으로 '우리의식'을 형성하게 되고 자신들을 다른 집단으로부터 구분하게 된다. 이 때 스포츠라는 매개가 아니라면 이들의 결속은 기대할 수 없었을 것이다. 일체화의 결과는 정체성의 확립으로 나타나는 것이므로 신생 국가나 새로운 정부의 경우 가상의 일체화를 구현하기 위하여 스포츠 등의 문화 프로젝트를 활용하는 사례가 드물지 않다.

대중의 관심이 큰 국제경기에서 국기가 들어 있는 유니폼이나 국기를 통하여 선수나 선수단이 자기국가로 인식하는 것이 상징효과라면 이것들을 매개

로 하여 선수 개개인을 자신과 일체화시키는 것을 동일시라고 할 수 있다.[12)]

둘째, 스포츠는 대중동원성이 강하다.

이러한 특성은 정치권력이 선호하는 가장 중요한 가치이다. 정치권력은 항시 자신들의 이데올로기나 정책, 인물 등의 상징을 대중에게 설득하여 대중의 지지를 동원하고자 한다. 대중의 지지를 확보하느냐의 여부는 권력의 생명과 직결되는 정당의 문제이기 때문이다. 대중지지도가 높은 정당이나 정치세력은 장기간에 걸쳐 그 권력을 유지할 수 있기 때문에 정치 엘리트는 언제나 대중설득에 무게를 두어 이를 관리한다. 스포츠가 대중동원성이 강한 이유는 수많은 자발적인 참여자가 관람객 형태로 순식간에 한 자리에 모일 수 있다는 점 때문이다. 미디어가 매체로 동참할 경우 시청자의 수는 기하급수적으로 늘어나기도 한다. 특히 미디어의 발달은 권력으로 하여금 대중동원을 용이하게 하는 결정적인 기회를 재공하고 있다. 이런 의미에서 스포츠는 미디어 기능과 함께 대중과의 소통을 쉽게 할 수 있는 무언의 채널인 셈이다.

셋째, 정치의 속성 가운데는 지배라는 개념이 자리하고 있다.

공동체의 안전 확보와 효과적인 질서 유지를 위해서는 권위 구조의 확립이 필수 조건이라고 보는 것이 오늘의 보편적 인식이다.[13)] 공권력은 공적 사회에 대하여 일정한 지배권위를 인정받게 되는데 이른바 베버가 제시한 합법적 권위가 그것이다. 합법적 지배권위는 공공질서의 유지를 위하여 공민으로부터 위임받은 물리적 폭력 수단을 합법적으로 행사할 수 있다.

스포츠는 가상 공동체를 현실 공동체로 전환시킴으로써 폭력을 미화하고 제도화하는데 기여한다. 최상의 힘과 최고의 기량을 만들기 위하여 리그전을 통하여 제로 섬 게임을 진행한다. 이 과정에서 경쟁이라는 이름으로 폭력이

12) 한태룡 외, 앞의 책, p. 142.

13) 이러한 논리에 동의하지 않는 학설도 있다. 공동체의 안녕질서를 위한 권위구조 자체가 개인의 자유를 손상시키므로 어떤 형태의 권위체도 부정되어야 한다는 것이 바쿠닌 등이 주장하는 무정부주의 이론의 근거이다.

미화되는 것이다. 모든 투기성 시합, 즉 권투, 레슬링, 태권도, 유도 등을 비롯하여 아이스하키, 축구 등의 격렬한 경기는 모두 이에 해당된다. 몸싸움을 통하여 상대를 따돌리거나 제압하여 승리를 쟁취해야 하는 것이며 승패에는 엄연한 서열이 매겨지고 서열에 상응하는 권위가 따르게 된다. 또한 엄격한 틀 안에서 우수 선수를 준비하기 위해서는 강한 훈련이 필요하고 감독과 트레이너들은 철저한 위계질서를 통하여 선수들을 다루게 된다. 이들 상호관계는 지배와 복종이라는 권위구조로 이루어져 있으며 최후의 승자를 만드는 데는 승부제일주의라는 가치만이 인정되는 것이다. 이처럼 지배개념의 정상에는 최고의 권력이 있다는 점에서 정치와 스포츠는 유사한 생태적 속성을 갖는다.

넷째, 스포츠는 보수적 성향이 매우 강한 것이 또 다른 특성이다.

인간사회는 보수화되기 쉽다는 특성을 갖는다. 법과 정치제도는 기존의 가치를 지키기 위하여 개혁을 거부하는 경향이 강하다. 기존의 관습과 제도가 반드시 옳고 좋아서라기보다는 새로운 변화에 대한 확신이 서지 않기 때문인 것이다. 스포츠 역시 조직적 특성이 지극히 현상 유지적이라는 성격이 강하다. 스포츠는 기존의 기업이나 시장지배적 요구와 명령에 충실히 반응하는 질서체계라 할 수 있다. 스포츠가 전반적으로 상업주의화 함으로써 생기는 기본적 성향을 떠나서도 스포츠의 조직이나 운영방식이 기존의 관료체제와 매우 흡사하다는 것을 볼 수 있다. 이는 기존의 정치체제로부터 강력한 영향을 받기도 하지만 무엇보다도 경기운영 방식까지도 정치운영 방식을 모방한다는 점에서이다. 더 나아가서는 직업적인 엘리트 선수들의 행태 또한 보수적 성향이 강하다는 것이 스포츠계 일반에 대한 반응이다.

다섯째, 스포츠는 이념적 성격이 강하다.

스포츠는 속성상 경쟁성을 띠고 그 경쟁은 가장 치열한 '제로 섬(zero-sum) 게임'에 속하기 때문에 승패가 결정될 때까지는 상대를 반드시 꺾어야 하는 비타협적인 게임이라는 점에서 상생을 추구하는 '넌 제로섬(non zero-sum)게임'과는 구분이 된다. 이러한 성격은 선거전에서 당선과 낙선이라는 정치게

임과 같고 전쟁도 정치의 연장으로 볼 경우 마찬가지 원리가 적용된다. 따라서 스포츠와 정치 이데올로기 간에는 배타적이고 비타협적이라는 공통성이 있다. 정치자체는 타협과 협상이 합리적 수단이지만 이데올로기는 체제존립의 생명과 같은 것이므로 정치세력의 사상적 기반이요 정책의 기조가 된다는 점에서 타협으로 조정되는 일은 없다.

근대 올림픽이 부활된 1896년부터 올림픽 정신은 정치적 영향, 특히 이념적 영향으로부터 지극히 자유롭지 못해 왔다. 원래 올림픽의 목적은 아마추어 스포츠의 기본인 건전한 육체적, 도덕적 가치를 계발하고, 전 세계의 운동선수들을 4년마다 열리는 스포츠 제전에 끌어들임으로써 세계적 관심과 호의를 통하여 더 좋고 평화적인 세계를 만들자는 것이다.

그러나 이를 주창한 쿠베르탕 자신부터 프랑스-러시아 전쟁으로 약화된 프랑스 정신을 회복하기 위한 일종의 민족주의적 목적에서 독일선수단의 올림픽참여를 방해하려 하기도 했던 것이다. 합의된 올림픽 정신에 의하면 어떤 경우에도 인종, 종교 또는 정치적 이유로 각 국의 참여가 좌우되어서는 안 된다는 것이다. 다시 말해서 올림픽은 승리가 최고의 가치가 아니라 참여가 더 중요한 것이다. 올림픽에 대한 정치 이데올로기의 개입은 1936년 베를린 올림픽에서 히틀러 정권이 나치주의를 표방한데서 절정에 이른다.[14)]

올림픽 제전이 강대국들의 배타적 민족주의 인종주의 기타 정치적 이유로 그 기본정신이 훼손된 사건은 자주 발생하였다. 1954년에는 두 개의 중국문제를 놓고 중국과 대만의 지지세력들 간의 갈등이 표출된 일이 있었고, 이 문제는 1984년 로스엔젤리스 올림픽 이전까지 이어져 왔다. 이스라엘과 팔레스타인간의 갈등을 중심으로 한 중동 지역의 분쟁이 지속되면서 선수단에 대한

14) 당시 독일 올림픽위원회는 유대인들을 그 구성원에서 제외하려 하였으며, 나치언론들은 올림픽이 나치의 원칙과 프로그램을 보여줄 것임을 대외에 알리며 실제로 독일 정부는 선수촌을 포함한 모든 스포츠시설에 직접 투자하고, 행사가 끝난 뒤에는 군대시설로 이를 이용하였다.

테러행위 등 올림픽을 포함한 각종 국제스포츠 행사마다 순수해야 할 스포츠 경기가 정치이념으로 변질되어가는 예는 많다. 이러한 경향은 스포츠행사가 그 만큼 국제사회의 관심을 일시에 집중시킬 수 있는 가장 경제적이고 효율적인 방법이기 때문이다.

끝으로, 스포츠는 예나 지금이나 다르지 않게 대중동원의 성격이 강하게 표현되는 분야이다. 정치지도자나 정치세력들은 항시 포퓰리즘으로부터 강한 유혹을 받게 마련이다. 특히 민주적 정치문화가 미약한 신정체제나 과두체제 등의 비민주사회의 경우 그 지도자들은 대중의 동원에 각별한 관심을 기울이게 된다. 달리 정치적 정당성을 확보하기 어려운 상황에서 국가적, 사회적 합의를 이끌어 내는 데에 있어 동원정책만큼 효과적인 것은 없기 때문이다. 흔히 정치적 후진국에서 포퓰리즘에 호소하려는 정치지도자들은 자신의 대중적 인기몰이를 이용하여 정치적 난국을 돌파하거나 초법적 상황을 만들어 자신의 권력을 유지 강화하려는 시도가 자주 발견되는 이유도 여기에 있다.

스포츠는 경기가 벌어지는 현장에서의 동원성도 뛰어나지만 매스컴의 발달에 힘입어 스포츠 행사를 극적으로 연출함으로써 대중들의 집중력을 자극하는 특성이 강하다. 이러한 스포츠의 잠재력을 이용하려는 신문과 방송 그리고 위성통신 등의 미디어 시스템의 관련 기업인과 종사자들과 자본 사이에는 분명하고도 공통적인 이해관계가 존재한다. 이러한 경향은 스포츠의 상업주의화라는 큰 격랑에 휩쓸리면서 지구촌의 대다수 인구를 스포츠 현장으로 끌어내는 위력에 힘입어 더욱 강화되어 가고 있다.

이상에서 살펴 본 바와 같이 스포츠가 갖는 정치와의 공통성 때문에 정치적으로 이용될 수 있는 여지가 많다.

Ⅳ 스포츠의 정치화

1. 정치선전의 도구화

위에서 살펴 본 바와 같이 스포츠와 정치와의 유사성으로 말미암아 스포츠는 역사적으로 정치적 이용가치가 높게 인식되어 왔으며 실제로도 이용된 사례는 적지 않다. 그 가운데서 올림픽 경기와 관련하여 몇 가지만 제시해 보면 다음과 같다.

① 1936년 나치정권하에서의 베를린 올림픽에서 제시 오웬스 선수(미국)가 육상경기에서 독일선수를 물리치고 승리하자 히틀러는 자존심에 상처를 입고 퇴장한 바 있다.
② 1968년 멕시코 올림픽 당시 200미터 달리기 종목에서 1, 3위를 차지한 미국 흑인 선수들이 자국의 인종차별정책에 항의하는 뜻으로 시상대에서 검은 장갑을 낀 주먹을 치켜 올림
③ 1980년 미국의 모스크바 올림픽 불참
④ 2008년 베이징 올림픽 당시 티베트주민들의 시위폭도와 중국의 조치 및 성화 봉송과정에서의 경유지 국민들과의 마찰소동

2. 국내 정치적 이용효과

1) 긍정적 효과

첫째, 올림픽이나 월드컵 축구와 같은 큰 행사의 경우 주최국 정부에게 있어 이러한 경기의 유치는 흑자보장 사업으로 알려져 있어 국가재정을 보강하는 기회가 될 수 있으며 동시에 국제행사를 치루는 과정에서 국제문화 행정과 국제행사 관리능력이라는 좋은 경험을 축적할 수 있다.

둘째, 한국의 '88 서울올림픽이나 2008년 베이징올림픽의 예에서 보듯 주최국은 자국의 문화국가로서의 위상과 발전전망을 대외적으로 홍보함으로써 국위선양은 물론 자국 상품의 브랜드 가치를 높일 수 있다.

셋째, 국가적 위기를 극복할 수 있는 국민적 동력을 결집하는데 활용되기도 한다. 그 예로 한국의 경우 70년대의 국가적 궁핍기에 홍수환 선수의 대카라스키야 전에서의 이른바 4전 5기의 승리를 비롯하여 1998년 외환위기를 맞이 침체된 국민의 사기를 박세리의 LPGA에서의 승리로 희망과 사태반전의 계기를 잡은 것을 포함하여 최근의 세계적인 여자 피겨선수인 김연아의 빛나는 올림픽에서의 승리를 통하여 불가능이 없다는 국민적 결의를 다지고 자긍심을 높이는 계기를 얻은 사례 등이 있다.

2008년 베이징올림픽에서 한국은 국내에서 주최한 서울올림픽 당시 4위를 제외하면 역대 최고의 성적을 올렸다. 일본을 제치고 7위에 도약한 것은 대일자존심의 회복과 국가발전에 대한 자신감을 심어주었다는 점에서 의미가 있다 할 것이다. 특히 한국은 금메달 집중력이 뛰어나 42%로 개최국인 중국에 이어 2위를 차지하였다. 특히 수영과 야구에서 우승함으로써 국민적 사기를 높이는 계기를 만들었다고 보며, 새 정부의 정치적 불안과 경제적 위기로 인한 국민적 상실감을 누그러뜨리고 내면에 싸인 울분을 표출함으로써 심리적 안정감을 찾게 하였다는 점에서 의의가 있다 할 것이다.

2) 부정적 효과

첫째, 집권세력이 정치적 위기에 직면하여 이를 탈출하려는 정치 전략에서 스포츠행사를 이용하는 경우도 있다. 특히 정치적 실정이나 학정으로 여론의 악화 등 국민적 이반현상에 직면했을 때 정치권력은 이의 무마책으로 대형 스포츠행사를 이용하는 경향이 있다(전두환 정권의 80년 대 위기의 극복책으로 88올림픽 대안 구상).

둘째, 타국과의 경쟁을 통하여 국민에 대한 국가숭배의식과 맹목적 애국주의 의식을 고취함으로써 결과적으로 배타적 민족주의나 민족적 쇼비니즘과 보수결집을 통한 국수주의화로 변질되는 사례도 있으며 이 경우 대부분 국가 간의 갈등이나 침략전쟁을 유발하기도 한다.

셋째, 국제스포츠행사의 유치를 통하여 국민국가(중앙정부 중심) 중심으로 여론몰이를 시도할 경우 지역정치에 대한 관심이 약화되어 지역의 생활정치가 희생될 우려도 있다. 결국 국민적 관심이 국가나 민족의 통합이라는 거시 목표에 쏠리게 됨으로써 지역사회나 소수민족의 소외문제가 정치현안이 될 기회가 배제된다.

넷째, 국가사회의 집단적 대체 만족감을 유발하여 전쟁대체심리로 이용되는 경우도 있다.

3. 스포츠와 국제정치

20세기에 들어와 부르주아계급은 검약과 절제라는 청교도 정신을 버리고 쾌락과 이윤추구를 목표로 변질되기 시작하였다. 그동안 식민지 착취로 물질적 기반을 확보한 서구 열강들은 근대과학의 성과물들을 이용하여 구체제의 귀족계급의 생활방식을 모방하기 시작한다. 이 과정에서 국제적으로는 제국주의가 확산되고 대영제국의 민족주의는 [다원주의적] 백인우월주의 사상에 힘입어 스포츠에 있어서도 축구와 같은 팀 스포츠에 관심을 기울였다. 이로써 스포츠는 법과 제도, 종교, 교육과 더불어 식민지배의 효율적 도구로 이용될 수 있었다. 스포츠는 민족주의와 결합하여 국가단위의 경기방식을 채택하기에 이르렀고, 스포츠 민족주의는 올림픽과 월드컵 등에서 경쟁을 격화시킴으로써 스포츠 내셔널리즘으로 발전되게 된다. 세계적으로 인기가 높은 축구의 경우 정치적 자원화의 수단으로 이용되는 사례가 적지 않다. 제2회 월드컵 대회(1934년)에서 이탈리아의 우승은 무솔리니 정부로 하여금 파시즘의 정치적 기반을 확대하는 기회로 이용하게 한 바 있다. 스포츠 내셔널리즘의 극치는 1969년 엘살바도르와 온두라스의 축구전쟁에서 찾을 수 있다.

스포츠가 국제정치에 미치는 긍정적인 점을 들어보면 첫째, 국가 간의 역사, 문화적인 이질성을 극복하고 스포츠가 가지는 국제적인 동일한 규칙, 행동양식 등의 동질적인 스포츠 문화를 통하여 복잡한 국제문제를 해소하고 우의 친선을 다지는 매체기능을 할 수 있다.

둘째, 국제적인 이해와 평화를 증진할 수 있다. 스포츠행사는 언어와 인종이 각기 다른 국민들을 하나로 연결하기에 유익한 수단으로서 국가 간에 이해와 협력을 도모함으로써 국제평화와 친선을 다지는 데 기여한다.

셋째, 국가 간 국교개설이나 화해수단이 된다. 냉전기에 미국과 중국이 단절된 국교를 정상화할 필요를 느끼고 사전에 양국 간 친선 탁구경기를 통하여 상호이해를 확인하고 국교회복을 추진한 사례에서 보듯 스포츠는 외교에 있어 소프트 전략수단으로 이용될 수 있는 효과성이 입증되고 있다. 친선경기에서는 필승만이 대수는 아니며 승리를 상대편에 양보함으로써 상대국의 호의적인 반응을 이끌어내는 것도 하나의 전략이 되는 것이다. 스포츠에서 지고, 외교에서 이기는 결과인 셈이다.

반면에 부정적인 역기능이 있다는 사실을 인식하여 이를 경계해야 할 것이다.

첫째, 이데올로기와 체제를 선전하는 도구로 이용될 가능성이 크다. 1936년 베를린 올림픽을 나치 선전에 이용한 히틀러체제가 있고, 국가마다 메달 순위에 민감한 것도 메달 수를 국력과 동일시하는 수단으로 이용하려는 의도가 작용하기 때문이다. 남북한 간의 체제경쟁이나 한·일 전은 스포츠라고 보기에는 국가 간 심리적 총력전을 치루는 것을 연상케 할 만큼 치열하여 양국 국민 간의 이해증진과 친선도모에 역행할 우려도 있다.

둘째, 국가 간 분쟁 또는 전쟁의 촉매제 역할을 하는 경우도 있다. 스포츠는 화합의 수단으로 활용되는 반면 때로는 전재까지 불사하는 사태로 비화되기도 한다. 1969년 온두라스와 엘살바도르는 월드컵 예선경기 도중 양국 간의 국민감정이 폭발하여 두 나라 간의 전쟁으로 확대된 사실이 있다. 이 사건은 온두라스에 불법 입국한 수많은 엘살바도르 사람들을 온두라스 정부가 강제 추방한 조치에 대한 국민적 감정이 축구경기를 계기로 표출된 것이다.

이 밖에도 스포츠는 지구촌이라 불리는 지구 공동체 또는 다소 악의적으로 표현하여 세계화 현상에 기여하는 측면도 무시하지 못한다. 몇 가지 예를 들면,

① 스포츠 국제기구로서 IOC, FIFA 등은 국제정치적 영향력이 막강하다.
② WTO 체제에서 국제자본의 스포츠산업화는 경제의 세계화에 크게 기여한다.
③ 매스컴의 전반적인 발달은 디지털 티브이 시대를 열고 위성방송과 스포츠가 결합하여 스포츠 레저산업의 발전을 가져왔으며 이는 세계화된 경제 질서에 힘입어 국제자본의 스포츠 산업화 시대가 열리면서 경제의 세계화에 기여한 바 크다.
④ 다국적 선수의 활발한 교류로 국민 간의 이해가 증진됨으로써 국제평화와 지구공동체 형성에 이바지한다.

스포츠는 전 세계적으로 주목을 받는 영역이라는 점에서 정치적인 주장의 효과적인 무대로 이용되기 쉽다. 그러므로 인류사회가 이를 어떻게 인식하고 활용하느냐에 따라 유익한 문화수단이 될 수도 있고, 치명적인 무기로도 이용될 수 있다는 양면성을 갖는 것이므로 이에 대한 확고한 관점과 비판의 안목을 가져야 할 것이다.

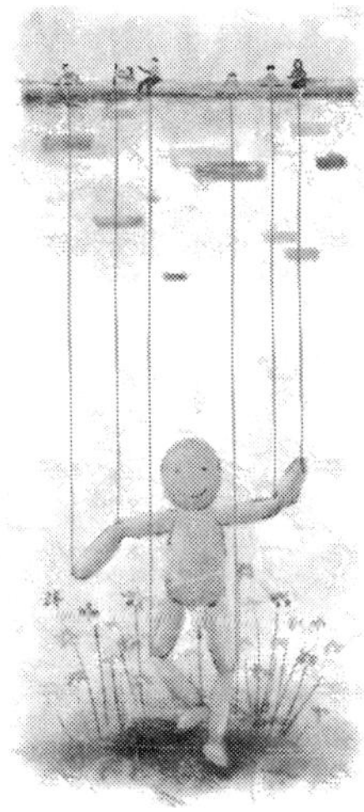

시민사회와 인터넷

5

I 인터넷 환경변화

1. 인터넷 혁명

인류세계는 이제 인터넷 없는 사회를 상상할 수 없는 단계에 접어들었다. 개인이든 집단이든 아니면 국가생활이든 인터넷에 적응하지 못하면 소외될 수밖에 없다는 것이 현실이다. 21세기를 선도할 대표적 역할은 포털사이트 구글을 비롯하여 경매사이트 이베이, 네비게이션, 이메일 서비스인 핫메일 닷컴, 그리고 사이월드와 유사한 마이스페이스 닷컴 등으로 알려지고 있으며 이는 우리의 일상생활을 변화시킬 수 있는 개념과 수단으로 지목되고 있다.[1] 이러한 현상이 보여주는 것은 인터넷이 우리의 일상생활에서 차지하는 비중이 매우 크고 이러한 경향은 날로 심화될 것이라는 징이다.

이렇듯 인터넷이 미치는 영향은 인류사회 전반의 생활방식과 사회운영방식에서부터 개인의 삶의 양식에 이르기까지 그 파장은 매우 커질 것이다. 대학입시나 취업 등에 있어서 지원서류의 제출은 물론 정부기관에 대한 각종 민원, 인터넷 뱅킹, 온라인 쇼핑, 나아가서는 사이버 주식거래 등 이미 우리의 일상생활의 주요활동에 깊이 개입하고 있다. 긍정적인 측면에서 볼 때 개인은 인터넷 업체가 제공하는 서비스를 통해 엄청난 지식과 정보에 접근이 가능해졌고 이로 말미암아 개인은 조직이나 기관에 대한 정보 비대칭성 문제를 어느 정도 해소하는데 기여하게 되었다.[2]

인터넷의 전반적 지형을 가늠해 볼 때 온라인과 오프라인 간의 경계가 애매해지면서 두 영역 사이에서 개인은 다양한 반응을 통하여 각종 사회활동을 영위해 가고 있다. 인터넷이 처음 들어올 때에는 우리의 삶을 편리하게 해주

1) "21세기를 위한 50가지 위대한 아이디어" 영국 일간지 인디펜던트 인터넷 판 2006년 8월 7일자 참고.

2) 권헌영 · 배영 · 홍승희 · 황성기, 『한국의 인터넷을 논하다』, 서울: 경제경영, 2008, p. 22.

는 문명의 이기라는 도구적 의미를 갖는 것이었다면 오늘의 인터넷은 한 걸음 더 나아가 개인의 삶에 대한 독립변수로서의 환경적 역할이 더욱 증대되고 있는 것이다.

인터넷으로 인해 인류사회는 다양한 커뮤니케이션 상황을 경험하고 있다. 인터넷 서비스의 질적, 양적 진화로 말미암아 기존의 대면적인 소통구조는 시공간의 한계를 넘어서게 되고 이로 인해 커뮤니케이션의 형식과 내용도 달라졌다. 그 결과 낯모르는 사람과도 사적 대화로 친숙해지고 사회적 쟁점에 대한 토론에도 거침없이 참여하는 등 사회적 담론의 영역이 넓어지게 되었다.

여기서 제기되는 중요한 것이 바로 사회적 신뢰문제이다. 왜냐면 가상의 사이버 세계에서 모든 커뮤니케이션이 그 생명을 유지하기 위해서는 신뢰가 가장 중요한 요소인데 상대의 실체가 확인되지 않는 공간에서 과연 그것이 얼마나 보장될 수 있겠느냐가 문제인 것이다. 이러한 약점이 만들어 내는 문제요소들 가운데 개인의 프라이버시와 사적 영역에 대한 보호의 문제가 있다. 또한 인터넷이 갖고 있는 네트워크 효과는 잘못된 정보를 급속히 확산시킬 수 있다는 개연성 때문에 더 심각한 것이다. 여기에 인터넷의 위력을 이용하여 각종 사익이나 특정의 목적에 악용하는 상업주의적 악용 가능성도 크게 열려 있다. 한 마디로 인터넷 환경은 사이버 세계에서의 각 주체들 간의 상호 신뢰를 바탕으로 한 기본적인 에티켓이 전제되지 않고는 열린사회의 유익한 소통수단이라고는 단정하기 어려운 것이다. 오히려 이로 말미암아 사회는 극도의 피폐된 상황으로 치닫게 될 것이므로 환경변화에 따른 규제문화가 자율성을 억지하는 결과를 가져오게 될 것이다.

2. 인터넷 환경과 규제

1) 인터넷 환경의 특징

인터넷은 초기에는 사이버라는 가상의 세계로만 인식되어 왔으나 삶의 현실적 필요가 가상세계에 반영되고 이는 다시 현실세계에 영향을 확대하면서 두 개념 간의 사실상의 구분은 의미가 없게 되었다. 이는 그만큼 인터넷 환경이 달라지고 있다는 것을 반증하는 것이다.

인터넷 환경의 특징은 다음과 같이 몇 가지로 나누어 볼 수 있다.

(1) 무제한의 파급성

인터넷은 현실세계가 안고 있는 시간적, 공간적 한계를 벗어나 제약을 받지 않고 실시간 전달이 가능한 소통수단으로 인정되고 있다. 이러한 강력한 전파성으로 말미암아 인터넷 이용자들은 상호간의 정보접근성에서 형평성을 누리고 있다. 참여자의 지적 능력과 관계없이 참여의사만 있으면 누구에게나 문이 열려 있으므로 민주적 소통시스템이다. 현대사회에서 정보의 독점은 사회적 권력의 비대칭화를 가져오는 중요한 요소라는 점에서 정보의 공유는 사회민주화의 발전에도 그만큼 기여하는 바 크다고 볼 수 있다. 인터넷의 시공간적 제약의 극복은 이른바 유비쿼터스(ubiquitous)시대를 열었다. 일단 최초의 발신자를 떠난 메시지는 끝없는 네트워크를 통하여 확산되는 것이기 때문에 그 파급효과는 천문학적이라 할 수 있다. 이 개념은 시공간적으로 편재한다는 개념으로 유비쿼터스 기술발전에 따라 네트워크와 모바일, 센서기술, 대용량 데이터 관리 및 처리기술, 보안기술, 인공지능기술 등을 통하여 물류, 교통, 사회간접자본 부문과 의료, 건강분야 등의 사회복지 부문에 파급효과가 있을 것으로 전망된다.

(2) 접근성

총체성의 웹 망은 실로 미로와 같은 데이터 환경을 제공한다. 끝없는 도메인과 상호연결성을 통하여 지리적 위치를 극복할 만큼 방대한 소통체계를 갖고 있다.

개인 컴퓨터와 개인 휴대전화의 보급이 비교적 폭넓게 이루어진데다 유무선 정보통신망의 확장으로 인하여 오늘날 인터넷 접속의 문은 널리 개방되어 있다. 우리나라는 2008년 현재 인터넷 보급률이 가구당 0.93%로 OECD 가입국가 중 1위를 차지할 정도로 가입률이 높다. 아동의 이동통신 가입률도 82%에 이를 정도로 그 수준이 매우 높다고 할 수 있다. 이는 인터넷 접속이 시공간적으로 거의 무제한적으로 열려 있음을 의미하는 것이다.

(3) 익명성

대다수 인터넷 이용자들은 인터넷에 회원 가입하여 활동을 할 때 자신의 실명이 아닌 대리인 성격의 아이디나 대화명을 이용한다. 익명성은 인간개인이 갖고 있는 양심을 가장 자유롭게 표현할 수 있는 환경을 담보할 수 있다는 점에서 어느 면에서 보면 가장 바람직한 표현의 자유에 대한 담보장치일 수 있다. 이런 이유에서 자유주의 언론에서는 익명성의 보장을 고수하려는 경향이 뚜렷하다. 이는 자신의 정체를 드러내지 않으려는 현대인의 특성을 잘 반영한다는 이점도 있다. 뿐만 아니라 직접대면을 피한다는 점에서 음성교환과 같은 통화수단이 아니기 때문에 필적 확인이 안 된다는 점에서 편지와는 다르다. 가명을 이용하여 타인처럼 제한 없는 소통의 공간에서 출몰하기 때문에 권력의 압력이나 사회적 관행 또는 여론의 압력으로부터 자유롭다.

그럼에도 불구하고 자기의 정체성이 가려지는데다 얼굴을 마주하지 않기 때문에 이용자로서의 개인은 사회적 의식이 흐려지기 쉽다. 화법도 직설적이며 과감하고 공격적으로 변화하기 쉽다. 신분노출이 안 되므로 사이버 상에서의 윤리성이나 책임성은 그만큼 약해질 수밖에 없고, 따라서 적발되기 어렵다는 점을 이용하여 사회적 일탈행위가 늘어 날 가능성이 커진다는 점을 감안하지 않으면 안 된다.

(4) 정보의 쌍방향성

인터넷 시대가 도래하기 전만 해도 모든 정보는 언론사, 방송사 및 출판사

등의 정보 송출자가 수용자에게 일방적으로 정보를 제공하는 일방향성이라는 특성으로 이해되어 왔다. 일반 수용자들은 정보 송출자들의 일방적 공급구조에 어쩔 수 없는 소비자로서의 역할을 거부하기도 쉽지 않은 구조에 묶여 있었다. 그러나 인터넷망에 대한 접근이 보편화 되면서 수용자로서의 대중은 더 이상 소비자의 위치에 머무르지 않고 적극적으로 정보를 창출하는 공급자로서의 역할도 담당하게 된 셈이다. 이제 인터넷 가입자들은 자유로운 컨텐츠 개발도 가능하여 이른바 프로슈머(Producer+Consumer), 즉 생소비자의 시대를 열어 놓았다. 정보 수용자는 더 이상 소비자에 머무르지 않고 적극적인 정보 생산자의 역할까지 탐지하게 됨으로써 종래와 같은 정보독점체제나 정보지배사회를 상정하기는 어렵다는 것이 현실화 되고 있다.

(5) 정보의 대량생산

인터넷을 통한 정보는 내용면에서도 다양할 뿐 아니라 대량 생산도 가능하게 되었다. 이러한 정보는 위에서 살펴 본 바와 같이 개인 휴대전화와 인터넷 다양한 프로그램의 개발에 이어 기술적으로 디지털화 됨으로써 정보의 대량축적도 가능하게 되었다. 이러한 정보의 대량생산기술과 대량축적의 기술이 발전을 거듭하고 또한 집약화, 소형화 되면서 정보생산의 대량화와 다양화의 추세는 혁명적으로 진전되어 갈 것이다.

한편 정보의 대량생산체제는 시민사회의 양적 자유가 더욱 증대됨에 따라서 많은 소프트웨어의 개발을 가능하게 할 것이다. 이로 인하여 폭발적으로 증가하는 정보는 질적 개선이 수반되기 어렵기 때문에 컨텐츠의 부족현상은 고질적인 문제가 될 것이다. 만일 정보문화의 질적 개선이 보장되지 않을 경우 사회는 혼란에 빠질 가능성도 있다. 정보의 소유권문제는 당연히 고개를 들게 되고 사회적 혼란을 방지하기 위하여 정부는 사회 안의 정보의 양을 통제하려 할 것이다. 특히 사이버의 특성상 외국과의 정보거래에 상당한 부작용이 파생될 수 있다. 이미 예고되고 또 경험하고 있는 일이지만 외국으로부터의 해커들의 침투와 웹 망의 교란행위는 효과적인 대응이 요구되는 영역이다.

날로 새로워지는 인터넷 환경은 상시적으로 대비되어야 할 국가적인 과제이다. 심도 있는 연구와 효과적인 대응은 국가 정보망의 발전과 관리에 있어 중요한 변수가 될 것이다.

Ⅱ 인터넷 규제와 범죄

1. 일탈행위와 규제

이상에서 본 바와 같이 인터넷 환경의 급속한 변화는 문명의 이기로서의 인터넷이 사회적으로 유익한 수단이라는 인식 못지않게 혼란을 가져오는 많은 부작용을 낳고 있다는 것이 현실로 받아들여지고 있는 실정이다. 새로운 인터넷 문화는 우리에게 새로운 행동양식을 가져다주었을 뿐 아니라 제반의 사회적 업무수행은 물론 우리의 일상생활에도 유익하고 긍정적인 변화를 가져온 것이 사실이다. 그러나 다른 한편으로 인터넷의 고유 특성으로 열거된 위와 같은 특성, 즉 전파성, 접근성, 쌍방향성, 대량생산성 등의 요소로 말미암아 많은 부작용이 양산되고 있다는 것이다.

이러한 일탈행위는 엄격히 말해서 법이 정하는 범죄행위와는 구분된다. 범죄요건에 해당되려면 구체적인 형법에 저촉되는 수준이 되어야겠지만 여기서는 헌법에 명시된 국민의 기본적 공존조건에 해당되는 일탈행위만을 그 대상으로 보아야 할 것이다. 즉 국민 개인의 생명, 신체, 재산, 인격과 명예, 행동의 자유, 주거의 자유, 성적 자유 등이 이에 포함된다. 이 같은 기초적 생존조건은 인간이 사회를 살아감에 있어 공권력을 포함한 어떤 실재적, 잠재적 권력으로부터 개인의 인격은 보호되어야 한다는 강력한 믿음에서 나온 것이다.

그러나 오프라인에서는 일탈행위가 구체적으로 드러나고, 또한 그 규명도 어렵지 않은 것이 일반적이지만 온라인상에서는 그 특성상 보다 폭넓고 깊게 그리고 폭발적으로 이러한 일탈행위들이 만들어질 수 있다. 그러므로 일탈의 범위를 정하기도 쉽지 않은 다양한 행위들을 일탈행위로 간주하여 처벌한다면 대다수의 인터넷 이용자, 즉 수많은 국민을 범죄자로 전락시킬 개연성이 커진다는 점을 우려하지 않을 수 없을 것이다. 인터넷 보급률이 높은 우리나라의 경우 이러한 현상은 인터넷 문화의 위축을 가져오기 쉬운 환경을 조성하게 될 수도 있을 것이며 이점이 규제지향적인 대응에 신중을 기해야 한다는 주장의 근거가 된다.

2. 인터넷 범죄

인터넷 범죄는 그 형태에 따라 다음과 같이 나누어진다.

1) 일반 범죄

이는 인터넷 행위를 통한 범죄가 일반 범죄의 요건과 비슷한 예에 속하는 경우이다.[3)]

첫째, 인터넷 명예훼손은 정보통신망을 이용하여 다른 사람을 비방할 목적으로 사실이나 허위사실을 적시하여 다른 사람의 명예를 손상하는 행위를 말한다.

둘째, 인터넷 음란정보 유포는 음란한 부호, 문언, 음향, 화상 또는 영상 등의 음란 정보를 인터넷을 이용하여 배포, 판매, 임대, 전시하는 경우에 해당된다.

셋째, 청소년 유해표시 위반 유해정보 유포는 청소년 보호위원회와 각 심의기관에서 청소년 유해 매체물을 결정하도록 하는 바 그 내용은 청소년에게 성적인 욕구를 자극하는 것이거나 음란한 것, 포악성이나 범죄의 충동을 일

3) 컴퓨터 범죄와 관련된 보다 심도 있는 논의는 홍승희, "인터넷, 그 새로운 환경과 범죄의 온상?", 권헌영, 위의 책, pp. 130~163 참조.

으킬 수 있는 것, 각종 폭력행사와 약물남용을 미화하거나 자극하는 행위, 건전한 인격과 시민의식의 형성을 저해하는 반사회적, 비윤리적인 것, 청소년의 정신적 · 신체적 건강을 해치는 것 등이다.

넷째, 인터넷 스토킹(stalking)은 주로 정보통신망을 이용한 스토킹을 말하는데, 이는 특정한 사람을 그 의사에 반하여 반복적으로 부호, 문언, 음향, 화상 또는 영상을 특정인에게 전달함으로써 상대에게 공포심이나 불안감을 유발하는 행위로 규정되어 있다. 다만 이 문제는 아직 법제화되어 있지 않고 일부 중대 사안에 관해서만 경범죄 처벌법에서 규정하고 있는 실정이다. 2009년 9월 15일 경찰청이 국회 행정안전위원회에 제출한 국정감사 자료에 따르면 경찰에 적발된 사이버 스토킹은 2005년 333건에서 2008년에는 1018건으로 급증했고, 2009년 상반기만 566건에 이르는 등 증가추세가 가파른 상승세를 보이고 있다.[4)]

사이버 스토킹이 문제가 되는 것은 피해자의 대부분이 '보이지 않는 범죄자'가 주는 극심한 정신적 스트레스에 시달리고 있다는 것이다. 또한 항상 감시당한다는 강박관념도 심각하다. 더욱이 사이버 스토킹이 범행으로 현실화되지 않을까 하는 공포감이 지배적인 것으로 나타나고 있다는 것이다. 초기에는 대상이 주로 인기 연예인 등의 유명인이었으나 갈수록 중학생을 포함한 일반인으로 확산되는 추세이다. 이에 대하여 현재로서는 마땅히 처벌할 법조항도 없으며 다만 정보통신망 법 74조를 적용할 수 있느냐 하는 형편이라서 미국 일본 등의 선진국의 대응방식을 참고하여 우리나라에서도 사이버 스토킹에 관련된 법규가 조속히 제정되어야 할 것이다.

다섯째, 인터넷 도박은 형법에서 금지되는 범죄 행위이다. 도박 행위의 유형이 다양화되고 있는 오늘날 사회적으로 사행심을 조장하는 문화가 팽배하고 있다. 인터넷 공간에서도 서버를 두고 인터넷 도박 사이트를 운영하는 사

---

4) 중앙일보, 2009년 9월 16일자 참조.

례가 늘고 있다. 이러한 인터넷 도박행위는 별도의 법 규정이 없이도 도박죄로 처벌이 가능하게 되어 있다. 문제는 모든 도박 사이트를 감시하고 통신망을 이용하여 거래되는 자금의 흐름을 추적하는 일이 쉽지 않다는 데 있다. 갈수록 지능화하는 사이버공간을 공권력의 힘으로 통제하기 어렵다는 현실이 이러한 일탈행위의 저력이 얼마나 클 것인가를 짐작하게 하는 부분이다.

2) 인터넷 범죄

(1) 사기행위

이는 보통 정보통신망을 이용한 컴퓨터사기를 말하는 것으로 정보통신망이 보급되기 전까지 인터넷을 통하지 않고 컴퓨터만을 이용한 사기가 발생하기 시작하였다. 그러나 오늘날에는 인터넷을 이용하여 정보통신망에 침입하여 경제적 이익을 취하려는 기도가 빈번히 발생하고 있다. 인터넷의 이용가치가 증대됨에 따라 인터넷뱅킹, 온라인쇼핑 등 온라인 상거래의 활성화가 가능해지면서 인터넷 해킹을 통하여 점보를 입수한 뒤 타인의 계좌에서 자신의 계좌로 예금이체를 하는 경우, 옥션과 같은 인터넷 경매 사이트 또는 온라인 상거래시 대금 결제 후 물건을 발송하지 않는 경우 등 인터넷 사기사건이 빈발하고 있다.

(2) 프라이버시 침해

사생활(privacy)이란 개인의 생활에 대한 타인의 접근을 제한하는 것으로 프라이버시는 세 가지 요소, 즉 비밀성, 익명성 및 독거성으로 구성된다. 인터넷에 있어 프라이버시는 주로 개인정보와 관련된다. 개인에 관한 정보의 수집, 이용 그리고 전파의 영역이 사생활 침해에 해당된다. 사람은 자기 재산, 안보, 그리고 자유 등이 보장될 때 가장 행복한 상태인 것이다. 이 모든 것은 남의 간섭으로부터 벗어나 나 홀로 있음을 의미하기도 한다. 따라서 프라이버시는 인간이 사회적 동물이라는 원리에도 불구하고 심리적으로나 육체적으로 자기만의 영역에서 홀로 있는 상태로서 남이 접근하거나 알리고 싶지 않은 개인적인 정보를 침해당하지 않는 것이 핵심개념이다. 고도로 정보가 관리되는 정보화 사회에 있어서 개인의 프라이버시는 놀랄 만큼 노출되어 있다. 국가기관이 사이버 망을 통하여 정보를 관리하고 있고, 시장에도 상당부분 노출되어 있어 항상 이용될 가능성이 증대되고 있는 실정이다.

프라이버시권은 언론의 자유와 서로 충돌되는 개념이다. 공인의 프라이버시가 자주 노출될 때 프라이버시 침해냐의 여부를 놓고 아직도 의견이 대립되는 상황이다. 오늘날 인터넷은 이미 공적인 영역이 되어 있기 때문에 넷에 접속을 하는 사람은 언제라도 개인정보가 유출될 수 있음을 기억하고 대비해야 한다.

개인의 프라이버시 침해행위는 명백한 범죄요건을 구성하는 것이므로 주의해야 할 일이다. 정보통신망 법 제49조에 의하면 정보통신망을 이용하여 타인의 비밀을 침해하는 행위를 범죄로 규정하고 있다. 오늘날 인터넷 이용이 일상화됨에 따라 인터넷을 통한 비밀침해 행위도 빈발하고 있다. 정보통신망에 의하여 타인의 비밀을 침해, 도용, 누설하는 경우에는 중범죄로 처벌할 수 있게 되었다. 이 범죄는 인터넷의 전파성으로 인하여 비밀침해의 피해가 더욱 크다는 점에서 기본범죄에 비해 법정형이 가중되어 있다.

(3) 컴퓨터 해킹

오늘날 전 세계가 개인이나 기관 또는 정부까지도 그들의 정보처리 및 관리를 인터넷에 의존함에 따라 동시다발적 사이트 해킹이 발생하고 있어 심각한 우려를 자아내고 있다. 종래와 같은 해킹으로 끝나지 않고 이제는 해킹을 통한 바이러스 유포로 내장된 정보가 손괴를 입는 등 그 폐해가 날로 확산되고 있다. 외국의 해커들이 우리나라 금융기관 홈페이지, 전자상거래 사이트, 포털 사이트는 물론 정부기관의 홈페이지까지 드나들며 개인정보는 물론 군사, 상업정보까지 빼가는 사태가 발생하고 있는 것이다.

최근 사건 중 가장 피해규모가 큰 경우는 2008년 2월에 발생한 옥션해킹 사건이다. 당시 전 국민의 5분의 1이 넘는 1,081만 명의 이름과 아이디, 주민번호, 전화번호, 집주소 등 개인정보가 해커들의 손에 넘어갔으며, 그 중 10%는 은행 계좌번호와 물품거래 번호 및 환불기록까지 빠져나간 것으로 알려져 있다. 최근 2년간 정체불명의 해커에 의해 미 국방부 연구개발 네트워크가 침투당하면서 3천억 달러의 개발비가 투입된 차세대 통합 공격기인 F-35의 설계도와 시스템 관련 정보가 유실된 사실이 드러나기도 하였다.

3) 최근의 인터넷 범죄동향

인터넷 범죄는 인터넷 환경변화에 가장 신속하게 적응하며 변화하는 경향이 있다. 지구적 차원에서의 인터넷 사용범위가 확대되어감에 따라서 인터넷 관련 기술도 발전하게 되고 그에 따라 인터넷의 건전한 문화를 해치는 범죄 수법도 다양하게 개발되어 광범하게 확산되기 마련이다. 소프트웨어 개발 분야 중에서 가장 빠른 적응과 변신을 거듭하는 것이 온라인의 범죄현상이다. 범죄의 목적이나 유형은 일반범죄와 크게 다르지 않지만 그 수법은 매우 정교하고 온라인, 오프라인과 연계될 경우 이 범죄의 확산속도와 범위는 예측하기 힘든 수준이다.

최근의 보고에 의하면 그 가운데 가장 심각한 피해를 발생시키는 것 중의 하나는 이른바 컴퓨터 바이러스라 불리는 악성 프로그램을 유포하는 행위이며 이 밖에도 해킹, 스팸메일 등 다양하다. 이들 컴퓨터 범죄를 근본적으로 해결하는 데는 많은 전제가 있다. 헌법에 규정된 언론 표현의 자유를 포함한 사상의 자유라는 기본권 규정과 관련된 법적, 정치적 해석에 관한 입장들이 어떻게 조정되느냐에 따라 하위법체계인 통신 관련법이 달라질 수 있기 때문이다. 범죄가 이를 단속하는 법적 권위를 무색하게 하는 것도 법체계를 정비하는 일이 환자진료처럼 용이한 것이 아니라는 성질에 근거한다.

더욱이 컴퓨터 범죄를 포함한 인터넷 규제문제는 국민의 기본권인 소통의 자유를 자칫 위협하기 쉽고 나아가서는 사회질서의 확립이라는 목표의 과잉현상이 민주적 질서의 근간을 흔들 수 있는 권력과잉의 문제로 확대될 수 있다는 개연성을 경계해야 하기 때문이다. 따라서 사이버 일탈행위는 자유의 범역에 속하지만 항시 범죄로 이행될 수 있는 잠재 공간이라는 것을 직시하고 그 가능성에 대하여 이용자들은 유의해야 할 것이다.

(1) 바이러스 유포

악성프로그램 유포로 규정된 이 범죄행위는 대부분 인터넷을 통해 광범하게 유포되며 일단 퍼지기 시작하면 그 피해범위가 광범하기 때문에 내장된 정보 손괴는 물론 컴퓨터 자체에도 치명적인 경우도 많다. 악성프로그램은 마치 지뢰와 같아서 그 피해는 심각하다. 컴퓨터 하드웨어는 물론 통신망의 교란에 이어 저장된 모든 자료의 훼손으로 인한 피해가 막중할 수 있기 때문이다. 바이러스의 피해는 공공행정과 기업운영 등 국가사회 시스템이 혼란을 겪는 그야말로 전쟁피해를 방불케 하는 재앙이 될 수 있다는 데 심각성이 있다. 복원 프로그램을 통하여 해소가 불가능한 경우도 많기 때문에 특별한 주의를 요한다.

이 같은 위험성이 증가됨에 따라서 정보통신법에서도 이를 악성 프로그램 유포로 규정하여(정통망법 제48조 제2항) 중범죄로 처벌할 수 있도록 한 바 있다. 이런 유포방식은 남의 컴퓨터에 들어가 내장된 자료를 훼손하거나 정보 통신망에 대한 장애발생 등과 같은 구체적인 범법행위의 전 단계 행위가 되는 것이다. 이러한 전 단계행위는 실제적인 침해행위에 비하여 가벼운 범법행위에 지나지 않은 것도 사실이지만 그 결과는 위중할 수 있기 때문에 예방차원에서 5년 이하의 징역이나 5천만 원 이하의 벌금형이라는 중형에 처할 수 있게 규정되어 있다.

(2) 해 킹

해킹(hacking)은 컴퓨터를 이용하여 다른 사람의 정보처리 장치나 정보처리 시스템에 부당하게 침입하는 행위로 과거에는 대수롭지 않은 장난수준으로 용인되어 왔으나 오늘날에는 중요한 정보를 탈취해 가거나 시스템 장애나 마비를 유발하는 수준의 범죄행위로 인정되고 있다. 이러한 해킹에는 다른 사람의 컴퓨터에 단순히 침입하는 행위와 해킹을 통한 기존의 불법행위로 발전하는 두 가지가 있다. 해킹을 통한 불법행위에는 비밀침해와 데이터 삭제 등의 훼손과 재산상의 불법이익 취득 등이 있다. 최근 들어 정부의 주요기관의 사이트에 해커가 침입한 사실들이 종종 발생하고 있다. 특히 군기관의 웹사이트에 접속하여 중대한 군사기밀을 빼내가는 경우도 있다. 최근에는 해외해커들이 정부기관이나 금융기관에 까지 침투하는 사례가 빈발하여 심각한 문제가 되고 있는 실성이나.

(3) 스팸메일

스팸메일(spam mail)은 수신자가 원하지 않는 영리목적의 광고성 정보를 전자메일, 휴대전화, 유선전화, 팩스 등을 통해 일방적으로 전송하는 것을 말한다. 시장경제체제의 경우 일정한 광고행위는 대체로 허용되고 있다. 문제는 이러한 광고가 정보통신망과 결합함으로써 업무방해 수준의 심각한 폐해가 발생할 수 있다는 데 있다. 우리나라에서도 정통망법의 개정으로 수신자의 명시적인 수신거부 행위에 반하는 영리 목적의 광고성 정보를 유통할 수 없게 되어 있다.

이 밖에도 사이버 상에서의 범죄행위는 인종차별, 명예훼손, 괴롭힘 그리고 온라인 강간행위 등 일상적인 사회적 범죄행위와 유사하거나 그보다 오히려 더 다양하고 악랄한 행위들이 예상될 수 있다. 이는 컴퓨터 시스템의 기술적 발전에 따른 커뮤니케이션의 특성에 기인하는 문제이며 또한 이와 관련한 소프트웨어의 기술이 날이 갈수록 급속도로 다양해짐으로써 이를 통제하는 데 한계가 있기 때문이다.

3. 인터넷 통제의 문제

오늘날 민주시민이 누릴 수 있는 언론표현의 자유 가운데 인터넷만큼 그 기회를 풍부하게 제공하는 수단은 없다. 이는 전달능력 뿐 아니라 저장능력에 관해서도 인터넷 용량을 따라 갈 수단은 아직 없다. 이런 점에서 공공방송이나 통신 그리고 국가적 행정업무수행, 군사작전의 수행도구로서는 물론 개인의 통신 또는 자료저장, 더 나아가서는 기업의 상업적 광고에 이르기까지 인터넷의 활용범위는 거의 무한대에 걸친다.

넷 이용자나 웹사이트를 방문하는 사람도 인터넷을 통하여 누리게 되는 광범성과 다양성의 매력에 빠지지 않을 수 없음을 느끼게 된다.

그러나 이러한 폭넓은 사이버 세계는 인간의 선의만을 기대하기에는 벅찬 문화가 존재한다는 사실에 놀라지 않을 수 없다. 각종의 음란물, 거친 언사, 명예훼손 등 위험한 수준의 언론풍조에 우려를 금할 수 없게 된다. 정도의 차이는 있으나 인터넷 활용도가 높은 사회일수록 그 정도는 더 심한 것으로 나타나 있다. 아직 성인물과 미성년물에 대한 엄격한 구분과 그에 적합한 규제가 쉽지 않은 현실에서 인터넷 윤리와 규제문제는 시급한 과제가 아닐 수 없다.

인터넷 발언이 실제적으로 위험해지는 순간은 언제이며 이를 현행법의 테두리 안에서 과연 규제할 수 있는 것인가, 그리고 스팸메일이나 명예훼손 등에서 나타나는 문제의 표현을 어떻게 다루어야 하며 인터넷 외설이나 비방의 글로 인하여 피해의 발생은 누가 질 것인가 등에 대하여 논의는 많지만 아직 구체적 대책은 제도화되어 있지 않은 것이 현실이다. 일반 언론의 핵심주제는 일반대중이나 소비자의 알권리와 알릴 의무에 대한 관심이 높다. 그러나 이들에게 '알 권리'는 선택적인 것이다. 즉 소비대중이 알고 싶지 않거나 알 필요가 없다고 하는 판단의 기준은 각자 본인의 고유의 권리이다. 그러므로 '알기를 거부할 수 있는 권리'도 동시에 주어져 있다고 보는 것이 중요하다. 이런 관점에서 규제 옹호론의 입장에서는 스팸이나 원하지 않는 상업적 이메일에 대한 적절한 조처를 당연시한다. 그 이유는 스팸은 광고 수용자나 간접적으로 불편을 겪는 인터넷 이용자들에게 광고주가 물어야 할 비용을 떠넘기는 행위가 되기 때문이다.

Ⅲ 인터넷과 지적 재산권 문제

1. 들어가는 말

지적 재산권은 저작권의 한 개념이라고 본다. 인터넷 공간에서 발생하는 범죄 가운데 가장 광범하고 보편적인 범죄유형에는 지적 재산권 침해와 인터넷 사기행위가 있다. 인터넷 지적 재산권 침해에는 저작권 침해의 개념이 포함된다.

지적 재산권 침해문제는 정보화시대에 있어 최대의 논쟁거리이다. 그만큼 이 주제는 국내는 물론 국제적으로도 반향이 클 수밖에 없다. 문화가 숭배의 대상에서 향유의 수단으로 변화함에 따라 과거와는 달리 급속한 대중화의 길을 걷게 되었다. 이것이 문화의 민주화이다. 문화 생산론자들은 문화가 상품화를 거쳐 대량생산, 대량소비 시대로 접어들었고, 이러한 문화산업의 확대는 문화예술 수준의 질적 저하를 가져왔다는 것이다. 그러한 현상의 하나가 문화상품의 복제현상이라는 것이다.[5] 즉 지적재산의 유형은 표현된 사상이나 감정 등의 정신적 창작물에 대하여 원작자의 소유권을 보장해 줌으로써

5) 아케가미 쥰 외, 성제환(역), 문화의 창조성과 지적재산보호(서울: 시그마 프레스, 2008), pp. 196~198.

창작의 의지를 북돋우자는 데 목적이 있다. 지적 재산의 유형에는 시, 소설, 평론 등의 문학적 작품은 물론 사진, 잡지, 음원을 포함한 모든 예술작품이 다 포함된다. 보호대상이 되는 모든 창작물은 이제 인터넷에서도 적용이 된다는 것이다. 지적 재산은 특허, 판권, 상표와 같은 미묘하고 복잡한 권리형태로 보호된다.

저작권은 원래 공정한 이용에 관한 규정이다. 이 법은 자신의 창작물에 대한 권리와 창작물이 원작자의 허락 없이 연구와 비평, 교육적 목적에 정당하게 사용될 수 있는 규정사이에서 균형을 맞추고 있다.

2. 지적 대상에 대한 정당성의 근거

저작권은 창작자의 산물에 대한 그의 배타적 소유권을 의미한다. 이는 무절제하게 침해되어도 문제이지만 지나치리만큼 엄격한 법적 제약도 문제이다. 왜냐면 지식 정보사회에서 모든 지식은 정보로 환원되어 순환함으로써 지식세계의 발전이 보장되기 때문이다. 지적 재산권 보호를 정당화하는 이론 가운데 가장 영향력 있는 학설은 로크의 노동보상이론과 헤겔의 인격이론이다.[6] 이 두 학설을 중심으로 지적 재산권에 대한 정당성의 근거를 살펴보기로 한다.

1) 노동보상이론(Labour-Desert Theory)

로크에 따르면 인간은 어떤 것에 대하여 노동을 투입함으로써 그에 대한 재산권을 획득한다는 것이다. 즉 사람은 자신의 노동의 열매에 대한 자연권이나 소유권을 갖는다는 것이다. 로크는 이러한 논리에서 만일 누군가가 쓸모없는 공유지를 땀 흘려 개간하여 가치 있는 농지로 바꾸었다면 그 사람이

6) 지적 재산권의 정당화 이론에 관하여는 Richard A. Spinello, *Cyber Ethics : Morality and Law in Cyberspace*, Sudbury: Mass.,: Jones and Bartlett Publishers, 2003, pp. 99-102 참조.

그 땅을 사유화 할 자격이 있다는 것이다. 로크는 그가 기울인 노력을 땅을 갈고(till), 심고(plant), 개량하고(improve), 경작하여(cultivate)라는 어휘로 구체화하고 있다. 이 말이 암시하는 것은 창작자는 많은 생각, 시간 그리고 노력을 기울여 하나의 작품형태로서의 책, 악곡, 그림, 컴퓨터 프로그램 등을 만들 때 비로소 자신의 창작품으로 인정되고 그 같은 창작품만이 지적 재산권으로서 정당한 보호를 받는다는 것이다.

록크 이론의 중심개념은 노동은 재미없고 귀찮은 활동으로 사람들은 이득을 얻기 위해서만 노동을 한다는 것이다. 그러므로 노동의 대가인 이득을 취하지 못하게 하는 것은 부당하다는 것이다. 요컨대, 재산권은 노동자의 일에 투입된 고통과 분투에 대한 대가로서 요구되어야 하는 것이다.

후게스(J. Hughes)도 이러한 창작자들로서는 이와 같은 창작과정에 아무런 기여를 하지 않은 사람들이 자신의 작품을 이용하는 것에 대해 일정한 비용을 부담지우는 것이 옳다고 주장하면서 노동이 사회적으로 가치 있는 것을 창조하기 때문에 재산권은 당연히 지켜져야 한다는 것이다.[7] 이러한 학설을 지지하는 대부분의 소프트웨어 개발자들은 상업용 소프트웨어를 개발하는데 소요되는 많은 시간과 노력의 대가를 지불하지 않고 사용함으로써 발생하는 이익에 대하여 불법적임을 단언하는 것이다.

물론 루소의 주장이 시대착오적일 수도 있고 타당성에도 무리가 있을 수 있다. 지적 재산권 문제는 노동과 자연과의 관계가 아닌 노동과 복잡한 경제관계와의 문제라는 점과 또 물리적 재산권 문제를 지적 재산권 논의에 적용하는 데도 루소의 한계가 드러날 수도 있을 것이다. 그럼에도 불구하고 루소가 명시한 "공유지를 자신이 땀 흘려 쓸모 있는 땅으로 만들어 사유화한다(enclose it from the common)"라는 진술의 당위성은 창작자가 자신의 창작품을 통하여 공유지식에 기여한 대가를 자연적 재산권으로 인정받는 것은 마땅

7) Justin Hughes, "The Philosophy of Intellectual Property", *Intellectual Property*, ed. A. Moore, Lanham, MD: Rowman and and Littlefield, 1997, pp. 107-177, Ibid, p. 99.

하다는 논리와 맥을 같이 한다는 점에서 평가되어야 할 것이다. 원재료에 자신의 독창적인 아이디어를 가미하여 무엇인가를 만든 사람은 그것이 아무리 작은 가치라 할지라도 그 소유권을 인정하는 것이 공정하다는 의미로 해석된다.

한 걸음 더 나아가서 노직(Robert Nozick)은 이 조항에 대하여 다음과 같은 해석을 주장한다. 즉 노동을 통한 재산권은 다른 사람들에게 일체의 해를 미치지 않을 때만 용납된다는 것이다. 예를 들어, 특허권과 같은 저작권보호 장치가 장기적으로 엄격하게 보장되는 인센티브 없이는 발명이 기대되기 어려울 것이라 전망한다.[8)]

2) 인격이론(personality Theory)

노동이론과는 달리 인격이론은 저작권을 창작자의 내면의 가치보호와 연결시킨다는 점에서 구별된다. 각종 소프트웨어를 포함한 창작자의 모든 재산권은 창작자의 자기표현과 자기실현에 긴요하다. 그러므로 이것들은 소유의 대상이 아니라 자신의 일부로 창작자에게 속하는 것이라는 입장이다. 헤겔에 의하면, 개인이 무엇인가를 만들고 숙련단계에 접어들면 세상에 자신의 인격을 드러내고자 할 것이므로 재산은 자유 실현을 위하여 필요한 요소가 된다는 것이다. 재산은 개인으로 하여금 자신의 의지 실현을 가능하게 해준다. 이는 곧 재산이 자아실현의 수단인 인격의 표현인 셈이다. 인간은 소설, 미술작품, 시, 음악, 소프트웨어의 코드 등 다양한 것들을 통하여 자신의 의지를 외부세계로 자유로이 표출하고자 한다. 따라서 인간 개인들은 지적 생산품을 자아개념의 확장으로 이해하려는 성향이 있다. 모든 인간을 일반화하기는 어려운 일이지만 자신의 지적 저작품이 창의적이고 개성이 강할수록 그의 인격의 용량은 더 커지며 그에 따라 소유권의 필요성도 증대되는 것이다.[9)]

---

8) Robert Nozick, *Anarchy, State and Utopia*, New york: Basic Books, 1974.

9) Richard A. Spinello, *op.cit.*, p. 100.

여기서 강조되는 것은 기본적인 인간의 자유는 창작자의 다른 행위가 사회적으로 통제되는 것처럼 그의 창작물도 마땅히 통제되어야 하며 다른 사람들이 그 소프트웨어를 비롯한 창작물들을 상업상의 영리목적으로 판매하지 않도록 막기 위하여 분배와 이용조건에 대한 규제되어야 한다는 것이다.

3) 공리주의 이론(utilitarianism)

이 이론은 재산권과 관련하여 '최대 다수의 최대의 행복'이라는 공리적 원칙이 적용되어야 한다는 입장에 기초한다. 이 이론은 사람들이 일정 수준의 만족감과 성취감을 얻기 위하여필요한 것들을 획득하고 소유하며 사용할 필요가 있다는 전제위에 성립한다. 이를 위해서는 소유권이 보장되어야 하고 소유권의 보장은 재산권 제도에 의하여 뒷받침되어야 한다는 것이다. 란데스의 공리주의 모델에 의하면 시적 생산품은 생산비용이 낮기 때문에 쉽게 복제되기도 한다. 이러한 위험을 잘 아는 창작자들은 사회적으로 가치 있는 작품을 생산하고 분배하는 일을 꺼릴 수밖에 없다. 따라서 재정적 인센티브를 통하여 지적 재산권이 창작자들의 작품 활동을 잘 할 수 있도록 자극할 것으로 기대한다.

이러한 저작권이 보장되지 않는 한 최소한의 제한기간 동안 창작에 대한 통제에 의해 그들의 투자 복귀가 이루어지지 않는다면 마이크로소프트사가 어찌 거액의 투자를 할 것이고 디즈니가 비싼 영화를 제작할 것이며, 또한 굴지의 제약회사들이 신약개발체제로 복귀하려 하겠는가?

인터넷은 지적 재산과 저작권 보호의 미래에 대하여 기존의 사고방식을 변화시킬 것으로 보인다. 언젠가는 네트워크와 디지털 공학의 발전에 힘입어 자유로운 정보의 공유시대를 열 것으로 전망되고 있다. 노동보상이론과 인격이론이 지적 재산권문제에 대한 최소한의 신뢰할 만한 정당성을 제공하는 것은 분명해 보인다. 다만 윤리적 차원에서 지적 재산권에 관한 근원적인 문제는 개인적인 차원에 국한되어 있다는 점이다.

이러한 논의의 바탕에는 이 문제가 창작자나 개발자 개인에게만 초점을 맞추고 있다는 데 한계가 있다. 이 문제를 창작자 개인에게만 한정한다는 것은 그 창작물 자체의 사회적 역할을 무시하고 있다는 것이다. 고대 그리스의 자연법이 규정하는 선의 근거는 사물이 그 목적의 실현을 통해서 완성된다는 것이다. 즉 인간은 본질적으로 이성적이고 사회적인 존재이다. 인간의 자아실현과 궁극적 행복은 사회 안에서 이성적으로 살아갈 때 주어지는 것이다. 인간은 커뮤니케이션을 수단으로 하는 사회적 존재이다. 정보는 개인적인 생각이나 그림, 노래 등의 표현일 수 있다. 또한 기계설계나 컴퓨터 프로그램과 같은 기능을 수행하기 위한 산물일 수도 있다. 이처럼 정보는 근본적으로 커뮤니케이션과 깊은 상관성을 갖는 것이다. 만일 정보생산자들의 저작물이 적절히 공유되지 못한다면 그 자체의 목적을 달성할 수 없을 것이다.

모든 정보는 변화되고, 성장하며 결합되고, 창조되는 파생물이라는 성질을 갖는다. 오프라인에서는 화가나 창작자의 실제 작품은 없어지거나 복제 또는 변형될 경우 그 사실이 명백히 드러나고, 그럼으로써 작품의 가치손실로 이어지지만 온라인에서는 다른 사람이 작품을 복제해도 저작권을 보유한 본인은 알 수 없으며 자신의 작품이 도난당하거나나 손상되는 것도 아니며 원본과 다른 복제품을 구분할 수도 없는 것이다. 이런 관점에서 적어도 온라인상에서의 지적 재산권 행사는 점차 완화될 전망이다.

지적 산물이 결코 한 사람만의 정신세계에 근거한 순수한 독창성에 의하여 만들어진 것으로 보기 어렵다는 이유도 이 점 때문이다. 이로써 지적 저작물들의 목적과 선은 상호 유통되고 공유되어야 한다는 것이 상식으로 인식되어야 할 것이다.

그러나 앞으로 얼마간은 여전히 복잡한 지적 재산권 문제로부터 벗어나기는 쉽지 않을 것으로 보인다. 웹은 지적 재산권보다는 오히려 표절의 위험이 더 크다는 견해도 있다. 앞으로 웹 표절은 물론, 공정한 정보사용 방안이 동시에 논의되어야 할 것으로 보인다.

참고문헌

【제1장】 시민사회와 현대정치

박상필(2001). 『NGO와 현대사회』, 아르케.

유종성(1999). "한국 시민사회의 한계와 개혁과제", 주성수 편저, 『새천년 한국시민사회의 비전』, 한양대출판부.

이우정(1997). 『권력승계와 정당성』, 신양사.

정수복(1999). "한국 NGO의 비전과 발전전략", 주성수 편저, 『새천년 한국시민사회의 비전』, 한양대출판부.

조희연(2000). "한국시민사회단체(NGO)의 역사, 현황과 과제", 김동춘 외 공저, 『NGO란 무엇인가』, 아르케.

주성수(1999a). 『시민사회와 제3섹터』, 한양대출판부.

주성수(2000a). 『글로벌 가버넌스와 NGO』, 아르케.

주성수 · 서영진(2000). 『UN, NGO, 글로벌 시민사회』, 한양대출판부.

차명제(1999). "한국시민사회의 발전과 과제", 주성수 편저, 『새천년 한국시민사회의 비전』, 한양대출판부.

Amsden, Alice(1989). *Asia's Next Giant:South Korea and Late Industrialization*. New york: Oxford University Press.

Citizen Times(1997). *Directory of Korean NGOs*. Seoul: Citizen Times.

Eom, Gu-ho(1998). "The Corruption Structure and Economic Freedom in East Asia." *Global Economic Review* 27(3):45-64.

Fukuyama, Francis(1998). "Asian Values and the Asian Crisis." *Commentary*(February) : 23.

Jun Sang-In(1999). "No(Logical) Place for Asian Values in East Asia's Economic Development." Papaer presented at the International Conference on Universal Ethics and Asian Value, held by the Korean National commission for UNESCO, in Seoul, Korea, on October 4-6.

Kim Hyuk-Rae(1997). "Korean NGOs : Global Trend and Prospect." *Global Economic Review* 26(2) : 93-115.

Kim Jin-soo and Son Won-ick(1996). *Reforming Tax-Exemptions System for Non-profit Corporations in Korea*, Seoul: Korea Institute of Public Finance.

Kin Sunhyuk(1997). "Stateand Civil Society in South Korea's Democratic Consolidation : Is the Battle Really Over?" *Asian Survey* 37(12) : 1135-1144.

Lee Hye-kyung(1995). "NGOs in Korea." In Tadashi Yamamoto, ed. *Emerging Civil Society in the Asia Pacific Community*. Tokyo: Japan Center for International Exchange.

Lee Jaymin(1998). "East Asian NIEs Model of Development : Miracle, Crisis, and Beyond." Paper presented at the 6th International Conference on Economic Cooperation in Northeast Asia, organized by the Institute of East and West Studies, Yonsei University, and the Asia Research Fund, in Seoul, Korea, on November 6-7.

Ministry of Environment(1991-1995). *Directory of Nonprofit Corporations*. 5 vols. Seoul: Minsistry of Environment.

Minstry of Health and Welfare(1991-1995). *Directory of Nonprofit Corporations*. 5 vols. Seoul: Ministry of Health and Welfare.

Salamon, Lester M(1994). "The Rise of the Nonprofit Sector." *Foreign Affairs* 73(4) : 108-122.

Smith, David(1998). "Lessons of Global Neo-Liberalism? The East Asian Economic Crisis Reconsidered." *Global Economic Review* 27(4) : 45-63.

Wade, Robert(1990). *Governing the Market : Economic Theory and the Role of Government in East Asian Industrialization*. Princeton, N. J.: Princeton University Press.

Walzer, Michael(1998). "The Concept of Civil Society." In M. Walzer, ed. *Toward a Global Civil Society*. Providence and Oxford: Berghahn Books.

World Bank(1993). *The East Asian Miracle*, Oxford: Oxford University Press.

Yoshida Shin'ichi(1999). "Rethinking the Public Interest in Japan: A Civil Society in the Making." In Yamamoto Tadashi, ed., *Deciding the Public Good*. Tokyo: Japan Center for International Exchange.

【제2장】 성과 정치

강남식(2003). 「여성노동정책과 담론 분석 : 성별화된 노동시장과 모성보호정책을 중심으로」, 이영환 엮음, 『통합과 배제의 사회정책과 담론』, 함께 읽는 책.

강이수 외(2004). 『여성 비정규직의 차별 실태와 법제도 개선과제』, 한국여성노동자회협 의회 · 한국여성연구소.

김선욱(1999). 『여성정책과 행정조직』, 이화여자대학교 법학연구소.

김은실(2001). 『여성의 몸, 몸의 문화정치학』, 또 하나의 문화.

김인숙 외(2001). 『여성복지론』, 나눔출판사.

박정미(2002). 「성폭력과 여성의 시민권 : '운동사회의 성폭력 뿌리뽑기 100인 위원회' 사례분석」, 서울대학교 석사학위논문.

박혜란(1996). 「'이미'와 '아직'의 경계선에 선 욕망」, 『새로 쓰는 결혼이야기 1』, 또 하나의 문화.

소콜로프, 나탈리(1990). 『여성노동시장이론』, 이효재 옮김, 이화여자대학교출판부.

쉴링, 크리스(1999). 『몸의 사회학』, 임인숙 옮김, 나남출판.

스티븐스, 앤, 김영신 역(2010), 명인문화사.

안연선(2003). 『병사 만들기』, 삼인.

양현아(1999). 「한국의 호주제도」, 『여성과 사회』 10호.

엘킨드, 데이비드(1999). 『변화하는 가족 : 새로운 가족 유대와 불균형』, 이동원 · 김모란 · 윤옥경 옮김, 이화여자대학교출판부.

오김숙이(2010). 한국여성운동과 차이문제, 여성이론, 2010, 여름호, 22호.

이성은(2003). 「성희롱-이성애제도-조직문화 그 연관성에 대한 고찰」, 한국여성학회, 『한국여성학』 19권 2호.

이여봉(1999). 「부부간 평등 및 형평 인식에 관한 연구」, 가족문화학회, 『가족과 문화』 11집 1호.

이영자(2000). 『소비자본주의 사회의 여성과 남성』, 나남출판.

장미경(1999). 『페미니즘의 이론과 정치』, 문화과학.

전병유·장지연·박찬임(2004). 『2만불 시대의 여성 경제활동 참가의 변화추이와 정책적 함의)』, 여성부.

전은정(2000). 「근대 경험과 여성주체 형성과정」, 『여성과 사회』 11호.

정현백(2000). 「21세기 여성운동의 쟁점과 과제」, 한국여성단체연합 대안사회정책연구소 창립 심포지엄 자료집.

정현백(2003). 『민족과 페미니즘』, 당대.

조은(1999). 「가족제도의 운명과 새로운 공동체의 가능성」, 『창작과 비평』 103호 (1999년 봄호).

조주현(1996). 「여성 정체성의 정치학 : 80~90년대 한국여성운동을 중심으로」, 한국여성학회, 『한국여성학』 12집.

콘보이 외(2001). 『여성의 몸, 어떻게 읽을 것인가』, 조애리 옮김, 한울.

티너, 브라이언(2002). 『몸과 사회』, 임인숙 옮김, 몸과 마음.

한국여성개발원(2003). 『전국가족조사 및 한국가족보고서』.

한국여성사편찬위원회(1972). 『한국여성사－I·II』, 이화여자대학교출판부.

한국여성연구회(1991). 『여성학강의』, 동녘.

함인희 외(2002). 『우리 동거할까요?』, 코드출판사.

Adkins, L.(1995). *Gendered Work : Sexuality, Family and the Labour Market*, Buckingham : Open UP.

Alex Warwick & Rosemary Auchunty(1995). “Womem’s Studies as Feminist Activism”, *Feminist Activism in the 1990s*, Gabriel Griffin, ed., London: Taylor & Francis.

Chandra Talpade Mohanty(2003). “Under Western Eyes : Feminist Scholarship and Colonial Discourses”, *Feminism without Borders : Decolonizing Theory, Practicing*

Solidarity, Duke University Press.

Comer, L.(1999). *A Gender Approach to the Advancement of Women : Handout and Notes for Gender Workshops*, Bangkok : UNIFEM East & Southeast Asia.

Committee of Ministers(1998). Council of Europe; 보건복지부 여성정책담당관실 옮김, 『보건복지 여성정책안내 : '여성정책 주로화'에 대한 이해와 실천방안』, 보건복지부, 1999.

Fiona Flew(1999). "Feminism and Globalization. Introduction : Local Feminism, Global Futures", *Women's Studies International Forum*, vol. 22. no. 4.

Firestone, Shulamith(1970). *The Dialectic of Sex : The Case for Feminist Revolution*, London: The Women's Press, 1979 : 『성의변증법』, 김예숙 옮김, 풀빛, 1983.

Gamma Tang Nain(1991). "Black Women, Sexism and Racism : Black or Antiracist Feminism?", *Feminist Review*(Spring), pp. 1-22.

Gerda Lerner(1993). *The Creation of Feminist Consciousness*, Oxford: Oxford University Press.

Haleh Afshar, ed,(1996). Women and Politics in the Third World, London.

Hartmann, Heidi(1981). "The Unhappy Marriage of Marxism and Feminism", Lydia Sargent, ed., *Women and Revolution*, London: Pluto Press; 「마르크스주의와 여성 해방론의 불행한 결혼 : 보다 발전적인 결합을 위하여」, 김혜경 · 김애령 편역, 『여성해방이론의 쟁점 : 사회주의 여성해방론과 마르크스주의 여성해방론』, 태암, 1990.

Jackson, S. and Scott, S.(1996). *Feminism and Sexuality : A Reader*, New York: Columbia UP.

Jaggar, Alison(1983). *Feminist Politics and Human Nature*, Hemel Hempstead: Harvester Press; 『여성해방론과 인간본성』, 공미혜 외 옮김, 이론과실천, 1992.

Kemp, A. A.(1994). *Women's Work : Degraded and Devalue*, New Jersey: Prentice-Hall.

Lee, Sung-Eun(2002), "Sexual Harassment in Korean Organisations", Doctoral Thesis, University of York, Unpublished.

Lewis, J. & Ostner, I.(1991). "Gender and the Evolution of European Social Policies", *Paper Presented at CES Workshop on Emergent Supranational Social Policy :*

The EC's Social Dimension in Comparative Perspective, Center for European Studies, Harvard UP.

Mies, Maria & Vandana Shiva(1993). *Ecofeminism : Reconnecting a Divided World*, St. Martin's Press; 손덕수 · 이난아 옮김, 『에코 페미니즘』, 창작과비평사, 2000.

Millett, Kate(1971). *Sexual Politics*, London: Virago; 『성의 정치학』, 정의숙 외 옮김, 현대사상사, 1975.

Mincer, Jacob and Solomon Polachek(1974). "Family Investments in Human Capital : Earnings of Women", *Journal of Political Economy*, Vol. 82. No. 2.

Nancy A. Naples & Manisha Desai, eds.(2002). *Women's Activism and Globalization : Linking Local Struggles and Transnational Politics*, Routledge.

Orloff, A. S.(1993). "Gender and the Social Rights of Citizenship : The Comparative Analysis of Gender Relations and Welfare States", *American Sociological review*, June.

Redstockings, eds.(1975). *Feminist Revolution*, New York: Random House, 1978.

Sainsbury, D., ed.(1994). *Gendering Welfare States*, London: Sage.

Sally Baden & Anne Marie Goetz(1997). "Who Needs(Sex) When You Can hav (Gender)? : Conflickting Discourses on Gender at Beijing", *Feminist Review* (Summer), pp. 3-25.

Sargent, Lydia, ed.(1981). *Women and Revolution*, London: Pluto Press.

Uta Ruppert(1998). "Die Kehrseite der Medaille? Globalisierung, Global Governance und internationale Frauenbewegung?", *bietrage zur Feministische Theorie und Praxis*, Vol. 47 · 48, pp. 94-105.

【제3장】 환경과 정치

드라이제크 · 존, 정승진 역(2005). 지구환경 정치학담론, 에코.

리프킨 · 제레미, 이정배 역(1999). 생명권정치학, 대화출판사.

카슨 · 레이첼, 김은령 역(2003). 침묵의 봄, 에코.

Amy, Douglas J.(1987). *The Politics of Environmental Mediation*. New York: Columbia University Press.

Anderson, Charles W.(1990). *Pragmatic Liberalism. Chicago*, Ill. : University of Chicago Press.

Barnett, Harold J. and Morse, Chandler(1963). *Scarcity and Growth : The Economics of Natural Resource Availability*. Baltimore: Johns Hopkins University Press for Resources for the Future.

Beck, Ulrich; Giddens, Anthony, and Lash, Scott(1994). *Reflexive Modernization : Politics, Tradition and Aesthetics in the Modern Social Order*. Cambridge: Polity.

Bookchin, Murray(1990). *Remaking Society : Pathways to a Green Future*. Boston, Mass.: South End Press.

Brooks, D. B.(1992). "The Challenge of Sustainability : Is Integrating Environment and Economy Enough?", *Policy Sciences*, 26 : 401-8.

Brown, Lester R.(1981). *Building a Sustainable Society*. New York: Norton.

Caldwell, Lynton K.(1982). *Science and the National Environmental Policy Act : Redirecting Policy through Administrative Reform*. Tuscaloosa, Ala.: University of Alabama Press.

Conca, Ken(1994). "Peace, Justice, and Sustainability", *Newsletter of the Committee on the Political Economy of the Good Society*, 4(1) : 1-7.

Dobson, Andrew(1990). *Green Political Thought : An Introduction*. London: Unwin Hyman.

Dryzek, John S.(1987). *Rational Ecology : Environment and Political Economy*. New York: Basil Blackwell.

Dryzek, John S.(1990a). "Green Reason : Communicative Ethics for the Biosphere", *Environmental Ethics*, 12 195-210.

Dryzek, John S.(1996b). "Foundations for Environmental Political Economy : The

Search for Homo Ecologicus?", *New Political Economy*, 1 : 27-40.

Fiorino, Daniel J.(1995). *Making Environmental Policy*. Berkeley, Calif.: University of California Press.

Goodin, Robert E.(1992). *Green Political Theory*. Cambridge: polity.

Gottleib, Roger S.(ed.) (1996). *This Sacred Earth : Religion, Nature, Environment*. New York: Routledge.

Hardin, Grrett(1993). *Living Within Limits : Ecology, Economics, and Population Taboos*. New York: Oxford University Press.

Inglehart, Ronald(1990). *Culture Shift in Advanced Industrial Society*. Princeton, NJ: Princeton University Press.

Kneese, Allen V. and Schultze, Charles L.(1975). *Pollution, Prices, and Public Policy*. Washington, DC: Brookings.

Lafferty, William(1996). "The Politics of Sustainable Development", Environmental Politics, 5.

Merchant, Carolyn(1992). *Radical Ecology*. London: Routledge.

Michaels, Patrick J.(1993). "Global Warming : Facts vs. The Popular Vision", 341-62 in David Boaz and Edward H. Crane(eds.), *Market Liberalism : A Paradigm for the 21st Century*. Washington, DC: Cato Institute.

Nef, John U.(1977). "An Early Energy Crisis and its Consequences", *Scientific American*, 237 : 140-51.

O'Connor, James(1988). "Capitalism, Nature, Socialism : A Theoretical Introduction", *Capitalism, Nature, Socialism*, 1 : 11-38.

Rosenbaum, Walter A.(1985). *Environmental Politics and Policy*, Washington, DC; Congressional Quarterly Press.

Smith, V. Kerry(ed.) (1979). *Scarcity and Growth Reconsidered. Baltimore*, Md.: Johns Hopkins University Press for Resources for the Future.

Torgerson, Douglas(1994). "Strategy and Ideology in Environmentalism : A Decentered Approach to Sustainability", *Industrial and Environmental Crisis Quarterly*, 8 : 295-321.

World Commission on Environment and Development(1987). *Our Common Future*. Oxford: Oxford University Press.

【제4장】 **스포츠와 정치**

머레이・빌, 이정환(역) (2008). 축구의 역사, 일신사.

헌팅턴・새뮤얼 P. 외, 이종인(역) (2001). 문화가 중요하다, 김영사.

캐시모어・엘리스, 정준영(역) (1990). 스포츠, 그 열광의 사회학, (제3판) 한울아카데미.

Andrews, J.(1998). "The world of sport : Not Just a game", *The Economist*(June 6).

Ashc, A. R.(1993). *A Hard Road to Glory : A history of the African-American Athlete 1619-1918* Vol. 1; 1919-1945 Vol, 2; Since 1946 Vol. 3, New York: Amistad Warner.

Barker, C.(1997). *Global Television : An introduction*, Osford: Blackwell.

Barnett, S.(1990). *Games and Sets : the changing face of sport on television*, London: British Film Institute.

Birrell, S. and Cole, C.(eds).(1994). *Women, Sport and Culture, Champaign*, IL: Human Kinetics.

Bolin, A.(1996). "Body building", in *Encyclopedia of World Sport : From ancient times to the present*, vol. 1., ed. by D. Levinson and K. Christensen, Santa Barbara, CA: ABC Clio.

Brower, J.(1976). "Professional sports team ownership", *Journal of Sport Sociology* vol. 1, no. 1.

Burton, R.(1999). "Sports advertising and the Super Bowl", in *The Advertising Business*, ed. by John Philip Jones, London: Sage.

Coakley, J. J.(1998). *Sport in Society : Issues and controversies*, 6th edn, Maidenhead: McGraw-Hill.

Cohen, G. L.(ed).(1993). *Women in Sport*, Newbury Park, CA: Sage.

Cunningham, H.(1980). *Leisure in the Industrial Revolution*, London: Croom Helm.

Dauncey, H. and Hare, G.(eds).(1999). *France and the 1998 World Cup*, London: Frank Cass.

Dougherty, N., Auxter, D., Goldberger, A. and Heinzmann, G.(1994). *Sport, Physical Activity and the Law*, Champaign, IL: Human Kinetics.

Dunning, E.(1999). *Sport Matters : Sociological studies of sport, violence and civilization*, London: Routledge.

Elias, N. and Dunning, E.(eds). (1986). *Quest for Excitement*, Oxford: Blackwell.

Featherstone, M.(1991). "The body in consumer culture", in *The Body : Scial process and cultural theory* ed. by M. Featherstone, M. Hepworth and B. S. Turner, London: Sage.

Fowles, J.(1996). *Advertising and Popular Culture*, Newbury Hills, CA: Sage.

Gruneau, R.(1983). *Class, Sports and Social Development*, Amherst, MA: University of Massachusetts Press.

Gruneau, R.(1984). "Commercialism and the modern Olympics", in *Five Ring Circus*, ed. by A. Tomlinson and G. Whannel, London: Pluto Press.

Hargreaves, J.(ed.). (1982). *Sport, Culture and Ideology*, London: Routledge & Kegan Paul.

Hargreaves, J.(ed.). (1986). *Sport, Power and Culture*, Oxford: Polity Press.

Harris, M.(1998). *Theories of Culture in Postmodern Times*, Walnut Creek, CA: AltaMira.

Hoberman, J.(1984). *Sport and Political Ideology*, Austin, TX: University of Texas Press.

Hoffman, S.(ed.).(1992). *Sport and Religion*, Champaign, IL: Human Kinetics.

Houlihan, B.(1994). *Sport and International Politics*, Brighton: Harvester Wheatsheaf.

Houlihan, B.(1997). *Sport, Policy and Politics : A comparative analysis*, London: Routledge.

Jennings, A.(1996). *The New Lords of the Rings : Olympics, corruption and how to buy gold medals*, New York: Pocket Books.

Klatell, D. and Marcus, N.(1988). *Sports for Sale : Television, money and the fans*, Oxford: Oxford University Press.

Mandell, R. D.(1984). *Sport : A cultural history*, New York: Columbia University Press.

Mandell, R.(1971). *The Nazi Olympics*, New York: Macmillan.

Michener, J.(1976). *Sports in America*, New York: Random House.

Morgan, W. J.(1994). *Leftist Theories of Sport : A critique and reconstruction*, Urbana, IL: University of Illinois Press.

Newfield, J.(1995). *Only in America : The life and crimes of Don King*, New York: William Morrow.

Overman, S. J.(1997). *The Influence of the Protestant Ethic on Sport and Recreation*, Aldershot: Avebury.

Real, M. R.(1998). "Media Sport : Technology and the commodification of postmodern sport", in *Media Sport*, ed. by L. A. Wenner, London: Routledge.

Scott, J.(1971). *The Athletic Revolution*, New York: Free Press.

Staudohar, P. and Mangan, J.(eds). (1991). *The Business of Professional Sports*, Urbana, IL: University of Illinois Press.

Taylor, I.(1971). "Soccer consciousness and soccer hooliganism", in *Images of Deviance*, ed. by S. Cohen, Harmondsworth: Penguin.

Wankel, L.(1982). "Audience effects in sport", in *Psychological Foundations of Sport*, ed. by J. Silva and R. Weinberg, Champaign, IL: Human Kinetics.

Zolberg, V.(1987). "Elias and Dunning's theory of sport and excitement", *Theory, Culture and Society*, vol. 4.

【제5장】 시민사회와 인터넷

권헌영(2008). 한국의 인터넷을 論하다, 서울경제경영.

리차드 스피넬로 외(2001). 인간사랑.

_____, 이태건 외 역(2001) 인간사랑.

Baase, S.(1997). *A gift of fire : Social, legal and ethical issues in computing. Upper Saddle River*, NJ: Prentice Hall.

Bynum, Terrell Ward.(1999). "The Foundation of Computer Ethics", a keynote address at the AICEC99 Conference, Melbourne, Australia, July 1999.

Edgar, S.(1997). *Morality and machines. Sudbury*, MA: Jones and Bartlett.

Edwards, L.(1998). "Defamation and the Internet : Name Calling in Cyberspace",

Forester, Tom and Perry Morrison.(1990). *Computer Ethics : Cautionary Tales and Ethical Dilemmas in Computing.* Cambridge, MA: MIT Press.

Garfinkel, S., and G. Spafford.(1997). *Web security and commerce*. New York: O'Reilly Publishing.

Godwin, M.(1998). *Cyberrights*. New York: Random House.

Grossman, W.(1997). *Net wars*, New York: New York University Press.

Gurak, L.(1997). *Persuasion and privacy in cyberspace*, New Haven: Yale University Press.

Hance, O.(1996). *Business and law on the Internet*. New York: McGraw Hill.

Hoffman, L.(1990). *Rogue programs : Viruses, worms, and Trojan horses*.

Huber, P.(1997). *Law and disorder in cyberspace*. New York: Oxford University Press.

Johnson, Deborah G.(1985). *Computer ethics*, Prentice-Hall, 2nd Edition, 1994.

Johnson, D.(1994). *Computer ethics*, 2nd ed. Englewood Cliffs, NJ: Prentice Hall.

Moor, J.(1997). *Towards a theory of privacy in the information age*.

Negroponte, N.(1995). *Being digital*. New York: Knopf.

Nissenbaum, H.(1994). "Computing and Accountability", *Communications of the ACM*, Janury : 73-80.

Pool, I.(1983). *Technologies of freedom*. Cambridge, MA: Belknap Press.

Rogerson, S., and T. W. Bynum.(1998). *Information ethics : A reader*, Cambridge, MA: Blackwell Publishers.

Severson, R.(1997). *The principles of informations ethics*. Armonk, NY: M.E. Sharpe.

Sopinka, J.(1997). "Freedom of speech and privacy in the information age", The *Information Society* 13:171-184.

Spafford, Eugene, et. al.(1989). *Computer Viruses : Dealing with Electronic Vandalism and Programmed Threats*. ADAPSO.

Spinello, R.(1997). "Prodigy Services Co. and Bulletin Board Liability", in *Case Studies in Information and Computer Ethics*(Upper Saddle River, NJ: Prentice-Hall, Inc.).

__________(1999) "Web site linking : Right or privilege", Paper Delivered at Fourth Annual Ethics and Technology Conference, Boston College.

Sumuelson, P., et al. 1996. "A new view of intellectual property and software", *Communications of the ACM* 39(3) : 21-30.

Sunstein, C.(1993). *Democracy and the problem of free speech*. New York: Free Press.

Wallace, J., and M. Mangan.(1996). *Sex, laws, and cyberspace*. New York: Henry Holt Books.

Ware, W.(1993). "The new faces of privacy", *The Information Society* March-April : 191-205.

Webster, Frank.(2001). *Culture and Politics in The Information Age*, Routledge.

Weizenbaum, Joseph.(1976). *Computer Power and Human Reason : From Judgement to Calculation*, Freeman.

Whitfield, D. and S. Landau.(1998). *Privacy on the line : the politics of wiretapping and encryption*. Cambridge : MIT Press.

찾아보기

가

아

차

이우정

동국대학교 정치외교학과를 졸업하고 동대학원에서 정치학 석사·박사학위를 취득하였고, 원광대학교 정치외교학과 교수로 부임한 후 최근에 정년퇴임하여 현재는 명예교수로 있음. 그동안 미국 캘리포니아 주립대학교(버클리대)에서 객원교수로 활동한 바 있고, 학회활동으로는 호남정치학회 회장, 한국정치학회 상임이사, 부회장, 북한연구학회, 한국동북아학회 등에서 상임이사 및 부회장(현) 등을 역임함.

저서로는 『다국적 기업의 기술이전』, 『제3세계론』, 『권력승계와 정당성』, 『21세기의 남북한 정치』, 『북한정치』 등이 있음.

시민사회와 정치담론

2010년 8월 18일 초판 인쇄
2010년 8월 23일 초판 발행

저 자 이 우 정
발행인 (寅製) 진 욱 상

발행처 백산출판사
서울시 성북구 정릉3동 653-40
등 록 : 1974. 1. 9. 제 1-72호
전 화 : 914-1621, 917-6240
FAX : 912-4438
http://www.ibaeksan.kr
edit@ibaeksan.kr
biz@ibaeksan.kr

값 15,000원

ISBN 978-89-6183-358-5